Almut Löbbecke (Hrsg.)
Fundgrube Ethik/Religion

Webcode: Sie können die Kopiervorlagen aus dem Internet als PDF-Datei herunterladen. Sie finden dazu eine Zahlenkombination unter der entsprechenden Kopiervorlage. Geben Sie diese unter www.cornelsen.de/webcodes ein. Achten Sie bitte darauf, dass beim Ausdrucken bei der Seitenanpassung „In Druckbereich einpassen" aktiviert ist, damit Sie eine DIN-A4-Seite bekommen.

Die Herausgeberin und die Autoren

Almut Löbbecke studierte Germanistik, Evangelische Theologie und Pädagogik und unterrichtete an einem Gymnasium. Sie war in der Lehrerfortbildung tätig, arbeitete an Schulbüchern mit und ist Autorin zahlreicher Unterrichtsmaterialien.

Gesa Jaklin studierte Vergleichende Religionswissenschaft, Islamwissenschaft und Anglistik. Sie arbeitete zunächst als Lehrerin, dann als Referentin bei einer Botschaft und einer Stiftung. Sie hat an mehreren Veröffentlichungen mitgearbeitet.

Ursula Mueller studierte Evangelische Theologie, Kunst-/Werkerziehung und Pädagogik und leitete zunächst ein kirchliches Jugendheim. Mittlerweile unterrichtet sie an einem Gymnasium.

Hans Müskens studierte Germanistik und Katholische Theologie. Er unterrichtete an einem Gymnasium und war viele Jahre lang stellvertretender Schulleiter.

Patricia Schneider studierte Philosophie, Sozialwissenschaften und Germanistik. Seit 2005 unterrichtet sie an einem Gymnasium Praktische Philosophie, Philosophie und Deutsch.

Die Autoren sind jeweils am Ende eines Beitrags durch die Angabe ihrer Initialen genannt.

Almut Löbbecke (Hrsg.)

Fundgrube Ethik/Religion

Sekundarstufe I

Bitte vergrößern Sie die Kopiervorlagen mit 141 %. Sie erhalten dann eine DIN-A4-Seite. Oder Sie benutzen den Webcode zum Ausdrucken einer Kopiervorlage.
Die in diesem Werk angegebenen Internetadressen haben wir überprüft (Redaktionsschluss: Januar 2012). Dennoch können wir nicht ausschließen, dass unter einer solchen Adresse inzwischen ein ganz anderer Inhalt angeboten wird.
Nicht in allen Fällen konnten wir die Rechteinhaber ausfindig machen. Berechtigte Ansprüche werden wir im üblichen Rahmen vergüten.

www.cornelsen.de

Bibliografische Information: Die Deutsche Bibliothek verzeichnet diese Publikation in der Deutschen Nationalbibliografie; detaillierte bibliografische Daten sind im Internet über http://dnb.de abrufbar.

1. Auflage 2012
© 2012 Cornelsen Verlag, Berlin
Das Werk und seine Teile sind urheberrechtlich geschützt. Jede Nutzung in anderen als den gesetzlich zugelassenen Fällen bedarf deshalb der vorherigen schriftlichen Einwilligung des Verlags. Hinweis zu §§ 46, 52a UrhG: Weder das Werk noch seine Teile dürfen ohne eine solche Einwilligung eingescannt und in ein Netzwerk gestellt oder sonst öffentlich zugänglich gemacht werden.
Dies gilt auch für Intranets von Schulen und sonstigen Bildungseinrichtungen.

Projektleitung: Dorothee Weylandt, Berlin
Redaktion: Peter Süß, München
Herstellung: Brigitte Bredow, Regina Meiser, Berlin
Satz/Layout: Fromm MediaDesign, Selters im Taunus
Umschlaggestaltung: Magdalene Krumbeck, Wuppertal
Druck und Bindung: CPI – Clausen & Bosse, Leck
Printed in Germany
ISBN 978-3-589-23336-6

Inhalt gedruckt auf säurefreiem Papier,
umweltschonend hergestellt aus chlorfrei gebleichten Faserstoffen.

Inhalt

Vorwort ... 10

1 Selbstständiges Lernen mit Kopf, Herz, Hand und Fuß ... 11
1.1 Mit Symbolen lernen ... 11
1.2 Spielerisches und kreatives Lernen ... 12
1.3 Philosophisches und ethisches Lernen ... 12
1.4 Die „Welt" in mir – meditative Zugänge ... 13
1.5 Erkunden, begegnen, entdecken ... 14

2 Mit verschiedenen Medien lernen ... 16
2.1 Wenn ich mit einem Bild arbeiten möchte ... 16
2.2 Veränderung im Blick haben – Karikaturen und Cartoons ... 19
2.3 Kreative Möglichkeiten zur Texterschließung ... 20
2.4 Kinder- und Jugendbücher zum Vorlesen ... 22
2.5 Spielfilme im Unterricht – Einwände und Chancen ... 24
2.6 Die Zeitung – ein aktuelles Unterrichtsmaterial ... 25
2.7 Kuscheltiere, Handy, Videoclips und Co. ... 25
2.8 Fernsehen, Computerspiele, Facebook und Co. ... 26
2.9 Einen Popsong zu einem Thema einsetzen ... 27

3 Produktorientiertes Lernen ... 28
3.1 Eigene bildnerische Produktion ... 28
3.2 Texte schreiben ... 30
3.3 Schüler entwerfen ein Schulbuchkapitel ... 31
3.4 Buch, Zeitung, Kalender herstellen ... 31
3.5 Spiele und Rätsel entwickeln ... 32
3.6 Praktisches und Dekoratives ... 33
3.7 Ein Hörspiel oder einen Videofilm produzieren ... 34

4 Mit Biografien authentisch lernen ... 35
4.1 Thematische Zusammenhänge für Religion und Ethik ... 35
4.2 Lebenswege kennenlernen ... 37
4.3 Lebenswege darstellen ... 39
4.4 Einzelne Zugänge zu Biografien ... 41

5 Tipps für den Schulalltag ... 44
5.1 Wenn ich eine neue Lerngruppe übernehme ... 44
5.2 Eine Arbeitsmappe führen ... 45

5.3	Kriterienliste für die Benotung von Ordnern und Heften		47
5.4	Aktuelles als Unterrichtseinstieg		48
5.5	Davon reden jetzt alle! – ein aktuelles Ereignis im Unterricht		48
5.6	Wenn jemand aus der Schule gestorben ist		51
5.7	Unterricht in der Vorweihnachtszeit		52
5.8	Ideen für die letzte Stunde vor den Ferien		55
6	**Menschsein – Symbole und meditative Annäherungen**		**56**
6.1	Elfergedichte zum Thema „Menschsein"	ab Klasse 5	56
6.2	Verschiedene Zugänge zum Symbol „Hand"	ab Klasse 5	57
6.3	„Herz" – ein vielschichtiges Symbol für das Menschsein	ab Klasse 5	59
6.4	Die Mitte finden – Mandala	ab Klasse 8	62
6.5	Ein Bilderbuch zu einem Märchen gestalten	ab Klasse 8	66
6.6	Mit einem Meditationsspiel über das Leben nachdenken	ab Klasse 8	67
6.7	Baum und Mensch	ab Klasse 8	71
6.8	Ein Raum der Stille, des Verweilens und des Nachdenkens für alle	ab Klasse 9	72
7	**Lebensthemen und Lebensstationen**		**75**
7.1	Wie glücklich ist „Hans im Glück"?	ab Klasse 5	75
7.2	Totenköpfe und Kerzen – vom Umgang mit dem Thema „Tod"	ab Klasse 5	76
7.3	Ein nachdenklicher Friedhofsgang	ab Klasse 5	79
7.4	Von Geburt bis Tod – Zeitungsanzeigen	ab Klasse 7	81
7.5	Geschenkhefte zu Lebensthemen zusammenstellen	ab Klasse 8	84
7.6	Thema „Liebe" – ein Schulbuchkapitel entwerfen	ab Klasse 8	86
7.7	Gespräch mit einem Bestatter	ab Klasse 9	87
8	**Wer bin ich? – Was erwarte ich?**		**89**
8.1	Wer bin ich? Wer will ich sein? – Selbstporträts gestalten	ab Klasse 5	89
8.2	Was macht mich zu etwas Besonderem?	ab Klasse 5	90
8.3	Nicht nur Schall und Rauch – Namen und Identität	ab Klasse 7	91
8.4	Wo stehe ich? Wo möchte ich hin? – Fotos inszenieren	ab Klasse 8	95

8.5	Körpermeditation – ein Weg, sich selbst besser kennenzulernen	ab Klasse 9	96
8.6	Durch ein Würfelspiel ins Gespräch kommen	ab Klasse 9	98
8.7	Jugend und Zukunft – Optimismus oder Angst	ab Klasse 9	99
9	**Gemeinschaft und Werte**		**105**
9.1	Menschlich – unmenschlich	ab Klasse 5	105
9.2	„Brudermord" – Arbeit mit einem Bild	ab Klasse 5	105
9.3	Auslegung der Gebote – Arbeit mit einer Karikatur	ab Klasse 6	107
9.4	Die Würde des Menschen ist unantastbar	ab Klasse 6	108
9.5	Wertepyramiden zeichnen oder bauen	ab Klasse 8	110
10	**Standpunkte kennenlernen und beurteilen**		**113**
10.1	Ego-Shooter und Co. – Fördern Computerspiele die Gewalt?	ab Klasse 8	113
10.2	Superstars und Co. – Fernsehen und Menschenwürde	ab Klasse 8	114
10.3	Zu wem gehört das Kind? – Gerichtsverhandlung	ab Klasse 8	116
10.4	Gläserner Mensch – Wer darf was über wen wissen?	ab Klasse 8	119
10.5	Womit beschäftigt sich der Deutsche Ethikrat?	ab Klasse 9	121
10.6	Kinder nach Wunsch? – Chancen und Grenzen der Medizin	ab Klasse 9	123
10.7	Das Leben verlängern? – Entscheidung am Ende des Lebens	ab Klasse 9	126
11	**Einsatz für Schöpfung, Gerechtigkeit und Frieden**		**129**
11.1	Wenn Menschen Tiere wären – die Perspektive wechseln	ab Klasse 5	129
11.2	Menschen, die sich einsetzen	ab Klasse 7	130
11.3	Toleranz und Integration in Schlagzeilen	ab Klasse 7	132
11.4	Ehrfurcht vor dem Leben – Albert Schweitzer heute	ab Klasse 8	134
11.5	Gandhi – Hinduismus, Bergpredigt, gewaltloser Widerstand	ab Klasse 8	139
11.6	Erzbischof Romero – gefährlicher Einsatz für die Armen	ab Klasse 9	141
11.7	Sophie Scholl – ein engagiertes, kurzes Leben	ab Klasse 9	147

12	**Religiöses wahrnehmen und deuten**		150
12.1	Was ist da auf dem Turm zu sehen?	ab Klasse 5	150
12.2	Engel überall – Themen und Zugänge	ab Klasse 5	151
12.3	Annäherungen an das Thema „Feste"	ab Klasse 5	155
12.4	Feste im Jahreslauf	ab Klasse 5	156
12.5	Die eigene Stadt erkunden	ab Klasse 6	158
12.6	Was ist Religion? – Annäherungen	ab Klasse 7	160
12.7	Kirchentagsplakate als aktuelle Denkanstöße	ab Klasse 7	162
12.8	Der Papst als Popstar	ab Klasse 7	164
12.9	Werbeanzeigen als Zugang zu religiösen Themen	ab Klasse 8	165
13	**Unterschiede sehen – Gemeinsames entdecken**		170
13.1	Ein Haus der Begegnung für die Religionen entwerfen	ab Klasse 5	170
13.2	Abraham – ein Mann, drei Religionen	ab Klasse 5	172
13.3	Juden, Christen, Muslime – drei Kreise	ab Klasse 8	176
13.4	Hinduistische und christliche Glaubensinhalte	ab Klasse 8	177
13.5	Jesus und Buddha	ab Klasse 9	179
14	**Kreativer Umgang mit jüdischen Traditionen**		183
14.1	Den jüdischen Festkalender erkunden	ab Klasse 5	183
14.2	Sukkot – Ausstellungsplakate entwerfen	ab Klasse 5	184
14.3	Chanukka – Festbräuche ausprobieren	ab Klasse 5	185
14.4	Pessach – ein Begleitbuch zum Sederabend gestalten	ab Klasse 5	189
14.5	Purim – die Geschichte der Königin Esther spielen	ab Klasse 5	192
14.6	Die Thora – eine Schriftrolle basteln	ab Klasse 5	193
14.7	Menora und Davidsstern – jüdische Symbole deuten	ab Klasse 5	194
14.8	Jona – ein besonderes Buch der Bibel	ab Klasse 5	197
15	**Christliche Themen**		199
15.1	Einen Kreuzweg gestalten und meditieren	ab Klasse 5	199
15.2	Heilige und Namenstage	ab Klasse 5	202
15.3	Wege zu Luther erkunden	ab Klasse 6	204
15.4	Zeichen für Ökumene	ab Klasse 7	208
15.5	Die Farben Gottes – Annäherungen ans Glaubensbekenntnis	ab Klasse 7	209
15.6	Krippe und Kreuz – Symbole der Stärke und Schwäche	ab Klasse 7	211

15.7 Wie wird Jesus genannt? – Titel,
Bezeichnungen, Namen ... ab Klasse 8 ... 212
15.8 Christ – Und was macht man da so? ... ab Klasse 8 ... 215

16 Grundzüge des Islam kennenlernen ... 217
16.1 Die fünf Säulen des Islam – Lernwerkstatt ... ab Klasse 6 ... 217
16.2 Pilgerfahrt nach Mekka – ein Würfelspiel
entwerfen ... ab Klasse 6 ... 222
16.3 Fatwas – Stellungnahmen zu aktuellen Fragen ... ab Klasse 8 ... 223
16.4 Streit um die Nachfolge Mohammeds ... ab Klasse 9 ... 226

17 Hinduismus und Buddhismus ... 228
17.1 Divali – das Lichterfest zu Ehren der
Göttin Lakshmi ... ab Klasse 6 ... 228
17.2 Hinduistische Puja in einer Wohnung
in Deutschland ... ab Klasse 7 ... 229
17.3 Buddhafiguren und Handhaltungen ... ab Klasse 7 ... 232
17.4 Buddhismus – Annäherung mit Bildern ... ab Klasse 8 ... 234
17.5 Die vier Ausfahrten Buddhas und
sein Leben danach ... ab Klasse 8 ... 235
17.6 Jainismus – Gewaltlosigkeit gegen
alle Lebewesen ... ab Klasse 8 ... 237

Register ... 239

Vorwort

Durch Globalisierung und Internet rückt die Welt zusammen. Gleichzeitig wird sie immer unübersichtlicher. Die Fülle der Informationen führt oft zu Ratlosigkeit oder oberflächlicher Betrachtungsweise. In dieser Fundgrube werden Zugangsweisen vorgestellt, die eine Orientierungshilfe für Schüler bieten. Das selbstständige, entdeckende und entwickelnde Lernen wird besonders betont. Die Schüler werden angeregt, mit Zeit und Muße ein Thema zu vertiefen, wobei auch spielerische und kreative Vorgehensweisen eine Rolle spielen.

Trotz unterschiedlicher Ansätze und Begrifflichkeiten in den Lehrplänen und Richtlinien der Fächergruppe Religion/Ethik/Philosophie kann man thematische Überschneidungen und ähnliche Kompetenzbereiche erkennen. Drei große Themenbereiche kommen in allen Fächern vor: das eigene Leben (Existenz- und Sinnfragen, Kapitel 6 bis 8), das Leben mit anderen (soziale und ethische Fragen, Kapitel 9 bis 11), die verschiedenen Religionen (Kapitel 12 bis 17). Mit diesen Themen korrespondieren gemeinsame Kompetenzbereiche: die personale, die soziale und die interkulturelle Kompetenz. Hinzu kommen die spezifischen Fachkompetenzen sowie die allgemeine Methodenkompetenz (Kapitel 1 bis 4). Die Schüler erwerben durch den Unterricht im jeweiligen Fach Schlüsselqualifikationen für viele Bereiche ihres Lebens.

Diese Fundgrube bietet praktikable Unterrichtsvorschläge, die sehr einfach umgesetzt werden können. In den Kapiteln 1 bis 4 werden verschiedene Zugänge zu religiösen, ethischen und philosophischen Themen vorgestellt, die in allen Jahrgangsstufen einsetzbar sind. Zahlreiche Querverweise helfen, sich mit den Unterrichtsideen anhand konkreter Beispiele in den nachfolgenden Kapiteln näher zu befassen. Kapitel 5 enthält jahrgangsübergreifende Tipps für den Unterricht, für besondere Zeiten oder für den Umgang mit außergewöhnlichen Ereignissen.

Die Kapitel 6 bis 17 enthalten, nach Jahrgangsstufen geordnet, Unterrichtsvorschläge zu verschiedenen Themen der Richtlinien. Jeder Vorschlag beginnt mit einem übersichtlichen Informationskasten, der eine schnelle Orientierung ermöglicht. Die dort genannten Intentionen verknüpfen die einzelnen Kompetenzerwartungen mit den entsprechenden Inhalten. Die längeren Unterrichtseinheiten sind nach Unterthemen, die einzelnen Vorgehensweisen nach Unterrichtsschritten geordnet. Materialien und Beispiele sind besonders hervorgehoben. Über 50 Kopiervorlagen sind im Buch abgedruckt und stehen zusätzlich über Webcodes zum Herunterladen aus dem Internet zur Verfügung.

Almut Löbbecke

1 Selbstständiges Lernen mit Kopf, Herz, Hand und Fuß

Für Fächer, denen es um Persönlichkeitsbildung geht und die sich mit Existenz-, Sinn- und Wertfragen beschäftigen, ist selbstständiges Lernen besonders wichtig, denn Sinn kann den jungen Menschen nicht von außen gegeben werden: Sie müssen ihm selbst auf die Spur kommen. Das selbstständige Lernen ist aber nicht nur für die Schüler ein Gewinn, sondern bringt auch dem Lehrer Entlastung, sodass er frei wird für die wichtigen Aufgaben der Beratung, Betreuung und Begleitung.

- **Ganzheitliches Lernen** nimmt die Schüler als Menschen ernst und bewahrt davor, sie nur auf ihren Intellekt zu reduzieren.
- Dabei ist aber wichtig, dass das **Denken** nicht zu kurz kommt. Denn nur, wenn sie das, was sie erfahren haben, durchdenken, können sie es auf andere Situationen beziehen und für ihr Leben nutzbar machen.
- **Herzensbildung** ist vielleicht ein altmodischer Begriff, aber er drückt aus, worauf es beim Zusammenleben besonders ankommt: sich selbst kennenzulernen und zu verstehen, sich in andere hineinzuversetzen und sie zu verstehen. „Es gibt keine Trägheit des Herzens mehr" postuliert Erich Kästner für die Zukunft in seinem Kinderbuch *Die Konferenz der Tiere*.
- „**Handeln**" kommt von „**Hand**": Dass handlungsorientierter Unterricht sinnvoll und gewinnbringend ist, ist in der Pädagogik unumstritten. Wer gelernt hat, mit den Händen zu arbeiten, kann auch geistige Inhalte besser durchdringen, kann sie im ursprünglichen Sinn der Wörter „ent-decken" und „be-greifen".
- Die **Füße** werden im Unterricht oft vernachlässigt. Besonders Grundschullehrer wissen, wie schwer es Kindern fällt, den ganzen Vormittag auf einem Platz zu sitzen. Viele Lehrer gehen mit verschiedenen Übungen gegen den Bewegungsmangel vor. Solche Übungen müssen den Unterricht nicht unterbrechen, sondern können auch eingebunden werden: Schüler können ihren Platz verlassen, um etwas zu lesen, um Bilder oder Gegenstände genau zu betrachten, um sich etwas auszusuchen und an den Platz zu holen oder um mit anderen zu kommunizieren. Sie können den Klassenraum und das Schulgebäude verlassen, um zu Fuß oder mit Verkehrsmitteln die Umgebung zu erkunden und „Er-fahrungen" zu sammeln. → 1.5
- Wenn etwas **Hand und Fuß** hat, dann ist es konkret, dann kann man etwas damit anfangen. Der produktorientierte Unterricht bietet greifbare Ergebnisse, auf die Schüler und Lehrer stolz sein können. Verschiedene Möglichkeiten, solche Produkte herzustellen, werden in Kapitel 3 vorgestellt.

1.1 Mit Symbolen lernen

Schon die Wortbedeutung (*symballein* = zusammenwerfen) zeigt, dass Symbole geeignet sind, exemplarisch Themen zu erschließen, die mehrere Dimensionen haben. Verschiedene Bereiche eines Themas sind in einem einzigen Zeichen verdichtet. Durch die Erschließung solcher Zeichen kann man sich verborgenen Inhalten und Botschaften annähern und sie „zur Sprache bringen". Dabei ist es unerheblich, ob es sich um ein umfassendes Symbol (wie das Kreuz) handelt oder um ein einfaches Zeichen bzw. ein konstruiertes Emblem. Die Hauptsache ist, dass diese Zeichen erkennbare Strukturen haben und verschiedene Möglichkeiten der Interpretation zulassen. Sie müssen vielschichtig sein und nicht nur eine Aussage widerspiegeln. Es gibt verschiedene Möglichkeiten, sich den Aussagen der Symbole zu nähern. Der meditative Zugang eignet sich besonders für Symbole aus der Natur (z. B. Baum, Wasser) oder für künstlerische Symboldarstellungen. Kreativ kann man sich besonders gut mit einfach gestalteten Zeichen und Symbolen beschäftigen (z. B. Kreuz, Herz). Auf jeden Fall kann man Symbol und Sprache miteinander verbinden: Symbole „sprechen" – und Sprache lebt von Symbolen. Mit dem Symbol „Hand" → 6.2 kann man die verschiedenen Zugänge ausprobieren. Weitere Symbole: Herz → 6.3, Mandala → 6.4, Baum → 6.7, Totenkopf und Kerzen → 7.2, Engel → 12.2, Licht → 12.4, 17.1, Menora und Davidsstern → 14.7, Krippe und Kreuz → 15.6. *(AL)*

1.2 Spielerisches und kreatives Lernen

„Der Mensch ist nur da ganz Mensch, wo er spielt." Dieses Zitat von Schiller zeigt, dass das Spielen nicht nur für Kinder wichtig ist – aber sie haben einen ursprünglichen Zugang zu dieser Methode der Welterfassung. Spielerische Methoden sind besonders geeignet, sich komplexen Themen, die man nie komplett erfassen kann, anzunähern. Solche Themen sind typisch für den Religions- und Ethikunterricht, in dem redensartlich über „Gott und die Welt" gesprochen wird → 6. Auch mit den einzelnen Religionen kann man sich spielerisch und kreativ beschäftigen → 14. Spielerische Zugangsweisen können den Themen die Schwere nehmen, wie folgende Merkmale zeigen: Spiele finden in einer eigenen Welt außerhalb der Wirklichkeit statt; sie spiegeln die Wirklichkeit aber manchmal → 10.3 und haben eine eigene Ordnung (Spielregeln), sie sind zweckfrei und freiwillig, außerdem sind sie manchmal spannend. Spiele sind oft auf Gemeinschaft ausgerichtet → 8.6 und fördern allgemein die soziale Kompetenz. Besonders Rollenspiele sind geeignet, sich in andere Menschen oder in Tiere → 11.1 hineinzuversetzen.

Das schöpferische oder kreative Lernen spielt im Religions- und Ethikunterricht eine wichtige Rolle. In diesem Buch werden viele Beispiele gezeigt; die Überschriften der einzelnen Unterrichtsvorschläge weisen darauf hin. *(AL)*

1.3 Philosophisches und ethisches Lernen

Sowohl im Religionsunterricht als auch im Philosophie- oder Ethikunterricht spielen philosophische und ethische Themen eine wichtige Rolle. Es gibt viele verschiedene Methoden, um sich diesen Themen anzunähern. Einige werden in diesem Buch vorgestellt.

Zwei typische Methoden, die dazu geeignet sind, sich in eine Situation besser hineinzuversetzen, etwas zu verdeutlichen bzw. um ein Problem besser zu verstehen, sind das Gedankenexperiment und das Interview.
- Das **Gedankenexperiment** eignet sich, um sich einem Gedanken zu nähern, zum Beispiel: Wie sieht eine ideale Gemeinschaft aus? – Wodurch unterscheide ich mich von anderen? – Wie lebten die Menschen im Mittelalter?, aber auch dazu, Entscheidungsmöglichkeiten durchzuspielen, zum Beispiel: Stellt euch vor, ihr seid mit eurem Boot gekentert. Mit fünf Personen kann keiner auf dem Rettungsboot überleben. Wie einigt ihr euch darauf, wer von Bord muss? Durch eine bestimmte Fragestellung werden die Schüler in ein simuliertes Experiment versetzt. Dazu eignen sich Formulierungen wie: Wir stellen uns vor …/Nehmen wir einmal an … Ein Gedankenexperiment leitet – ähnlich wie ein Rollenspiel – dazu über, sich mit einem Thema auseinanderzusetzen und sich darin einzufühlen → 11.1 . Die daraus abgeleiteten Ideen, Fragestellungen und Konsequenzen können danach vertieft werden; deshalb bietet sich das Gedankenexperiment oft am Anfang einer Reihe an.
- Das **Interview** eignet sich, um besonders komplexe oder schwierige Texte aufzuarbeiten. Auftrag: Stelle Fragen an den Autor, die dann im Sinne des Autors sinnvoll (und richtig) beantwortet werden müssen. *(PS)*

1.4 Die „Welt" in mir – meditative Zugänge

Existenzfragen lassen sich gut mithilfe von meditativen Methoden erschließen. Die folgenden Texte können als Hinführung zum Thema „Meditation" eingesetzt werden.

Was ist Meditation?

Durch Meditation lernen wir, das eigene Denken intensiv auf einen einzigen Gedanken, auf ein Bild oder auf einen bestimmten Klang zu lenken. Dabei werden störende Einflüsse, die von außen in uns hineinkommen wollen, kaum noch wahrgenommen. Man kann diese Außenwelt aber auch ganz bewusst in sich hineinlassen, um sie so neu zu erleben oder anders mit ihr umzugehen.
Meditation führt in die persönliche Gedanken- und Erinnerungswelt. Sie öffnet die Tür zum Unbewussten oder Unterbewussten und macht diese Bereiche in uns erlebbar. Dabei findet man in der Regel nichts „Sensationelles", man beginnt auch nicht, „in Zungen zu reden". Aber man findet im Laufe der Zeit zur inneren Ruhe, zur Ausgeglichenheit und einer positiven, heiteren Gelassenheit, welche die Hektik und den Lärm in unserem Leben vermindert.
Ständig empfangen wir Eindrücke. Bisweilen versäumen wir es, das Vielerlei um uns und in uns zu sortieren. Einiges ist abzuweisen; anderes sollten wir behalten und verinnerlichen.

> **So kann man meditieren lernen**
> Fange mit kleinen Schritten an, indem du z. B. genau hinhörst, Schritte bewusst gehst, dir ein Bild genau ansiehst, dich in den Gedankengang eines Textes hineinversetzt, dir selbst einen meditativen Text ausdenkst. Auch die äußere Haltung ist wichtig: sitzen, liegen, stehen, knien. Die äußere Haltung ist Voraussetzung, die innere Ruhe herzustellen. Achte auf die Atmung und den Herzschlag. Versuche, die Geräusche, die von außen kommen, auszublenden oder sie bewusst wahrzunehmen. Nimm dir Zeit. Werde nicht unruhig, wenn es nicht sofort klappt.

Webcode: FR233366-001

In diesem Buch werden vielfältige meditative Zugangsweisen vorgestellt → 6.4, 6.6, 6.7, 6.8, 7.3, 8.5, 9.2, 12.2, 12.6, 13.5, 15.1, 15.5, 15.6, 17.3, 17.5. *(HM)*

1.5 Erkunden, begegnen, entdecken

Exkursionen

Lernen, das außerhalb der Schule, vielleicht sogar an Originalschauplätzen stattfindet, wirkt sich anregend auf den nachfolgenden Unterricht aus. Für die Informationsbeschaffung und Veranschaulichung ist ein solcher Unterricht sehr wertvoll; im Idealfall werden Unterrichtsinhalte zur eigenen Erfahrung. Im Klassenraum ist dies selten wirklich gleichwertig zu ersetzen, in der Unterrichtspraxis aber oft nicht ohne erheblichen Organisationsaufwand durchzuführen, weshalb im Alltag auf diese wertvolle Erfahrung oft verzichtet wird. → 7.3

- **Organisatorisches:** Wichtig ist, dass der Lehrer sich vor der Exkursion mit der zu besuchenden Einrichtung so gut wie möglich vertraut macht oder sich mit Gesprächspartnern für seine Schüler in Verbindung setzt. Viele Einrichtungen bieten ausführliches Informationsmaterial an; ein vorbereitender Besuch ist aber zu empfehlen. Bei längeren Unternehmungen muss beispielsweise geklärt werden, wo und wie eine Mittagspause eingelegt werden kann oder ob öffentliche Verkehrsmittel benutzt werden können. Bei der Zeitabsprache sollte man geeignete Ersatztermine planen. Die Eltern müssen rechtzeitig über Termin, Ziel, Dauer und Kosten informiert werden.
- **Weitere Überlegungen:** Soll ein Fragebogen erstellt werden? Wenn ja: Kann er gemeinsam mit den Schülern erarbeitet werden? Gibt es einen Raum, in dem ein vorbereitendes oder abschließendes Gespräch stattfinden kann? Soll eine Führung organisiert werden? Wie werden Vertreter der Einrichtung eingebunden?

Begegnungen
Fachleute in den Unterricht einzuladen, ist im Vergleich zu einer Exkursion meist mit einem geringeren Organisationsaufwand verbunden. Eine Unterrichtsstunde, zu der ein Gast eingeladen wird, kann mit Beteiligung der Schüler vorbereitet und gestaltet werden. → 7.7

Die Einladung von Fachleuten in den Unterricht ist besonders dann zu empfehlen, wenn es sich um Unterrichtsinhalte handelt, bei denen die Erfahrungen anderer Menschen wichtig sind. Mit dem Gast müssen folgende Absprachen getroffen werden: Termin, Klasse/Alter der Schüler, Thema der Unterrichtsreihe, Thema der Stunde, eigene sowie Erwartungen der Schüler, Wegbeschreibung. Damit der Besuch ein Erfolg wird, ist es wichtig, dass sich der Lehrer so weit wie möglich zurücknimmt oder bei bestimmten Themen – wenn es für die Schüler sehr persönlich werden könnte – vielleicht sogar nicht anwesend ist.

Selbstständiges Erkunden und Entdecken
Für selbstständige Erkundungen der Schüler ist wenig Vorbereitung nötig. Allerdings benötigen die Schüler einen eindeutigen Arbeitsauftrag, möglichst einen Arbeitsbogen, in den sie ihre Erkundungen eintragen können; zur Vorgehensweise → 12.5. *(UM)*

2 Mit verschiedenen Medien lernen

2.1 Wenn ich mit einem Bild arbeiten möchte

Mit „Bild" sind hier die verschiedensten Arten von Bildern gemeint: Kunstwerke, Fotos, Bilder aus Zeitschriften, Werbeanzeigen – alle Bilder, die für die Altersgruppen der Schüler geeignet sind, Gesprächsanlässe bieten und für den unterrichtlichen Zusammenhang gebraucht werden können. Die Frage ist also: Was kann man mit Bildern im Unterricht machen, um bei Schülern Interesse zu wecken und es wachzuhalten oder Einsichten zu vermitteln?

Um mit Bildern im Unterricht arbeiten zu können, muss vorher überlegt werden, wie das Bild präsentiert werden soll. Zur gemeinsamen Bildbetrachtung eignen sich am besten eine vergrößerte Reproduktion oder die Projektion auf eine weiße Wand mit Beamer, Folie/OHP oder Diaprojektor. Kleinere Reproduktionen (DIN A4 und kleiner) bzw. Fotos und Zeitungsausschnitte eignen sich eher für die Arbeit in Kleingruppen bzw. für die Partner- oder Einzelarbeit. Soll ein Bild verändert, zerschnitten, beklebt, eingeheftet, weitergemalt werden, sollte man Fotokopien anfertigen. Von der Auswahl der nachfolgend vorgestellten Methoden hängt die Art der Präsentation ab.

Einem Bild Farbe geben
- **Möglichkeit 1:** Das ausgewählte Bild wird als Schwarz-Weiß-Kopie an die Schüler verteilt.
- **Möglichkeit 2:** Die Umrisse eines Bildes werden auf Transparentpapier nachgezeichnet und danach farbig gestaltet.
- **Aufgabe:** Durch Farben ist es möglich, Dinge hervorzuheben oder zu verdeutlichen. Versuche, mit unterschiedlichen Farben in diesem Bild zu betonen, was dir wichtig erscheint.
- **Auswertung:** Die verschiedenen Lösungen werden besprochen. Folgende Aspekte können untersucht werden: Werden durch „kalte" oder „warme" Farben Stimmungen erzeugt oder unterstützt? Wird durch die Farbwahl Distanz oder Nähe zum Ausdruck gebracht? Werden Emotionen transportiert? Werden Spannungen verdeutlicht?

Ich suche mir einen Platz im Bild
Die Schüler bekommen auf weißem Papier die Umrisszeichnung einer stark vereinfachten menschlichen Figur, die sie selbst mit Bleistift oder Buntstift mit persönlichen Attributen versehen und dann an einen Platz im fotokopierten Bild (oder in einer Zeitungs-/Werbeanzeige) kleben.
- **Aufgabe:** Stell dir vor, du selbst bist die kleine Papierfigur. Suche dir einen Platz im Bild, an dem du dich wohlfühlen kannst …/der dich anzieht …/der dich neugierig macht …/an dem du dich überhaupt nicht wohlfühlst …/der dir Angst macht. Schreibe deine Begründung unter die Zeichnung.

- **Weiterer Verlauf:** Nach dieser Phase kann im Partnergespräch ausgetauscht werden, warum man sich diesen Platz im Bild gesucht hat. In einer weiteren Runde kann entweder jeder selbst oder der jeweilige Partner aus der vorherigen Arbeitsphase dem Plenum die Entscheidung vorstellen und die Auswahl begründen. → 12.6

Assoziieren (Gedankenstern)
Das ausgewählte Bild wird in die Mitte eines großen Papierbogens oder an die Tafel geklebt/geheftet. Die Schüler tragen nun schweigend ihre Gedanken zum Bild zusammen, indem sie Stichwörter rund um das Bild eintragen. Zu jedem Gedanken verläuft ein Strahl – einem Stern ähnlich – vom Bild als Mittelpunkt ausgehend nach außen.
→ 12.9, 15.8

Tipp: Für eine große Lerngruppe kann es sinnvoll sein, mehrere solcher Gedankensterne in Kleingruppen entwickeln zu lassen. Die Gruppenergebnisse laden zu einer anschließenden Präsentation, zum Vergleich und zu einer weitergehenden Auseinandersetzung mit der Thematik ein.

Bildmeditation
Es wird ein Bild in geeigneter Form (Dia, Folie, Reproduktion …) präsentiert.
- **Aufgabe:** Sieh dir das Bild in Ruhe an. Lass es auf dich wirken. Verweile mit deinen Augen bei Dingen, die dir wichtig erscheinen. Vervollständige die Sätze: Ich sehe …/ Ich denke …/Ich fühle … oder Ich sehe …/Ich vermute …/Ich wünsche … oder Ich sehe …/Mir fällt auf …/Ich frage mich …
- **Weiteres Vorgehen:** Je nach Gruppengröße können die Ergebnisse später vorgelesen und im gemeinsamen Gespräch überdacht werden, um dann in einer späteren Stunde noch einmal in Erinnerung gerufen zu werden. Diese Methode lässt sich mit anderen Methoden kombinieren, z. B. mit „Ich suche mir einen Platz im Bild" (siehe oben). → 9.2

Verändern eines Bildes
- **Möglichkeit 1:** Das ausgewählte Bild wird als Fotokopie an die Schüler oder an ein Schülerpaar verteilt. Durch Hinzufügen von bereitgestelltem, zusätzlichen „Schnippelmaterial" (z. B. Fotos aus Katalogen oder Zeitschriften) darf das Bild jetzt dem Thema/der Aufgabenstellung entsprechend verändert werden.
- **Möglichkeit 2:** Der Lehrer zerlegt das Bild in verschiedene Elemente. Von den Schülern – entweder gemeinsam oder in Kleingruppen – werden die Bildelemente neu geordnet und gegebenenfalls mit eigenen Ideen ergänzt oder farbig gestaltet.
→ 9.2

Bilder nachempfinden
Die Schüler versuchen, auf dem Bild dargestellte Figuren oder Figurengruppen nachzustellen. Ein Schüler übernimmt die Regie und korrigiert, bis die Szene „stimmt": Welche Haltung nehmen die Darsteller zueinander ein? Wie fühlen sie sich an ihrem Platz? Was

sagt die Anordnung/Haltung der Personen über ihre Beziehung zueinander aus? Was sagt ihre Position im Bild über ihren gesellschaftlichen Stand aus? Diese Methode eignet sich für den Umgang mit Kunstwerken genauso wie für historische oder aktuelle Themen, die anhand von Zeitungsausschnitten erarbeitet werden sollen. → 15.3

Blickrichtung von Personen verdeutlichen
- **Möglichkeit 1:** Den Schülern wird die Fotokopie eines Bildes ausgeteilt. Mit verschiedenfarbigen Stiften werden die Umrisse der Personen nachgezeichnet und die Blickrichtungen der Personen eingetragen.
- **Möglichkeit 2:** Ein Bild wird auf dem OHP präsentiert. Auf die Bildfolie wird eine Blanko-Folie gelegt; die oben beschriebene Vorgehensweise wird auf der leeren Folie ausgeführt. Das hat den Vorteil, dass die eingezeichneten Blickrichtungen auch separat zur Verfügung stehen, was für einige Themen wichtig sein könnte. Diese Vorgehensweise eignet sich besonders dann, wenn ein Bild von der ganzen Gruppe bearbeitet und untersucht wird, während die erste Möglichkeit besser für die Arbeit in Kleingruppen bzw. für Einzelarbeit (auch für Klassenarbeiten) geeignet ist.
- **Aufgabe:** Beschreibe die Blickrichtung der dargestellten Personen. Wer schaut wen an? Wer nimmt mit wem Kontakt auf? Beschreibe das Verhältnis der Personen zueinander (z. B. Mann/Frau, alte Menschen/junge Menschen, Lehrer/Schüler, Eltern/Kinder …). Was sagen eure Beobachtungen über die Beziehungen der Personen zueinander aus?

Weiterspielen einer Szene
Die Schüler versuchen, sich intensiv in ein Bild einzuleben, sich jeweils in eine der dargestellten Figuren hineinzudenken bzw. einzufühlen. Welche Rolle spielt die ausgewählte Person im Bild? Die Gruppe versucht, das Bild nachzuerleben, indem sie die Haltung und die Anordnung der dargestellten Figuren zueinander einnimmt und jeder versucht, sich in die Stimmung der von ihm nachempfundenen Person hineinzuversetzen. Die Figuren kommen so – ausgehend von der genauen Beobachtung – miteinander ins Gespräch und beginnen, die Szene weiterzuspielen. Eventuell kann man für die einzelnen Personen auch Satzanfänge vorgeben. Die Aufgabenstellung lautet: Was hat sich möglicherweise ereignet, bevor die dargestellte Szene entstand? Wie könnte sich die Situation weiterentwickeln? Diese Methode eignet sich für das Lernen mit Biografien. Sie ist kombinierbar mit anderen Zugangsweisen, z. B. „Bilder nachempfinden" oder „Blickrichtung von Personen verdeutlichen" (siehe oben). → 15.3

Gedanken- und Sprechblasen
- **Möglichkeit 1:** Die Schüler erhalten Kopien eines Bildes und versuchen, sich in das Bild hineinzuversetzen. Sie zeichnen für die dargestellten Personen Sprech- bzw. Gedankenblasen. Diese werden in Einzel- oder Partnerarbeit mit Texten versehen.

- **Möglichkeit 2:** Zu einem Text wird ein passendes Bild oder zu einem Bild ein passender Text gesucht. Sprech- oder Gedankenblasen können aus dem Text heraus formuliert und dem Bild zugeordnet werden.
Diese Methode kann auch zur Vorbereitung von „Weiterspielen einer Szene" (siehe oben) benutzt werden. → 15.3, 15.8

Texte oder Bibelstellen zuordnen
Zu einem Bild werden verschiedene (Bibel-)Texte ausgewählt und zusammengestellt. Die Schüler fertigen eine Umrisszeichnung zum präsentierten Bild oder bekommen eine Kopie davon. Nun werden den einzelnen Bildteilen Texte zugeordnet und in die entsprechenden Teile hineingeschrieben. *(UM)*

2.2 Veränderung im Blick haben – Karikaturen und Cartoons

Karikaturen kritisieren bestehende Ordnungen oder Machtverhältnisse. Sie sind besonders gut für die ethische Erziehung geeignet. Mit dem Mittel der Übertreibung versuchen sie, die Aufmerksamkeit des Betrachters zu gewinnen, damit sich dieser mit dem dargestellten Problem auseinandersetzt. Karikaturen haben eine bessere Zukunft im Blick, sie lösen Wünsche aus und vermitteln Hoffnung auf die Veränderbarkeit der Welt. Das visionäre und utopische Potenzial der Menschen wird angesprochen. Das alles erreichen Karikaturen und Cartoons mit den Mitteln des Humors, des Witzes oder der beißenden Ironie. Sie sind gut einsetzbar, wenn man auf ein Problem oder eine Fragestellung aufmerksam machen will; sie bringen ein Thema „auf den Punkt".

- Man kann sie als Gesprächsanlass nehmen. Eine Karikatur wird vergrößert in die Mitte eines Plakats geklebt oder als Folie präsentiert. Die Schüler äußern Meinungen, Fragen und Aspekte zum dargestellten Thema. Sie können diese Äußerungen mit verschiedenen Farben auf das Plakat um die Zeichnung schreiben. Welches Problem wird dargestellt? Worauf will der Zeichner aufmerksam machen? Ist seine Meinung auch meine Meinung? Welche Lösungen ergeben sich oder könnte es geben?
- Die Schüler finden passende Titel. Eine eventuell vorhandene Beschriftung kann vorher abgedeckt und später mit den eigenen Titeln verglichen werden.
- Die Versprachlichung eignet sich besonders für eine Cartoonfolge: Die Schüler schreiben fortlaufende Sätze zu den Bildern, überlegen sich Situationen und denken sich einen Schluss aus.
- Eine beliebte und sinnvolle Vorgehensweise besteht darin, Sprech- oder Gedankenblasen anzufügen.
- Wenn verschiedene Personen abgebildet sind, kann ein Gespräch oder Rollenspiel entwickelt, aufgeschrieben und/oder nachgespielt werden. Man kann verschiedene Positionen einnehmen und diskutieren (z. B. Pro und Kontra).
- Es besteht die Möglichkeit, Briefe an die Personen/Figuren zu schreiben. Dabei sollten möglichst alle von den Schülern angeschrieben werden, damit die unterschiedlichen Aspekte eines Sachverhalts zum Ausdruck kommen.

- Da Karikaturen auf Veränderung zielen, ist es sinnvoll, sie selbst zu verändern. Man kann Alternativen und Lösungen zeichnen. Selbst Träume der dargestellten Figuren lassen sich malen oder schreiben.
- Die Karikatur kann umrahmt werden mit Fotos und Zeitungsberichten, die das Dargestellte entweder verdeutlichen oder einen Kontrast herstellen. *(AL)*

Tipp: In diesem Buch sind einige Karikaturen abgebildet, die zum Anwenden der hier beschriebenen Methoden geeignet sind. → 8.7, 9.3, 15.8

2.3 Kreative Möglichkeiten zur Texterschließung

Es gibt vielfältige methodische Möglichkeiten, Texte zu verstehen, zu deuten oder als Anlass für eigene Gedanken zu nutzen. In diesem Kapitel werden einige Möglichkeiten vorgestellt, die man auf Geschichten, Gedichte und biblische Texte anwenden kann.

Biblische Texte gehören nicht nur zu den grundlegenden Medien des Religionsunterrichts, sondern sind auch für den Ethik- und Philosophieunterricht geeignet. Sie stellen Fragen an die menschliche Existenz und bieten religiöse Antworten an. Leiderfahrung, Befreiung und Hoffnung werden angesprochen. Bestimmte Texte sind prägend für unsere Kultur und Wertvorstellungen (z. B. der Dekalog), finden sich in unseren Festen und Bräuchen wieder (z. B. Weihnachten) oder haben Einfluss auf unsere Vorstellungswelt und Sprache (z. B. Schöpfung, Jüngstes Gericht, Engel usw.).

Mitfühlen mit Menschen einer Geschichte

Nach dem Vorlesen des Textes wendet man sich den einzelnen Personen(gruppen) zu und versetzt sich in ihre Situation: Was bedrängt sie? Worüber freuen sie sich? Was wünschen sie sich? Eine oder zwei Personen werden ausgewählt, um ihnen Gebete in den Mund zu legen. Ihnen wird durch die Sprache Lebendigkeit verliehen. Die Gebete werden nun mit der Geschichte verwoben, indem sie in den Text eingefügt werden.

- **Emotionale Satzsequenz:** Nach dem Lesen bestimmen die Schüler die Figuren des Textes und treffen eine Auswahl. Beim nochmaligen Lesen können sie die Stimmung/die Gefühle der Personen entdecken und mithilfe von Sätzen folgendermaßen formulieren: Ich freue mich …/Ich bin glücklich …/Ich bin ärgerlich …/Ich bin mutlos … usw. Diese Sätze werden in Gesten oder pantomimisch umgesetzt. Beim Vorstellen dieser Sequenz entdecken die Zuschauenden, welche Person gemeint ist. Zum Abschluss erfolgt ein Gespräch über eigene Erfahrungen und Einsichten.
- **Perspektivwechsel:** Die ganze Geschichte kann auch aus einer persönlichen Perspektive erzählt werden (z. B. Tagebucheintrag).

Gestaltung eines „Sehtextes"

Nach dem Vorlesen wird das, was von den Schülern als entscheidendes Merkmal des Wahrgenommenen angesehen wird, notiert. Die Sprache des Textes wird dann unterschiedlich gestaltet (farblich/groß, klein/versetzt oder kreisförmig angeordnet usw.) ins

„Bild" gebracht. Die Geschichte bekommt eine signalisierende Überschrift; die unterschiedlichen Gestaltungen werden verglichen. Der Facettenreichtum von Interpretationen wird deutlich. Die vorgegebenen Überschriften können mit den eigenen verglichen und kritisch auf ihre Angemessenheit überprüft werden.

Visualisierung durch Fotos und Bilder
Nach dem lauten Lesen äußern die Schüler, was ihnen an der Geschichte wichtig erscheint. Die Äußerungen werden notiert. In Kleingruppen sichten die Schüler Fotos/Bilder, wählen aus und ordnen zu. Entsprechungen und Widersprüche können sich ergeben. Sie wählen eine Form der Bildanordnung aus (z. B. Kreis, Fragezeichen, Ausrufezeichen, Weg) und erörtern, was die Form der Bildsequenz zur Einsicht in den Text beiträgt. Dann werden die Foto- bzw. Bildsequenzen vorgestellt und verglichen. Die Mehrdimensionalität und Wirkungskraft eines Textes kann somit entdeckt werden.

Inszenieren auf dem Overheadprojektor
Der Text wird laut vorgelesen. Personen sowie Situationsmerkmale werden skizziert und notiert. Entsprechende Zeichen und Symbole werden zugeordnet, auf Papier gezeichnet und ausgeschnitten. Die einzelnen Szenen werden auf dem Overheadprojektor mit den ausgeschnittenen Teilen „gespielt", die Szenen werden durch Abblenden getrennt. Die Sprache des Textes kann jetzt den Szenen zugeordnet werden, entweder frei erzählend oder zitierend. Oder man inszeniert ohne Sprache, und die Betrachter äußern Vermutungen zu den dargestellten Szenen.

Weiterspielen eines Textes
Eine Geschichte mit offenem Schluss wird weitergespielt, oder eine Geschichte wird an einer Stelle abgebrochen und ein eigener Schluss überlegt. Nach dem Vorlesen des Textabschnitts wird der Handlungsablauf skizziert. Die Schüler sollen sich in einzelne Personen hineindenken und hineinfühlen: Wie könnten sich diese Figuren in der Fortsetzung des bereits Erzählten verhalten? Danach können Spielszenen mit oder ohne Worte entworfen werden; abschließend erfolgt die Präsentation der Spielszenen.

Briefe schreiben
Die Schüler suchen sich eine Person aus, der sie etwas mitteilen könnten. Sie schreiben einen Brief/eine E-Mail, worin sie die Situation der Geschichte aus der eigenen Sicht erklären, kommentieren oder beurteilen. Als Absender kann auch eine andere Person aus der Geschichte genommen werden.

Als Zeitungstext gestalten
Die Erzählung wird in einen Zeitungstext umgewandelt. Das kann ein Bericht, eine Glosse, ein Kommentar oder auch ein „reißerischer" Artikel sein. Die Art der Zeitung muss vorher ausgesucht werden (z. B. Jugendzeitschrift, Tageszeitung, Illustrierte).

Freies Malen
Durch freies Malen kann man besonders gut meditative Texte oder Gedichte erfassen und deuten. → 6.4 *(AL)*

2.4 Kinder- und Jugendbücher zum Vorlesen

Der Schriftsteller Hans Georg Noack hat einmal in einem Referat gesagt: „Das Schreiben von Jugendbüchern ist Fortsetzung der Pädagogik mit anderen Mitteln." Ähnlich hat sich Willi Fährmann geäußert: „Ich schreibe, weil ich glaube, dass die Welt zum Guten hin verändert werden muss (…)." Wenn diese Auffassungen richtig sind, dann gilt auch: Das Lesen oder Vorlesen von Jugendbüchern ist Pädagogik und besonders in den Fächern sinnvoll, denen der Glaube zugrunde liegt, „dass die Welt zum Guten hin verändert werden muss". Wo liegt nun das Pädagogische bei Jugendbüchern?

- Sie sind für Jugendliche geschrieben (Adressaten).
- Sie veranschaulichen etwas Abstraktes (z. B. die Zeit in *Momo*) oder bringen etwas weit Entferntes räumlich und zeitlich nah.
- Sie motivieren, z. B. durch Spannung oder Humor.
- Es werden Probleme aufgezeigt und Lösungen angedeutet (z. B. Randgruppen).
- Es werden Identifikationsmöglichkeiten gegeben: „Weißt du, in jeder Geschichte findest du ein Stück von dir selbst. Du lernst dich besser kennen", sagt Lillimaus in *Der überaus starke Willibald* von Willi Fährmann.
- Das Vorstellungsvermögen und die Fantasie werden angeregt, gefördert und ausgebildet.

Für den Deutschunterricht ist das Lesen von Jugendbüchern inzwischen in den Lehrplänen verankert. Es gibt sinnvolle und praktikable Unterrichtsvorschläge bei den Verlagen, bei der „Stiftung Lesen" usw., in denen u. a. auch kreative Möglichkeiten der Erschließung von Jugendliteratur vorgestellt werden.

Im Religionsunterricht beschränke ich mich, oft auf die Methode „Vorlesen mit anschließendem Gespräch". Die Schüler (und ich) genießen es, Zeit für das Lesen bzw. Hören einer langen Geschichte zu haben, bei der sie nicht auf Aufbau, sprachliche Mittel usw. achten müssen, sondern sich in die Welt dieses Buches hineinversetzen können. Anders als beim Film wird beim Lesen und besonders beim Hören viel stärker ihre Fantasie beansprucht, d. h., sie selbst sind stärker beteiligt. Ich lese meistens vor oder benutze eine CD (z. B. Autorenlesung), um die Konzentration der Schüler auf den Inhalt zu fördern. Dabei habe ich die Möglichkeit, zu unterbrechen, wenn es sinnvoll erscheint, etwas erklärt werden muss oder etwas Neues beginnt. Nach meiner Erfahrung hören Schüler besser zu, wenn sie das Buch nicht vor sich liegen haben. Auch die Vorfreude auf die nächste Stunde ist größer: „Lesen wir heute weiter?", werde ich oft schon vor der Tür zum Klassenraum gefragt.

Die Auswahl der Bücher richtet sich jeweils nach der Absprache mit den Deutschlehrern. Bücher, die für jüngere Kinder geschrieben sind, eignen sich manchmal für einen Einsatz in höheren Jahrgängen; aus der Perspektive von älteren Jugendlichen können meist noch andere Dimensionen wahrgenommen werden. Da immer wieder neue und gute Jugendbücher erscheinen, werden hier nur ein paar Klassiker vorgestellt.

Jahrgangsstufe 5/6
ERICH KÄSTNER: *Die Konferenz der Tiere*
Inhalt: Weil die Menschen nicht in der Lage sind, in Frieden zu leben, versammeln sich die Tiere zu einer Konferenz. Durch die Entführung der Kinder erreichen sie, dass die Menschen schließlich einen Vertrag unterschreiben, der den Frieden in Zukunft sichern soll. Das Buch ist mit viel Witz und Ironie geschrieben.
Nach dem Vorlesen: Die Welt vor und nach der Konferenz malen; Gespräch über die einzelnen Punkte des Vertrages (Bezug zur Gegenwart), besonders der Satz „Es gibt keine Trägheit des Herzens mehr" wird überdacht; eventuell Beschäftigung mit dem Symbol „Herz" → 6.3.

EVELYN CLEVE: *Helen Keller*
Inhalt: Mit viel Einfühlungsvermögen und Verständnis erzählt die Autorin die außergewöhnliche Lebensgeschichte der Helen Keller, die – seit ihrem zweiten Lebensjahr infolge einer Gehirnhautentzündung blind und taub – ihr schweres Leiden mithilfe ihrer Lehrerin und Erzieherin Anne Sullivan überwand.
Themen: Leben, Liebe, Schöpfung, Behinderung, Blindsein
Anschluss: Wundergeschichten Jesu, besonders Heilungen; Vergleich Anne Sullivan und Jesus (Markus 8, 22–25).

Jahrgangsstufe 7/8
WILLI FÄHRMANN: *Es geschah im Nachbarhaus*
Inhalt: Eine jüdische Familie gerät in den Verdacht, ein Kind ermordet zu haben. Das Buch wurde nach einer wahren Begebenheit (um 1900 in Xanten) auf der Basis von Gerichtsakten geschrieben. Es ist gleichzeitig eine Geschichte der Freundschaft und der Aufklärung von Vorurteilen. Die Hauptperson ist Siggi (12 Jahre alt).
Vermittlung: Das Buch wird vorgelesen und an verschiedenen Stellen für Gespräche unterbrochen. Längere Exkurse über bestimmte Themen (Geschichte der Juden, Vorurteile heute, Liebe/Freundschaft) oder Kapitel (Schlüsselkapitel mit der Maus) sind möglich. Ausgehend vom letzten Satz des dritten Kapitels („Arglos übersah er die ersten Zeichen der Mauern, die rings um ihn emporwuchsen.") kann mit Bleistift eine Mauer gezeichnet werden, die nach und nach ausgestaltet wird (Steine beschriften, Durchbrüche, Blumen usw.) und den Verlauf der Geschichte veranschaulicht.

HANS GEORG NOACK, *Rolltreppe abwärts*
Inhalt: Ein von seinen Eltern alleingelassener Junge gerät auf die schiefe Bahn und landet in einem Heim für schwer erziehbare Jungen. Die Hauptperson ist der 13-jährige Jochen.

Themen: Außenseiter/Alleingelassene, Erziehung, Schuld, Verantwortung, Kriminalität, Strafe.

Möglichkeiten im Anschluss: Gerichtsverhandlung als Rollenspiel nach Jochens letzter Festnahme; Personen: Jugendrichter, Staatsanwalt, Verteidiger, Sachverständiger (z. B. Psychologe), Zeugen (Hamel, Mutter, Freunde usw.). Hauptthema ist die Schuldfrage: Ist Jochen schuldig? Wer ist schuld an Jochens Schicksal? – Zum Titelbild des Buches kann ein Bild oder das Plakat zu einer Theateraufführung gemalt werden. – Sprachliche Gestaltung: Ein weiteres Kapitel schreiben. – Vergleich mit dem Gleichnis vom verlorenen Sohn (Lukas 15): Jesus erzählt das Buch als Beispielgeschichte heute. An welcher Stelle müsste die Handlung anders verlaufen (im Sinn von Lukas 15, Entgegenkommen des Vaters)? Wem könnte er es erzählen (wer sind die Pharisäer heute)?

Jahrgangsstufe 9/10
Gute Erfahrung habe ich mit dem Lesen des Kinderbuches *Der überaus starke Willibald* von WILLI FÄHRMANN durch einen Vergleich mit dem Trickfilm *Die Farm der Tiere* nach GEORGE ORWELL gemacht.

Das Jugendbuch *Blueprint Blaupause* von CHARLOTTE KERNER behandelt ein aktuelles, für die Zukunft wichtiges und umstrittenes Thema: das Klonen von Menschen. Es eignet sich besonders gut für Jugendliche, weil es um Individualität und Identitätsfragen geht: Woher komme ich? Wer bin ich? Es gibt dazu ein umfangreiches Arbeitsheft bei der „Stiftung Lesen", das u. a. ein Interview mit der Autorin enthält.

Ein besonderes Jugendsachbuch ist die Biografie *Das kurze Leben der Sophie Scholl* von HERMANN VINKE. Dazu gibt es einen Unterrichtsvorschlag. → 11.7 *(AL)*

2.5 Spielfilme im Unterricht – Einwände und Chancen

Der Einsatz von Spielfilmen in zweistündigen Fächern ist schon von der Zeit her problematisch. Die Spieldauer beträgt meist mindestens 90 Minuten. Wenn man die Zeit für das Aufbauen und Wegräumen mitrechnet, schafft man es selbst in einer Doppelstunde nicht, den Film zusammenhängend und komplett zu zeigen. Die nötige Einführung und Aufarbeitung, die nach meiner Erfahrung am besten im zeitlichen Zusammenhang mit dem Film erfolgen sollte, muss dann ebenfalls entfallen.

Ich halte es dennoch für gewinnbringend, Spielfilme im Unterricht einzusetzen, zumal wenn es gute Filme sind, die Schüler sich allein nicht ansehen oder zumindest nicht reflektieren würden. Zwei Voraussetzungen müssen beim Einsatz von Spielfilmen im Unterricht erfüllt sein: Der Film muss aufgearbeitet und sollte in eine Unterrichtsreihe eingebettet werden. In einer 45-minütigen Unterrichtsstunde kann man ca. 35 Minuten eines Films zeigen. Der Rest bleibt für die Reflexion des Gesehenen durch ein Unterrichtsgespräch oder durch Notizen, die Schüler nach vorher gegebenen Beobachtungsaufgaben machen. Wegen der Länge der Zeit wird der Spielfilm in der Regel als Leitmedium eingesetzt. Beispiele für Spielfilme und ihre Einbettung in Unterrichtsreihen sind: *Abraham* → 13.2, *Gandhi* → 11.5, *Romero* → 11.6, *Sophie Scholl* → 11.7, *Albert Schweitzer* → 11.4. *(AL)*

2.6 Die Zeitung – ein aktuelles Unterrichtsmaterial

Beim Zeitunglesen entdecke ich fast täglich etwas, das ich für den Unterricht brauchen kann: einen Bericht über ein aktuelles Ereignis, Meinungen zu einem bestimmten Thema, Abhandlungen über verschiedene Bereiche des menschlichen Lebens, neue Forschungsergebnisse oder Gerichtsurteile, interessante Kleinanzeigen, bewegende Todesanzeigen, aussagekräftige Fotos oder zum Nachdenken anregende Karikaturen. Selbst die Werbung bietet oft Material → 12.9. Wenn mich etwas besonders bewegt, nehme ich die Zeitung noch am selben Tag mit in den Unterricht und lese meinen Schülern den Artikel vor. Auf „frische" Meldungen reagieren fast alle interessiert. So werden den Schülern Themen nahegebracht, die sonst aus Zeitgründen – oder weil sie nicht im Lehrplan stehen – nicht behandelt werden. Zu den gerade „laufenden" Themen finden sich oft aktuelle Beispiele, insbesondere zu den großen Bereichen „Frieden", „Gerechtigkeit" und „Schöpfung". In den Zeitungen sind mehr negative Meldungen enthalten als positive. Eine schöne Aufgabe für Schüler ist es, einige Tage nur ermutigende Meldungen herauszusuchen und eine „Hoffnungszeitung" zusammenzustellen. → 11.3

Aktualisierung von ethischen Themen
Zu vielen Themen (Gentechnik, Kirchenasyl, Gewaltfrage usw.) findet man innerhalb weniger Tage mehrere Artikel, die man zu einem Arbeitsblatt zusammenstellen kann.
Methodische Möglichkeiten: Fragen zu den Texten beantworten, Pro-und-Kontra-Diskussion, eigene Erfahrungen oder Beispiele erzählen, Expertenmeinungen zusammenstellen. Besonders bewährt hat es sich, zu den einzelnen Artikeln Leserbriefe zu schreiben, in denen die eigene Meinung zum Ausdruck gebracht wird. Sogar meditativ kann man sich mit den Artikeln befassen: Wenn ich den Zeitungsausschnitt lese, denke ich …/frage ich …/fühle ich …/fürchte ich …/hoffe ich …/will ich selbst … Im Religionsunterricht kann die Zeitung Anlass sein, Gebete zu formulieren oder Bibeltexte zuzuordnen bzw. mithilfe der Zeitungstexte zu aktualisieren. Collagen aus Überschriften und Schlagzeilen können den aktuellen Bezug eines Themas besonders deutlich machen. Dazu muss allerdings viel Zeitungsmaterial zur Verfügung stehen, damit ein ganzes Blatt zu einem Thema gefüllt werden kann. Die unterschiedlichen Anordnungen zeigen die verschiedenen Akzentuierungen. → 11.3

Leben und Tod im Spiegel von Zeitungsanzeigen
Vorschläge für den Unterricht zu diesem Thema → 7.4 *(AL)*

2.7 Kuscheltiere, Handy, Videoclips und Co.

Eine Abwechslung für den Unterricht besteht darin, mit Dingen zu lernen, die nicht zu den schultypischen Lehrmitteln gehören. Ein zur Veranschaulichung mitgebrachter Gegenstand weckt in den meisten Fällen mehr Interesse als ein Text oder Bild.

Wenn der Lehrer eine „Schatzkiste" bzw. einen Korb mit verschiedenen Gegenständen mitbringt, sind die Schüler auf jeden Fall schon gespannt auf das Folgende. Es lohnt sich, solch eine „Sammlung" zusammenzustellen. Das ist nicht schwer, weil fast alle Gegenstände exemplarisch (z. B. Stift für Schreiben oder Schule) oder symbolisch (z. B. Engelfigur, Herz usw.) etwas zum Ausdruck bringen. Man sollte möglichst mehr Gegenstände mitbringen (sogar doppelt oder dreifach) als Schüler in der Klasse sind, damit jeder sich etwas Entsprechendes aussuchen kann, z. b. zum Thema „Wer bin ich?" oder „Was ist mir besonders wichtig?" → 9.5. Auch die Schüler können Gegenstände mitbringen. Ich habe gute Erfahrungen damit gemacht, als ältere Schüler (Klasse 8) ihr Lieblingsspielzeug von früher mitgebracht haben und indirekt über sich selbst gesprochen haben, indem sie aus der Sicht ihres Spielzeugs erzählt haben. Auch zum Thema „Feste" können Dinge mitgebracht werden, z. B. Weihnachtssymbole. → 5.7

Der Fortschritt in der digitalen Technik eröffnet viele neue und relativ einfache Möglichkeiten für den Unterricht:

- Das einfache Handy zum Schreiben von SMS; Intention: Eine Aussage möglichst kurz wiedergeben, auf den Punkt bringen, z. B. eine biblische Botschaft oder einen Rat.
- Das Handy mit Kamera oder eine Digitalkamera, um ein Thema zu verdeutlichen, z. B. auf dem Schulhof zum Thema „Schöpfung", im Schulgebäude Sprüche, Graffitis, Zerstörungen o. Ä. zu den Themen „Gewalt", „Vorurteile" usw. fotografieren oder im Unterricht Standbilder festhalten. → 8.4, 11.1
- Von Schülern mitgebrachte Popmusik oder Videoclips eignen sich für den unterrichtlichen Einsatz bei verschiedenen Themen. → 2.9
- Als Hilfsmittel wird der Computer in vielen Fächern genutzt. Er eignet sich besonders gut für Gestaltungsaufgaben, z. B. für die Herstellung von eigenen Büchern, Zeitungen, Kalendern → 3.4 oder T-Shirts bzw. Stofftaschen → 3.6. Die Internetrecherche ist bei vielen Themen unverzichtbar und fördert die Selbstständigkeit der Schüler. *(AL)*

2.8 Fernsehen, Computerspiele, Facebook und Co.

Manche Schüler verbringen täglich Stunden vor dem Fernseher und/oder Computer. Somit haben sie eine andere Wahrnehmung und Einschätzung dieser Medien als ihre Lehrer, für die viele Fernsehsendungen, Computerspiele oder *Social Networks* böhmische Dörfer sind. Da die Schüler in diesem Fall die Experten sind, kann ein Unterricht, der diese Medien und ihre Nutzung durch die Schüler kritisch beleuchten will, am besten schülerzentriert durchgeführt werden. Der positive Effekt dieser Herangehensweise: Die Schüler fühlen sich ernst genommen und arbeiten umso lieber mit.

- Schon Jüngere kennen und spielen *Ego-Shooter*, die für Erwachsene erschreckend brutal sind. Um mit den Schülern Umgang und Attraktivität zu reflektieren, bietet es sich an, in Kleingruppen zu selbst erarbeiteten Oberthemen recherchieren zu lassen. In einer abschließenden Diskussionsrunde können die Argumente dafür und dagegen noch einmal gegenübergestellt werden. → 10.1

- Zur Frage „Verletzen Sendungen, die Menschen vorführen, die Menschenwürde?" sind die Schüler manchmal erschreckend unkritisch. Um sich vertiefender auf die Frage einzulassen, können sich die Schüler gut mithilfe des Placemat-Verfahrens den Pro- und Kontra-Argumenten nähern. → 10.2
- Soziale Netzwerke („Facebook", „SchülerVZ" usw.) eignen sich dafür, ausgehend von den Schülerinteressen Gefahren zu problematisieren. Man beauftragt eine Gruppe damit, sich in Menschen hineinzuversetzen, die mit einer Zeitmaschine aus der Vergangenheit gekommen sind und von heutigen Schülern über den Nutzen von „Facebook" informiert werden (etwa als Rollenspiel, Interview o. Ä.). Die Menschen aus der Vergangenheit zeigen kein Verständnis für die Nutzung dieser sozialen Netzwerke. Sie werden vorab vom Lehrer mit kritischen Texten auf ihre Rolle vorbereitet (beispielsweise Zeitungsartikel zu Mobbing in Netzwerken). *(PS)*

2.9 Einen Popsong zu einem Thema einsetzen

Die Musikcharts bieten eine Fülle von Texten, die sich zur Besprechung von verschiedenen Themen eignen. Grundlage ist in diesem Fall das Lied *Jede Generation* der Band Die Fantastischen Vier.
- **Schritt 1:** Zu Beginn der Stunde wird die Frage gestellt, welche Probleme die Schüler in ihrer Generation sehen. Zur Lenkung werden Schlüsselwörter wie „Schule", „Ausbildung", „Zukunft" und „Partnerschaft" gegeben. Dann wird der Song präsentiert und angehört. Die Schüler äußern sich spontan zu Musik und Text des Liedes. Dann wird der Text verteilt und das Lied nochmals angehört.
- **Schritt 2:** Die Schüler besprechen zuerst in Partnerarbeit, welche Probleme im Lied angesprochen werden. In einem weiteren Schritt werden sie dazu aufgefordert, die Probleme ihrer eigenen Generation auf den Text zu beziehen: Inwieweit könnt ihr die Probleme nachvollziehen? Wo fühlt ihr euch ähnlich? An welcher Stelle könnt ihr die Probleme überhaupt nicht nachvollziehen? Im anschließenden Unterrichtsgespräch werden die Ergebnisse vorgestellt und diskutiert.
- **Schritt 3:** Als Hausaufgabe könnte ein fiktives Gespräch geschrieben werden, in dem die Schüler auf einige Verse eingehen. Alternativ dazu schreiben die Schüler einen Lebenslauf einer Person, die all das erlebt hat, was im Lied angesprochen wird. *(PS)*

Tipp: Am Anfang der Stunde darf im Laufe des Schuljahres jeder Schüler einen Song vorstellen. Einzige Bedingung: Das Musikstück sollte etwas mit Ethik oder Religion zu tun haben; die Wahl muss vor den Mitschülern begründet werden.

3 Produktorientiertes Lernen

Viele Schülerarbeiten zeigen, dass es sich lohnt, auf den Einfallsreichtum, die Kreativität und die Talente der Schülerinnen und Schüler zu vertrauen. Solche Arbeiten sind nicht nur schöne und beeindruckende Ergebnisse des Unterrichts, sondern können zugleich als Grundlage für den Unterricht in anderen Klassen dienen. Sie können den Schülern die darin angesprochenen Themen schon deshalb nahebringen, weil sie von Gleichaltrigen gestaltet worden sind. Die eigentliche Lernleistung liegt zwar im Prozess des kreativen Arbeitens, die greifbaren Ergebnisse bringen den Schülern aber zusätzlich Stolz und Freude über die geleistete Arbeit und dem Lehrer zugleich Nutzen in Form von neuem Unterrichtsmaterial und natürlich Stolz auf die eigene Fähigkeit, Schüler zu solchen Leistungen zu motivieren. Auch bei der Bewertung von Schülerleistungen können handfeste Ergebnisse hilfreich sein.

3.1 Eigene bildnerische Produktion

Hier geht es darum, sich auf dem Weg eigener bildnerischer Produktion mit inhaltlichen Fragen zu verschiedenen Themen auseinanderzusetzen, Lerninhalte durch grafische Umsetzung darzustellen sowie Arbeitsergebnisse und theoretische Überlegungen auf unterschiedliche Weise in eine präsentable Form zu bringen.

Texte illustrieren
Die zu illustrierenden Texte können beispielsweise Lieder, Bibeltexte oder Gedichte sein. Die Texte werden als Kopien verteilt. Sie können zerschnitten oder farbig gestaltet werden und abschnitt- bzw. strophenweise ins Heft geklebt werden. Eine zweite Möglichkeit besteht darin, erst ein Bild zu einem Text gestalten zu lassen und die passenden Textstellen dann ins Bild zu kleben.

Zu vorgelesenen oder erzählten Geschichten Bilder anfertigen lassen
Bei dieser Methode liegt der Text den Schülern nicht vor; sie müssen ihn beim aktiven Zuhören (bei Bedarf mehrmals vorlesen) ganzheitlich erfassen und ihn dann bildnerisch umsetzen.

Collagen
Das Anfertigen von Collagen aus Fotos und Zeitschriftenmaterial eignet sich besonders gut zur Illustration oder Erarbeitung aktueller Themen. Dazu braucht man einen größeren Vorrat an Zeitungen, Illustrierten, Werbeprospekten usw. Die Schüler sollen auch selbst Material sammeln und mitbringen. Außerdem werden große Papierbögen benötigt. Die Aufgaben können als Partner- oder Gruppenarbeit angelegt werden.

Piktogramme

Piktogramme sind stark vereinfachte Zeichnungen von Gegenständen oder Sachverhalten. Sie begegnen uns überall da, wo Menschen sich schnell orientieren müssen. Bekannt sind Zeichen wie die Kaffeetasse für ein Café, das rote Kreuz für den Sanitätsdienst, die stilisierten Männer und Frauen als Zeichen für die Damen- bzw. Herrentoiletten.

Im Unterricht ist das Gestalten von Piktogrammen reizvoll und kann für Plakate und Zeitleisten eingesetzt werden. Regeln können damit international verständlich dargestellt werden, wie z. B. die Zehn Gebote oder die Menschenrechte. Der schnellen Orientierung und der Übersichtlichkeit wegen werden nur wenige Farben benutzt – meist nur Schwarz auf hellem Grund –, und man beschränkt sich auf das wirklich Notwendige: starke Vereinfachung, Verzicht auf alle Einzelheiten. Eindeutigkeit ist das Stichwort. Geeignete Einsatzbereiche sind Wegweiser durch die Schule beim „Tag der offenen Tür", Hinweisschilder zur Streitschlichtung, Plakate gegen Drogenmissbrauch, gegen Gewalt und Fremdenfeindlichkeit usw. → 15.3

Illustrierte Zeitleisten

Zeitleisten dienen zur Festigung erarbeiteter Inhalte. Das können historische Ereignisse sein, Übersichten über bestimmte Epochen (z. B. Reformationszeit, Entstehung der Bibel, Kirche im Römischen Reich) oder Darstellungen von Lebenswegen bei Biografien.

Zeitleisten können als Einzelarbeit ins Heft gezeichnet oder großformatig als Gruppenarbeit für den Klassenraum angefertigt werden. Zu beachten ist, dass die Gestaltung sauber und übersichtlich ist. Dazu spricht man am besten mit den Schülern Gestaltungsregeln ab: Nur in Druckschrift schreiben, bei Zahlen und Schrift jeweils nur eine Farbe verwenden, wichtige Ereignisse unterstreichen usw. Zur Illustration eignen sich je nach Thema Bilder aus Zeitungen oder Illustrierten, Symbole, Zeichnungen, Piktogramme. → 14.8

Plakate

Plakate machen auf einen Sachverhalt aufmerksam und/oder dienen der schnellen Information. Bevor Plakate im Unterricht angefertigt werden, sollte vorab über die Aufgabe von Plakaten und deren Gestaltung informiert werden. Anhand gelungener Ansichtsexemplare kann man gemeinsam Regeln entwickeln:
- Welches Format soll das Plakat haben? Welche Farben und Schriftgrößen sollen benutzt werden?
- Das Plakat muss auf die Sache, um die es geht, aufmerksam machen. Es muss gut verständlich sein.
- Sauber, ordentlich und gut leserlich schreiben; auf korrekte Rechtschreibung achten; Linien für die Schrift ganz dünn mit Bleistift vorzeichnen; für Linien und Unterstreichungen ein Lineal benutzen.
- Zeichnungen sauber und ordentlich anfertigen; Bilder und Fotos sauber aufkleben.

Die Gestaltung von Plakaten eignet sich für aktuelle Themen, wie z. B. Umweltschutz, Tierschutz, Sammelaktionen, Sponsorenlauf, Suchtproblematik, Menschenrechte, Kinderarbeit usw. → 14.2

Herstellen von Comics

Schülern der Klassen 5 und 6 macht es Spaß, Geschichten oder Bibeltexte in Form von Comics zu bearbeiten. Ein paar grundsätzliche Regeln sollten gegeben werden, am besten per Hefteintrag. Sie sind dann gleichzeitig Kriterien für die eigene Kontrolle der fertigen Arbeit und für die Abschlussbesprechung in der Gruppe:

- Die Handlung der Geschichte muss aus den Zeichnungen heraus verstanden werden können.
- Die Hauptperson(en) deutlich herausarbeiten und wiedererkennbar zeichnen. Welche Merkmale soll er/sie haben? Wie sieht die Kleidung aus? Welche Haltungen/Bewegungen sind passend? Wie sehen Frisur, Haar- und Hautfarbe aus?
- Im Vordergrund steht die Konzentration auf das, was für die Geschichte wichtig ist; nicht zu viele Einzelheiten zeichnen. Besonders wirkungsvoll sind die Ergebnisse, wenn alle Konturen mit schwarzem Fineliner nachgezogen werden.

Nachdem die Schüler den Text gehört oder gelesen haben, wird er in sinnvolle Abschnitte gegliedert. Diese Gliederung wird notiert und dient für die Weiterarbeit als Erinnerungsstütze. Jeder Abschnitt bekommt eine Überschrift. Für die Gestaltung eignet sich das A4-Format. Durch Aufteilung des Blattes in sechs Felder wird das Zeichnen vorbereitet. In jedes Feld soll nun zu jeweils einem Abschnitt der Geschichte ein Bild gezeichnet werden. Bei Bedarf können zwei oder drei A4-Blätter miteinander verbunden werden. Sehr professionell wirkt der Comic, wenn die Schüler jeweils ein Titelbild mit der von ihnen entworfenen Hauptperson gestalten. Besonders gelungene Arbeiten können im Klassenraum präsentiert werden → 14.8; Gestaltung von Selbstporträts → 8.1. *(UM)*

3.2 Texte schreiben

Die meisten Textformen, die es gibt, können auch von Schülern hergestellt werden. Für manche benötigt man viel Zeit (längere Erzählungen, Theaterstücke u. Ä.), andere können in kurzer Zeit produziert werden (Gedichte, Zeitungsartikel usw.). Manchmal ist es sinnvoll, die Texte mit anderen Produkten zu verknüpfen, z. B. zu einem Liedtext eine Melodie komponieren oder Texte und Bilder miteinander verbinden → 7.5. Hierbei kann fächerübergreifend gearbeitet werden (Deutsch, Kunst, Musik). Bei der Herstellung von Sachtexten und Zeitungsartikeln ist eine Zusammenarbeit mit anderen Fächern auf jeden Fall zu empfehlen (z. B. Biologie, Physik, Geschichte, Politik).

Als Beispiel für eine einfache Methode der Textproduktion wird das Dichten von „Elfchen" vorgestellt → 6.1. Diese Methode eignet sich besonders als Einstieg in ein Unterrichtsvorhaben oder als Abschluss eines Themas. *(AL)*

3.3 Schüler entwerfen ein Schulbuchkapitel

Ein eigenes Schulbuchkapitel von Schülern gestalten zu lassen ist besonders dann angebracht, wenn ein Thema im vorhandenen Schulbuch nicht vorkommt oder für die Schüler nicht ansprechend gestaltet ist. Die Schüler können dann ihre eigenen Ideen umsetzen. Diese Vorgehensweise bietet viele Vorteile. Die Schüler arbeiten selbstständig:
- Sie sichten Materialien, die der Unterrichtende zur Verfügung stellt (Erfahrungen der Erwachsenen).
- Sie suchen eigene Materialien (altersgemäßer und individueller Zugang).
- Sie gliedern das Thema und setzen eigene Schwerpunkte (verschiedene Doppelseiten).
- Sie berücksichtigen verschiedene Medien (Bilder, Texte, Lieder).
- Sie formulieren Aufgaben für Gleichaltrige.
- Sie setzen sich bei der Gruppenarbeit mit Gleichaltrigen auseinander.
- Sie gestalten ein zusammenhängendes Werk.

Der Lehrer wird entlastet. Er hat Zeit, sich um Einzelne zu kümmern, und kann sich auf die Beratungs- und Helferfunktion konzentrieren. → 7.6 *(AL)*

3.4 Buch, Zeitung, Kalender herstellen

Buch
Bücher selbst herzustellen ist eine gute Gelegenheit, ein Thema umfassend darzustellen. Schüler können lernen, auf eine grafisch ansprechende Gestaltung zu achten und bestimmten Texten entsprechende Bilder zuzuordnen. Ein Anreiz, sie besonders ordentlich zu gestalten, liegt darin, wenn sie die fertigen Bücher verschenken können. → 7.5

Zeitung
Eine Möglichkeit, ein Thema abzuhandeln und gleichzeitig zu aktualisieren, ist die Zusammenstellung einer Zeitung. Die Schüler können in freier Arbeit Material suchen, dabei die verschiedenen Textsorten berücksichtigen (Reportage, Interview, Bericht) und Fotos oder Karikaturen zuordnen. Methodisch kann man ähnlich vorgehen wie beim Schulbuchkapitel. → 7.6

Kalender
Für Themen, die in den Jahresablauf eingeordnet werden, können Schüler selbst Kalender herstellen. Einige Möglichkeiten sind:

- Darstellung der verschiedenen Jahreszeiten und ihre symbolische oder reale Bedeutung (Werden und Vergehen); vgl. das Symbol „Baum" → 6.7;
- Darstellung der Bedeutung der christlichen Feste bzw. des Kirchenjahres → 5.7, 12.4;

- Gegenüberstellung der Feste der verschiedenen Religionen (interreligiöser Kalender) → 12.4, 14.1;
- Sammlung und Darstellung verschiedener Gedenktage (z. B. Biografien) → 4.3.

Bei der Herstellung eines Kalenders mit Bildern und Texten kann man ähnlich vorgehen wie beim Gestalten eines Bilderbuches (siehe oben). *(AL)*

3.5 Spiele und Rätsel entwickeln

Spiele

Eine Möglichkeit, sich mit einem Thema (z. B. mit der Biografie einer oder mehrerer Personen) intensiv zu befassen und sich mit dem Erarbeiteten auseinanderzusetzen, ist die Konzeption von Gesellschaftsspielen. Spiele sind ferner als Ergänzung oder Abschluss zu einem Roman oder Film geeignet. Sinnvoll einzusetzen ist diese Idee selbst dann, wenn in Gruppen arbeitsteilig zu verschiedenen Personen gearbeitet werden soll.

In einer Einführungsstunde wird über den Sinn des gemeinsamen Spielens nachgedacht. Verschiedene Gesellschaftsspiele werden zusammengetragen: Kartenspiele (Quartette), Würfelspiele, Frage-Antwort-Spiele, Geschicklichkeitsspiele, Brettspiele. Nachdem die Schüler über die Themenstellung informiert worden sind, werden sie gebeten, eine erste Spielidee und einen Entwurf zu skizzieren. Für die nächste Stunde muss notiert werden, welche Materialien mitzubringen sind. Wenn Partnerarbeit vorgesehen ist, sind genaue Absprachen erforderlich.

In der nächsten Stunde wird Informationsmaterial zum Thema in möglichst vielfältiger Form bereitgestellt – auch von den Schülern –, das für die Dauer der Arbeit zur Verfügung steht. Es sollte nun ein verbindlicher Zeitrahmen abgesteckt werden, um die Arbeit genau planen zu können. Folgende Punkte sind für alle verbindlich:
- Das Spiel muss sich am gestellten Thema orientieren und Informationen dazu geben – je mehr, desto besser.
- Die Spielregel muss gut verständlich geschrieben sein.
- Die äußere Gestaltung des Spiels muss zum Thema passen.
- Die optische Gestaltung des Spiels muss ansprechend und sauber gearbeitet sein.
- Jede Form von Gewaltdarstellung ist tabu.
- Das Spiel muss interessant zu spielen sein.

In den weiteren Stunden werden die genannten Gesichtspunkte umgesetzt. Zum Unterricht gehört natürlich auch die Auswertung: das gegenseitige Ausprobieren der Spiele. → 15.3, 16.2

Rätsel

Als Abschluss einer Unterrichtsreihe bzw. als mögliche Form der Lernzielkontrolle eignen sich Rätsel in unterschiedlicher Form. Diese können vom Lehrer für die Schüler

vorbereitet worden sein oder von den Schülern selbst entwickelt werden. Letzteres ist für die Schüler interessanter und setzt eine sehr viel intensivere Beschäftigung der Schüler mit dem Thema voraus. Es gibt vielfältige Möglichkeiten:
- Variationen von Kreuzworträtseln oder Silbenrätseln; Beispiele für die Gestaltung gibt es in der Rätselecke von Zeitschriften und in speziellen Rätselheften.
- Ratespiele nach der Vorlage bekannter Fernsehsendungen, wie z. B. *Wer wird Millionär?* oder *Was bin ich?* (Variante: *Wer bin ich?*). In diesem Spiel dürfen nur Fragen gestellt werden, auf die mit Ja oder Nein geantwortet werden kann.
- Lückentexte in Form von „Steckbriefen" zu bestimmten Personen, die erraten werden sollen.
- Bilderrätsel: Es werden zu Stationen historischer Ereignisse (z. B. Reformation) oder zum Lebensweg einer Person einfache Zeichnungen angefertigt, die dann von den Ratenden erkannt werden müssen. → 15.3
- Rätsel, bei denen Satzanfänge vorgegeben sind, die vervollständigt werden müssen. Beispiele: Martin Luther übersetzte nicht das Kochbuch, sondern ...; Ein Kardinal ist keine Automarke, sondern ...
- Rätsel, bei denen Begriffe durcheinandergeraten sind.
- Richtig spannend wird es, wenn sich aus Buchstaben der richtigen Antworten ein gesuchtes Lösungswort oder aus einer bestimmten Zahlenkombination eine entscheidende Jahreszahl der Biografie/der Epoche ergibt. *(UM)*

3.6 Praktisches und Dekoratives

Etwas für den eigenen Gebrauch oder zum Verschenken selbst zu basteln wird Kindern schon in Kindergarten und Grundschule beigebracht (z. B. Martinslaternen). In den weiterführenden Schulen wird diese Art des Lernens nicht mehr so oft praktiziert. Sie ist aber eine gute Methode, sich mit einem Thema intensiv zu befassen. Im Religions- oder Ethikunterricht gibt es viele Themen, die sich für diese Art der Auseinandersetzung mit einem Sachverhalt eignen. Schüler können Gegenstände aus den verschiedenen Religionen nachbauen: Thorarollen → 14.6 oder einen Chanukka-Leuchter basteln → 14.3, Adventskalender herstellen → 5.7 oder Ostereier mit christlichen Symbolen bemalen. Zu existenziellen oder zu ethischen Themen können Schüler ebenfalls Werke selbst gestalten, angefangen bei einfachen Postkarten → 7.4 bis zu ganzen Büchern (siehe oben).

Als Abschluss eines Projekts oder einer Unterrichtseinheit ist die Gestaltung eines T-Shirts oder einer Stofftasche eine gute Idee, einerseits, um den Schülern die Gelegenheit zu geben, etwas Bleibendes mit auf den Weg zu nehmen, andererseits, um originelle Ideen einem außenstehenden Publikum zu präsentieren. Es eignen sich verschiedene Unterrichtsinhalte für die Gestaltung, z. B. Erhaltung der Schöpfung, Tierschutz, Umweltschutz, Umgang mit Mitmenschen, Menschenrechte, Menschenwürde → 9.4, Frieden, Umgang mit Sucht- und/oder Genussmitteln, Symbole → 15.3. Die Zusammenarbeit mit den Fächern Kunst und/oder Textilgestaltung wäre ideal. *(AL)*

Tipp: Eine einfache Möglichkeit ist das Einscannen eines Motivs und der Druck auf eine spezielle Folie. Das Motiv kann anschließend auf Stoff (T-Shirt, Stofftasche …) aufgebügelt werden.

3.7 Ein Hörspiel oder einen Videofilm produzieren

Wenn man sich für ein Thema Zeit lassen will, kann man mit den Schülern ein Theaterstück, ein Hörspiel oder einen Videofilm produzieren. Hörspiele eignen sich besonders für Szenen, bei denen Gefühle und Gedanken eine Rolle spielen. Als Beispiel sei ein Hörspiel zum Gleichnis vom verlorenen Schaf (Lukas 15, 1–7) genannt: Was überlegt der Hirte? Was fühlt das Schaf? Was reden die anderen Schafe? Aus diesen Elementen kann ein zusammenhängendes Hörspiel entwickelt werden. Schüler sind sehr kreativ, wenn es darum geht, verschiedene Geräusche für die Szenen zu erzeugen.

Etwas schwieriger ist die Herstellung eines guten und sinnvollen Videofilms. Eine Hilfe kann dabei das Vorbild einer Fernsehsendung sein. Man könnte zu einem Lied/Song/Text einen Videoclip gestalten; aber auch Informationssendungen können Vorlage sein. → 11.1 *(AL)*

4 Mit Biografien authentisch lernen

Biografien bieten einen ganzheitlichen und authentischen Ansatz für die Beschäftigung mit wesentlichen Fragen des Glaubens und Lebens. In unserem Schulsystem sind die Bereiche des menschlichen Lebens in verschiedene Fächer aufgeteilt. In der Wirklichkeit spiegelt jeder einzelne Mensch fast alle Bereiche. Das Leben wird als Ganzes erlebt und nicht in Stücken. Religions- oder Ethikunterricht haben u. a. die Aufgabe, die verschiedenen Bereiche zu bündeln und den Menschen in seiner Ganzheit zu betrachten. Deshalb ist die Beschäftigung mit Biografien gerade für diese Fächer sinnvoll.

Jeder Mensch spiegelt sich in anderen Menschen und erlebt in der Gemeinschaft mit anderen seine Identität. Lebensläufe können gerade für Jugendliche Orientierungshilfe sein. Da sich alle Menschen – gleich welcher Herkunft – mit grundlegenden Fragen des Lebens (wie z. B. Leid und Freude, Liebe und Hass, Leben und Tod) beschäftigen, kann die Auseinandersetzung mit Menschen, die den Jugendlichen nicht so nahestehen, zum Verständnis der eigenen Person hilfreich sein.

Andere Kulturen oder Lebensweisen spiegeln sich im Leben einzelner Menschen. Geschichtliche Epochen, Denkweisen, philosophische Richtungen oder Religionen können Schülern durch das Leben einzelner Menschen nahegebracht werden. Das Leben mancher Menschen wird von bestimmten Themen besonders geprägt; man kann sie also „befragen", wenn man sich im Unterricht damit auseinandersetzt.

4.1 Thematische Zusammenhänge für Religion und Ethik

Das eigene Leben
Zu fast allen Themen des Religions- oder Ethikunterrichts gibt es Beispiele von Menschen, deren Leben durch besondere Umstände bestimmt wird. Das können negative Erfahrungen sein (z. B. Sucht, Krankheit, Armut), positive Erlebnisse (z. B. Liebe, Naturverbundenheit, Befreiung) oder Anliegen, für die sich diese Menschen einsetzen (z. B. Frieden, Menschenrechte, Naturschutz). Fremde Biografien können bedacht werden, wenn man sich mit den Vorstellungen und Entwürfen des eigenen Lebens beschäftigt. Man kann sie vergleichend heranziehen, wenn man über Lebensstationen oder -themen nachdenkt, die fast jeder Mensch durchmacht: Kindheit, Liebe, Krankheit, Alter, Sterben, Glück, Sehnsucht, Taufe/Beschneidung, Erwachsenwerden, Liebe/Hochzeit, Arbeit/Beruf/Freizeit, Sterben/Tod. → 7

Leitbilder – Vorbilder
Es ist ein lohnendes Unterfangen, mit Jugendlichen zum Thema „Wer ist für dich ein Vorbild?" zu arbeiten. Man kann Schülern von Beginn an vorschlagen, als Vorbilder Menschen aus der Geschichte zu wählen. Das bewahrt davor, sich nur mit Personen zu beschäftigen, die momentan gerade „in" sind. Als Ergebnis kann ein Vorbilder-Kalender in Gruppenarbeit zusammengestellt werden. → 4.3

Mit Menschen, die für andere Leitbilder sind, können sich die Schüler beschäftigen, indem sie z. B. ihren eigenen Wohnort erkunden. Jede Stadt pflegt auf verschiedene Weise die Erinnerung an bestimmte Menschen. Es gibt Denkmäler, Gedenktafeln an Gebäuden, Schulnamen. Viele Kirchen sind nach besonderen Menschen, den Heiligen, benannt. Als Ergebnis kann ein Buch in Gruppenarbeit hergestellt werden. → 4.3

Menschen, die sich einsetzen

Engagierte Menschen sind für den Religions- und Ethikunterricht besonders wichtig. In den Schulbüchern werden solche Personen vorgestellt, meist zu bestimmten Themenbereichen (z. B. gewaltloser Widerstand: Gandhi, Martin Luther King). Viele Materialien – mitunter speziell auf den Unterricht zugeschnitten – bekommt man bei entsprechenden Organisationen und Initiativen, z. B. Albert-Schweitzer-Zentrum in Frankfurt, Hermann Gmeiner SOS-Kinderdorf-Verlag in München; Christliche Initiative Romero e. V. in Münster, von Bodelschwingh'sche Anstalten in Bethel; Anne-Frank-Zentrum in Berlin. → 11

Menschen der Bibel

Mit einzelnen biblischen Gestalten hat sich der Religionsunterricht schon immer befasst. Literarische Umsetzungen zeigen, dass Personen der Bibel eine zeitlose Bedeutung haben (z. B. *Joseph und seine Brüder* von THOMAS MANN oder *Der König-David-Bericht* von STEPHAN HEYM). Auch neuere Filme befassen sich mit diesen Gestalten. Viele Schüler sind begeistert, wenn man ihnen die spannenden und aussagekräftigen Geschichten erzählt, vorliest oder im Film vorstellt. → 13.2, 14.5, 14.8

Prophetisch reden und handeln

Eine Unterrichtsreihe über Prophetinnen und Propheten in Israel kann man mit Überlegungen zur Aktualisierung des Themas ergänzen: Welche Menschen aus späterer Zeit haben Ähnliches erlebt oder sich für ähnliche Anliegen eingesetzt? Mit welchen Mächtigen der jeweiligen Zeit haben sie sich auseinandergesetzt?

Nach der Unterrichtsreihe über alttestamentliche Propheten habe ich Schülern der Klasse 8 eine Fernsehreportage über die spektakuläre Baumbesetzung einer jungen Frau in Kalifornien gezeigt, die „Baumfrau" Julia Hill. Die Schüler waren beeindruckt und haben viele Gemeinsamkeiten mit früheren Propheten gefunden. Da die Mutter einer Schülerin Kontakte zum Sender hatte, kam die Klasse auf die Idee, einen Brief zu schreiben:

(...) Mit dem Film wurde uns klar, dass es auch heute noch Propheten (und Prophetinnen!) gibt. Gut, dass so etwas gezeigt wird! Besonders interessant war der Film für uns, weil es sich um eine normale junge Frau handelt, die uns schon vom Alter her näher steht als andere. Wir finden es gut, dass sich junge Menschen schon so extrem für die Natur einsetzen. Diese Frau ist die Stimme der Natur, die sich selbst nicht äußern kann, und damit die Stimme Gottes.

Menschen in der Nachfolge Jesu

In diesem Zusammenhang kann man einen Gang durch die Geschichte machen, angefangen bei den Jüngerinnen und Jüngern Jesu über Apostel, Heilige → 15.2 und Reformatoren → 15.3 bis zu Menschen heute, die sich auf Jesus berufen oder die Jesu Anliegen vertreten. → 11.6

In einer modernen Kinderbibel von WERNER LAUBI und ANNEGERT FUCHSHUBER sind zwischen den einzelnen Teilen der Bergpredigt gemalte Bilder von verschiedenen Personen des 20. Jahrhunderts gedruckt: Janusz Korczak, Martin Luther King, Sophie Scholl und Mahatma Gandhi. Die Schüler können sich mit den Biografien dieser Personen befassen und überlegen, warum sie in einer Kinderbibel abgebildet sind.

Der Lehrer kann die einzelnen Bilder auf Folie kopieren und auf verschiedene Gruppen verteilen: Was seht ihr? Was empfindet ihr? Was wird über die abgebildete Person deutlich? Sprecht darüber in der Gruppe. Sucht einen Text aus der Bergpredigt (oder einen anderen Text aus dem Neuen Testament), der besonders gut dazu passt. In Gruppen- oder Partnerarbeit können die Schüler Plakate herstellen, die weitere Informationen zu den Personen zeigen oder andere Menschen und ihre Gedanken zum Thema „Wo Menschen wie Jesus sind, da gehen sie neue Wege" darstellen. *(AL)*

4.2 Lebenswege kennenlernen

Für einen kurzen Einblick in das Leben von bekannten Persönlichkeiten eignen sich Lexika, Texte aus Sammelbänden (wie *Große Männer, Große Frauen, Liebhaber des Friedens, Friedensnobelpreisträgerinnen* u. a.) oder tabellarische Übersichten aus dem Anhang von biografischen Büchern. An Gedenktagen (Geburts- oder Todestag) werden oft Lebensbilder im Fernsehen, Radio oder in der Zeitung vorgestellt. Wenn die Person für den Religions- oder Ethikunterricht relevant ist, stelle ich sie meistens – unabhängig vom Thema – in einer Schulstunde an diesen Tagen vor.

Biografische Bücher oder Filme als Leitmedien

Wenn man sich im Unterricht ausführlich mit einem Menschen beschäftigen will, eignen sich besonders Spielfilme oder biografische Romane, weil Schüler sich dabei gut in die Hauptpersonen hineinversetzen können. Längere Dokumentarfilme oder dokumentarische Bücher (besonders Jugendbücher) sind manchmal so gekonnt zusammengestellt, dass sie Jugendliche fesseln.

Spielfilme

Über viele Persönlichkeiten, die für den Religions- oder Ethikunterricht bedeutsam sind, gibt es Spielfilme. Oft wird in diesen Filmen deutlich, dass für das Leben der Hauptpersonen andere Menschen – im Film die Nebenfiguren – eine wichtige Rolle spielen. Das können z. B. Angehörige, Freunde, Gegner oder die in der Zeit Regierenden sein.

Aufgabenstellungen für die Bearbeitung einer Filmbiografie
- Suche dir eine Nebenfigur des Films aus, die du besonders beobachtest. Was erfährst du über sie (unabhängig von der Beziehung zur Hauptfigur)?
- In welcher Beziehung steht die Person zur Hauptfigur?
- Wie beurteilt sie die Hauptfigur und ihr Handeln?
- Welchen Einfluss hat sie auf die Hauptfigur?
- Gibt es während des Films eine Veränderung in der Beziehung oder in der Einstellung, die diese Person zur Hauptfigur hat? Wenn ja: Wodurch kommt es zu dieser Veränderung?
- Verfasse einen Dialog zwischen deiner Nebenfigur und der Hauptfigur.
- Arbeite mit einem Mitschüler/einer Mitschülerin zusammen, der/die eine andere Nebenfigur als du ausgewählt hat. Schreibt ein Gespräch auf, in dem sich die beiden Personen über die Hauptfigur unterhalten.

Zu weiteren Möglichkeiten beim Einsatz von Spielfilmen und ihre Einbindung in Unterrichtsreihen → 11.4, 11.5, 11.6, 11.7, 13.2.

Weitere empfehlenswerte Filmbiografien:
- *Korczak:* Dieser Film ist ab Klasse 9 geeignet. Themen: Judenverfolgung, Leben im Ghetto, Einsatz für Kinder, Erziehung, Vorbilder.
- *Die Weiße Rose:* Der Film ist ohne Hintergrundwissen schwer zu verstehen; er sollte deshalb besser als zusätzliches Medium zum Jugendbuch *Das kurze Leben der Sophie Scholl* → 11.7 eingesetzt werden oder durch weitere Informationen vorbereitet werden; geeignet ab Klasse 10.
- *Bonhoeffer – Die letzte Stufe:* Dieser Film ist eher für ältere Schüler geeignet und sollte mit weiteren Informationen ergänzt werden.
- *Dann war mein Leben nicht umsonst:* Besonders gelungen ist dieser Dokumentarfilm über Martin Luther King. Obwohl es sich um eine Aneinanderreihung von dokumentarischen Filmausschnitten handelt, die nicht kommentiert werden, sondern nur den Originalton mit deutscher Übersetzung enthalten, ist der Film äußerst spannend und beeindruckend; geeignet ab Klasse 9. Zu den Themen: Sinn des Lebens, Antirassismus, gewaltloser Widerstand, Nachfolge Jesu.

Biografische Romane
Diese Bücher versuchen, eine Person nahezubringen, indem sie Charaktere und äußere Umstände ausschmücken oder verändern. Gelungene Beispiele sind zwei Romane von LUISE RINSER:
- *Mirjam* ist ein Roman über Maria Magdalena, der die Jesus-Bewegung in der damaligen Zeit für heutige Menschen verständlich widerspiegelt; geeignet ab Klasse 9.
- *Bruder Feuer* versetzt das Leben des Franz von Assisi in die heutige Zeit; geeignet ab Klasse 8.

Jugendsachbücher
- *Das kurze Leben der Sophie Scholl* von Hermann Vinke ist ein besonders eindrucksvolles Beispiel; geeignet ab Klasse 9. Das Buch ist deshalb zu empfehlen, weil darin über eine junge Frau als Widerstandskämpferin berichtet wird und somit auch Mädchen Identifizierungsmöglichkeiten bekommen. → 11.7
- *Das Tagebuch der Anne Frank* wird häufig im Deutschunterricht gelesen. Wenn nicht, sollte es den Schülern im Religions- oder Ethikunterricht vorgestellt werden. Dieses Buch bietet u. a. viele Identifizierungsmöglichkeiten für Mädchen dieses Alters (ab Klasse 8). *(AL)*

4.3 Lebenswege darstellen

Schüler können eine Dokumentation zusammenstellen, z. B. in Form einer Wandzeitung, einer Ausstellung, eines Buches oder Kalenders usw. → 11.2

Fragen zur Bearbeitung der Dokumentation
- Welche Fragen/Zweifel haben diese Personen bewegt?
- Welche Aufbrüche oder Wendepunkte gab es in ihrem Leben?
- Welche Entscheidungen haben sie getroffen?
- Was war ihre Antriebskraft?
- Welchen Glauben und welche Visionen hatten sie?
- Was haben sie aufgegeben?
- Welche Auswirkungen hatten ihre Entscheidungen?
- Wohin führte ihr Weg?
- Welche Bedeutung hat ihr Leben für uns heute?

Foto-Text-Bücher und Kalender
Bücher, Mappen oder Portfolios können die Schüler selbst gestalten, indem sie zu wichtigen Stationen, Lebensthemen oder Zitaten dieser Menschen passende Fotos aus Biografien (oder Zeitungen) suchen und zuordnen.

Projekt Erinnerungsbuch
- Stellt in der Klasse ein Buch zum Thema „An diese Menschen wird in unserem Ort erinnert" zusammen.
- Teilt die verschiedenen Personen gleichmäßig unter euch auf (Partner- oder Gruppenarbeit) und sammelt Informationen.
- Entwerft einzelne Seiten; macht auch deutlich, warum an den betreffenden Menschen erinnert wird.
- Wenn ihr die einzelnen Seiten gestaltet habt, könnt ihr einen Umschlag herstellen, einen passenden Titel finden und alles zusammenheften.
- Das fertige Buch interessiert sicher auch andere. Vielleicht könnt ihr es kopieren und bei einer Schulveranstaltung für einen guten Zweck verkaufen.

Zu den Themen „Vorbilder", „berühmte/wichtige Personen der Geschichte" oder „Heilige" → 15.2 können in arbeitsteiliger Gruppenarbeit Kalender gestaltet werden.

Projekt Vorbilder-Kalender
- Sammelt die Namen aller Vorbilder eurer Klasse (bzw. Heilige oder Menschen, die euch wichtig sind).
- Versucht, zu jeder Person den Geburtstag, den Todestag oder ein wichtiges Ereignis herauszufinden; ordnet die Gedenktage nach Monaten.
- Gestaltet zusammen einen Kalender mit zwölf Blättern.
- Jede Gruppe wählt einen Monat und gestaltet das Kalenderblatt. In den unteren Teil werden die Gedenktage des jeweiligen Monats geschrieben.
- Sucht euch eine Person aus, mit der ihr euch besonders befassen wollt, und gestaltet das Kalenderblatt mit Angaben zu dieser Person (Bilder, Zitate, besondere Ereignisse, warum Vorbild?). Achtet darauf, dass ein Bild/Text besonders groß sein muss, damit man das Wichtigste der Kalenderseite auch aus größerer Entfernung betrachten kann.

Steckbrief und Personalbogen
Steckbriefe können für Personen entworfen werden, die mit den jeweils Herrschenden im Konflikt sind, z. B. Gestalten aus der Bibel (Propheten, Jesus, Paulus usw.), der Kirchengeschichte (Luther) oder Menschen, die in Unrechtsregimen Widerstand leisten. Entweder entwirft der Lehrer den Steckbrief und lässt Lücken, die die Schüler mithilfe von biografischen Angaben – bei biblischen Gestalten mit entsprechenden Bibelstellen – ausfüllen. Oder die Schüler entwerfen in Gruppenarbeit einen Steckbrief und tauschen ihre Entwürfe aus; jede Gruppe füllt einen nicht selbst entworfenen Text aus.

Personalbögen (z. B. für Behörden) können in ähnlicher Weise für alle Personen entwickelt werden. Wenn im Unterricht verschiedene Biografien besprochen worden sind, können die Schüler die Personalbögen dieser Personen ohne Namensnennung vorstellen und die Mitschüler raten lassen.

Piktogramme und Ratespiele
Einfache Zeichen oder Bilder für Stationen und Ereignisse aus dem Leben prägen sich besonders gut ein und sind als Erinnerungsstütze geeignet. Die Schüler erhalten den Auftrag, zu den Stationen des Lebens einfache Zeichen oder Bilder zu malen, die das Wichtigste verständlich zum Ausdruck bringen. Neben diese Bilder schreiben sie in wenigen Sätzen eine Zusammenfassung der Ereignisse oder Lebensabschnitte. Eine Ratestunde kann sich anschließen: Ein Schüler malt ein Zeichen oder Bild aus dem Lebenslauf der betreffenden Person an die Tafel; die anderen raten, auf welche Station es sich bezieht. Wer richtig geraten hat, darf ein anderes Zeichen an die Tafel malen.

Anschließend wird eine zeitliche Reihenfolge erstellt, indem die Zeichnungen mit Linien verbunden werden. Die Lebensgeschichte kann jetzt anhand der Bilder nacherzählt werden. Ich habe mit dieser Methode gute Erfahrungen gemacht, wenn es darum ging, sich Stationen von wichtigen Personen einzuprägen (z. B. Buddha, Mohammed, Luther → 15.3).

Spiele und Rätsel
Eine Möglichkeit, sich mit Informationsmaterial zu einer Biografie oder mehreren Personen intensiv zu befassen und sich mit dem Erarbeiteten auseinanderzusetzen, ist die Herstellung von Gesellschaftsspielen. Dabei geht es um die Auseinandersetzung mit bedeutenden Personen und deren sozialem, religiösem, politischem oder geografischem Umfeld. Es kann im Zusammenhang eines Themas um Einzelpersonen oder um mehrere Personen gehen, z. B. Menschen in ihrer Zeit, Menschen unseres Jahrhunderts, 2000 Jahre Christentum, Religionsstifter, Frauen, Heilige. Zur Vorgehensweise → 3.5; zu Luther → 15.3; wie Schüler ein Spiel zu eigenen Lebenserfahrungen herstellen und spielen können, um miteinander ins Gespräch zu kommen → 8.6.

Lebenskurve und Lebensweg
Wenn eine Biografie besonders von Höhen und Tiefen geprägt ist, kann dieses Auf und Ab durch eine Lebenskurve veranschaulicht werden. Diese Linie wird für alle sichtbar auf ein großes Plakat gemalt bzw. mithilfe eines Fadens auf einem entsprechenden Untergrund nachgestaltet (Filz, Kork) oder von den Schülern auf ein Blatt (Querformat) gezeichnet. Zu den einzelnen Höhen und Tiefen können anschließend Bilder gemalt und mögliche Gedanken oder Gebete geschrieben werden.

„Weg" als Symbol für das Leben von Menschen ist schon im Begriff „Lebensweg" enthalten. Mit „Wegen" kann man die verschiedenen Lebensläufe grafisch darstellen und auf Typisches aufmerksam machen. In weiteren Wörtern und Ausdrücken wird auf dieses Symbol verwiesen: Lebenslauf, Auf und Ab, Höhen und Tiefen, Wege kreuzen sich, auf verschlungenen Pfaden gehen, in eine Sackgasse geraten, ein schwerer Weg liegt vor uns, geradlinig sein, Steine in den Weg legen usw. Wenn es darum geht, Lebenswege durch eine passende grafische Gestaltung übersichtlich und informativ darzustellen, z. B. für eine Ausstellung, kann man diese Redewendungen aufgreifen und grafisch umsetzen. Wichtige Stationen können in einen Weg geschrieben oder gezeichnet (etwa durch Piktogramme → 3.1) und durch Steine, Blumen, Kreuzungen, Hinweisschilder, Sackgassen u. Ä. verdeutlicht werden → 11.2. Diese Vorgehensweise eignet sich nach meiner Erfahrung auch gut, um das eigene Leben darzustellen sowie um miteinander ins Gespräch zu kommen. *(AL)*

4.4 Einzelne Zugänge zu Biografien

Titelseite – Kunstwerk – Denkmal
Man kann den Titel und das Bild der Titelseite eines Buches meditativ bedenken, z. B. als Einstieg in eine Unterrichtsreihe über die betreffende Person: Das Buch handelt wahrscheinlich von einem Menschen, der …/Ich frage mich …/Ich überlege …/Der

Mensch interessiert mich (nicht), weil ... – oder kreativ umgestalten als Abschluss einer Unterrichtsreihe (Umriss des Bildes anders füllen, Titel verändern, eigenes Bild gestalten). In ähnlicher Weise kann man ein Kunstwerk bedenken (z. B. von HAP GRIESHABER *Für Martin Luther King* → 12.2) oder sich mit einem Denkmal befassen (z. B. *Janusz Korczak und die Kinder* aus Yad Vashem oder ein Lutherdenkmal → 15.3). Auch Grabstätten von bekannten Persönlichkeiten sagen oft viel über sie aus. → 11.4

Interview

Ein Interview kann als Einstieg genommen werden, um eine Person kennenzulernen. Der Lehrer stellt sich als diese Person vor, die Schüler stellen Fragen. Nach der Beschäftigung mit einer Person können die Schüler selbst diese Person spielen und sich interviewen lassen. Ferner besteht die Möglichkeit, verschiedene Personen an einen Tisch zu setzen und zu einem bestimmten Thema zu befragen. Interviews, Befragungen und Diskussionen können durch Ton- oder Videoaufnahmen festgehalten werden. Ein Beispiel aus Klasse 10: Menschen, die sich unterschiedlichen Unrechtsregimen widersetzt haben, wurden zum Thema „Gewaltanwendung – ja oder nein" befragt. Aus dem anfänglichen Frage-Antwort-Spiel wurde später eine lebhafte Diskussion.

Lieder – Gedichte – Zitate

Es gibt Lieder oder Gedichte über Personen, die Zusammenfassendes über das Leben dieser Menschen zum Ausdruck bringen und als Leitmedium im Unterricht einsetzbar sind. Fotos und Berichte über Erfahrungen dieser Personen werden den einzelnen Strophen/Zeilen zugeordnet. Über die Bedeutung des Liedes/Gedichts für das eigene Leben wird nachgedacht. Die Schüler können beispielsweise das Lied/Gedicht mit Bild- und Textmaterial aus Zeitungen aktualisieren oder durch eigene Fotos, Briefe und Tagebucheintragungen ergänzen. Eine reizvolle Aufgabe kann es sein, ein ähnliches Gedicht über die eigene Person zu schreiben. Beispiele:
- D. BONHOEFFER, *Wer bin ich?* und *Von guten Mächten wunderbar geborgen* → 12.2
- JOCHEN KLEPPER, *Die Nacht ist vorgedrungen*
- MARTIN LUTHER, *Nun freut euch, liebe Christen gmein* → 15.3

Ein Zitat kann Ausgangspunkt sein für die Beschäftigung mit einer Biografie: *Christus gab Geist und Antrieb. Gandhi lehrte die Methode. Hass kann den Hass nicht austreiben. Das gelingt nur in der Liebe. Hass vervielfältigt den Hass. Gewalt mehrt die Gewalt. Härte vergröbert Härte in einer ständigen Spirale der Vernichtung.* Zu diesem Zitat von Martin Luther King haben Schüler einer 10. Klasse Zeichnungen erstellt. Sie haben der abwärtsführenden Spirale der Gewalt eine aufwärtsführende Spirale der Gewaltlosigkeit gegenübergestellt und in beide Zeichnungen entsprechende Begriffe geschrieben. In ähnlicher Weise kann man sich mit anderen Zitaten beschäftigen, z. B. mit dem Satz „Der Weg ist das Ziel" in Bezug auf Gandhis Leben → 11.5. Mehrere Zitate einer Person können zusammengestellt und den verschiedenen Lebensthemen oder -stationen zugeordnet werden. → 11.4, 11.6

Symbole und Motive

Manchen Personen können bestimmte Symbole zugeordnet werden. Diese Symbole können in ihrer allgemeinen Bedeutung und auf die betreffende Person hin bedacht werden: Bei dem Symbol fällt mir ein …/denke ich an …/Das Symbol passt zu der Person, weil …/Es spiegelt folgende Erfahrungen/Vorstellungen …

Man kann über die einzelnen Elemente des Symbols nachdenken, sie entsprechend der Persönlichkeit farbig ausgestalten oder sie kreativ verändern. In Umrisszeichnungen werden Aussagen über die Person geschrieben. Beispiele:

- Das Gewand ist ein Leitmotiv in der Josephsgeschichte. Die verschiedenen Gewänder Josephs spiegeln das Auf und Ab seines Lebens. Jüngeren Schülern macht es Spaß, diese Gewänder zu malen und durch Verzierungen oder andere Merkmale (z. B. Risse, Schmutz, Blutflecke, Kette) Josephs jeweilige Situation zu verdeutlichen.
- Die Geschichte des Petrus (Freundschaft, Verleugnung, Einsatz für Jesus) wird mithilfe der Symbole „Fels" und „Hahn" verdeutlicht. Das Symbol „Fels" kann meditativ bedacht werden (Steine mitbringen). Unter der Überschrift „Ein Fels bröckelt ab. Hält das Fundament?" werden die Gefühle des Petrus in den Umriss eines Felsens geschrieben. Der Hahn ist auf vielen Kirchturmspitzen zu sehen → 12.1. Die Schüler können den Hahnenschrei in Menschensprache übersetzen: Woran erinnert er Petrus? Mit dem ersten Schrei mahnt er …/Beim zweiten Schrei … → 11.6, 15.3

Aufbrüche und Wendepunkte

Aufbrüche und Wendepunkte gibt es im Leben vieler Menschen. Es sind Übergangszeiten: Etwas Altes wird zurückgelassen, damit etwas Neues beginnen kann. Im Unterricht können die Schüler zunächst von eigenen Erfahrungen erzählen (z. B. Schulwechsel, Umzug) und sich dann mit Aufbruchserfahrungen von anderen Menschen beschäftigen. Das Leben vor dem Aufbruch wird verglichen mit dem Leben nachher:

- Wie verlief das Leben vorher?
- Welche Gründe gab es für den Aufbruch?
- Wie verlief das Leben nachher?
- Welche guten oder schlechten Erfahrungen haben den Menschen jeweils geprägt?
- Welche Auswirkungen hat der Aufbruch auf andere Menschen?

Das Leben kann in der Rückschau von den Menschen selbst oder aus einer anderen Perspektive erzählt werden. Weitere Beispiele:

- Buddha – Veränderung durch die vier Begegnungen → 17.5
- Paulus – vom Christenverfolger zum Botschafter für Christus
- Albert Schweitzer – Änderung aufgrund einer ethischen Überlegung → 11.4
- Erzbischof Romero → 11.6
- Martin Luther → 15.3 *(AL)*

5 Tipps für den Schulalltag

5.1 Wenn ich eine neue Lerngruppe übernehme

Wenn man eine neue Lerngruppe übernimmt, ist es wichtig, die Schüler kennenzulernen und zu erfahren, womit sie sich in der zurückliegenden Zeit im Unterricht beschäftigt haben. Aber auch die Schüler möchten gern etwas über den neuen Lehrer erfahren, und für sie ist es ebenfalls sinnvoll, den zurückliegenden Unterricht zu rekapitulieren.

Sich vorstellen und kennenlernen mit Zeichen und Symbolen
- Der Lehrer stellt sich in einer neuen Klasse oder Lerngruppe vor, indem er verschiedene Zeichen/Symbole malt, die etwas über ihn und sein Leben aussagen (Einstellungen, Wünsche, Befürchtungen, Hobbys, Vorlieben, Familie usw.). Das kann entweder zu Hause auf ein Plakat oder im Unterricht an die Tafel gemalt werden.
- Die Schüler raten, was mit den einzelnen Symbolen/Zeichnungen gemeint sein könnte, und stellen Fragen. Der Lehrer erklärt, erzählt, gibt Antworten. Es kann sich ein interessantes, persönliches Gespräch entwickeln.
- Die Schüler stellen sich in gleicher Weise vor. Wenn das zu lange dauert, kann jeder ein Zeichen auswählen, das etwas für ihn Typisches ausdrückt, und an die Tafel oder auf ein Plakat malen. Die anderen raten bzw. äußern Vermutungen.
- Als Abschluss kann die Tafel mit den verschiedenen Zeichnungen fotografiert und das Foto ausgedruckt bzw. das Plakat im Klassenraum aufgehängt werden.

Den zurückliegenden Unterricht reflektieren und aufgreifen
Bei der Frage „Was habt ihr denn bisher im Unterricht gemacht?" melden sich erfahrungsgemäß nur wenige Schüler (besonders in höheren Klassen), und es ist oft schwierig, die Themen des zurückliegenden Unterrichts von den Schülern zu erfahren. Darum ist es sinnvoll, wenn jeder Schüler sich dazu äußert, indem er z. B. ein Blatt mit Gedanken zu folgenden Fragen abgibt:
- Welches Thema aus dem zurückliegenden Unterricht ist dir besonders in Erinnerung geblieben?
- Was hat dich daran besonders interessiert?
- Worüber möchtest du noch mehr erfahren?
- Welche Methode hat dir besonders gefallen?
- Welches Thema schlägst du für das kommende Halbjahr vor?

Man kann ein Arbeitsblatt mit Platz zwischen den einzelnen Fragen vorbereiten. Der Lehrer nutzt die eingesammelten Blätter zur Planung des Unterrichts.

Beispiel für die ersten Religionsstunden in der neuen Schule (Klasse 5)
Die Unterschiede im Wissensstand der Schüler, die von den verschiedenen Grundschulen kommen, sind oft sehr groß. Manche Schüler haben sich mit vielen Sachthemen auseinandergesetzt und kennen verschiedene Geschichten, Bücher oder Filme, die auch

manchmal in den Lehrplänen der weiterführenden Schulen vorgeschlagen werden. Die Bibel ist ein Medium, das für den Religionsunterricht aller Jahrgangsstufen grundlegend ist. Man kann den Religionsunterricht der weiterführenden Schule gut mit dem Thema „Bibel" beginnen, indem man auf früheren Unterricht (auch auf den Kindergottesdienst) zurückgreift. Als Material werden leere Zeichenblätter (mindestens DIN A4) und Buntstifte benötigt.

- **Schritt 1:** Jeder Schüler bekommt ein leeres Zeichenblatt mit folgendem Arbeitsauftrag: Male ein Bild zu einem Thema, das dir aus dem zurückliegenden Unterricht besonders in Erinnerung geblieben ist, z. B. eine Szene aus einer Geschichte. Das Bild muss so deutlich gezeichnet sein, dass man es auch von weitem erkennen kann (möglichst das ganze Blatt ausfüllen). Es darf nichts darauf geschrieben werden. Schreibe nur deinen Namen auf die Rückseite des Bildes. – Wer früh fertig ist, malt noch ein weiteres Bild. Die fertigen Bilder werden abgegeben.

- **Schritt 2:** In der nächsten Stunde werden alle Bilder nacheinander hochgehalten, ohne den Namen des jeweiligen Urhebers zu nennen. Die anderen Schüler beschreiben kurz, was dargestellt ist, und stellen Vermutungen an, worauf sich das Bild beziehen könnte. Anschließend wird der Zeichner gebeten, sich dazu zu äußern. Der Lehrer ordnet die einzelnen Bilder in Gedanken und legt jedes Bild verdeckt auf einen entsprechenden Stapel (kommentarlos) auf das Pult: Altes Testament/Neues Testament/andere Themen (das kann noch stärker gegliedert werden).

- **Schritt 3:** Die Schüler stellen Vermutungen an, wie die Bilder wohl geordnet sein könnten. Anschließend erklärt der Lehrer seine Ordnung und gibt eine erste Einführung in die Aufteilung der Bibel in Altes und Neues Testament. Die einzelnen Stapel können anschließend noch in eine (z. B. zeitliche) Reihenfolge gebracht werden (AT: Geschichte Israels; NT: Geschichte Jesu und seiner Jünger; andere Themen: Kirchengeschichte, andere Religionen, Themen der Gegenwart). Alle Bilder werden in der von den Schülern erarbeiteten Reihenfolge in drei Gruppen aufgehängt. *(AL)*

5.2 Eine Arbeitsmappe führen

Gerade in sogenannten „mündlichen" Fächern ist das Führen eines Arbeitsheftes oder Ordners sinnvoll. Es zeigt den Schülern die Gliederung eines Themas oder gibt ihnen die Möglichkeit, auf früher Bearbeitetes zurückzugreifen. Vor allem aber regt es ihre Selbsttätigkeit an. Sie können außer der Dokumentation des im Unterricht Erarbeiteten eigene Ideen, Vorstellungen und Meinungen wiedergeben und gestalten.

Für den Lehrer ist die Arbeitsmappe eine gute Grundlage für die Leistungsbewertung. Nicht nur für Ethik oder Religion ist es wichtig, zu lernen, ein Thema formal übersichtlich darzustellen sowie anschaulich und interessant zu gestalten. Zu Beginn des Schuljahres wird das Merkblatt zum Führen eines Arbeitsheftes ausgeteilt und besprochen.

Merkblatt zur Gestaltung eines Arbeitsheftes
- Besorge dir ein Heft oder Blätter für eine Mappe in DIN A4, unliniert (darauf wirkt das Gemalte am schönsten) oder kariert (das ist praktisch für Tabellen oder zum Schreiben).
- Schreibe mit Füller und benutze zum Zeichnen einen Bleistift und zum Malen Buntstifte (keine Filzstifte). Unterstreiche mit Lineal.
- Lasse die ersten beiden Seiten frei für ein Inhaltsverzeichnis, das du dann nach und nach ausfüllst.
- Notiere zu jeder Stunde das Datum und das Thema oder den Unterrichtsgegenstand (z. B. Buch, Film, Bild …), mit dem ihr euch beschäftigt.
- Schreibe Themen von längeren Unterrichtsreihen besonders groß und deutlich (Druckschrift, unterstreichen, einrahmen oder farbig absetzen). Du kannst sie auch mit Symbolen verzieren, die dazu passen.
- Schreibe zu jeder Aufgabe, die du gestaltest, eine Überschrift.
- Hefte die Arbeitsblätter sorgfältig ab oder klebe sie in dein Arbeitsheft (falls beide Seiten bedruckt sind, mit einem Klebestreifen in der Heftmitte befestigen) und schreibe eine Überschrift dazu. Wenn mehrere Inhalte auf einem Blatt stehen, schneide sie aus und klebe sie an die entsprechende Stelle.
- Besonders interessant wird dein Arbeitsheft, wenn du eigene Gedanken oder Fragen zu einem Thema aufschreibst, ein Bild dazu malst oder einen Zeitungsausschnitt einklebst und kommentierst.
- Wenn du die Seiten deines Heftes nummerierst und das Inhaltsverzeichnis ausfüllst, findest du schnell das Thema, auf das du zugreifen möchtest.
- Du kannst eigene Gestaltungsideen umsetzen. Die Hauptsache ist, dass dein Heft übersichtlich und interessant ist, dass es Freude macht, darin zu blättern. Es soll zum Nachdenken anregen.

Webcode: FR233366-002

Tipp:
- Während des Schuljahres immer wieder Hinweise zur Gestaltung geben.
- Ankündigen, wenn ein neues Thema beginnt, um Platz für die Überschrift zu lassen (wenn der Lehrer das Thema nicht sofort „verraten" will), oder Zeit zur Gestaltung geben.
- Während des Unterrichts genügend Zeit lassen, etwas zu notieren oder von der Tafel abzuschreiben. Arbeitsaufträge genau notieren lassen. Tafelbilder werden in der Regel ins Heft übertragen.
- Die Schüler sollten immer wieder darauf hingewiesen werden, dass sie zu jedem Thema eigene Beiträge bringen können: Gedanken, Fragen, Meinungen aufschreiben, Zeitungsausschnitte o. Ä. einkleben, Lexikonartikel abschreiben, Bilder malen usw.

Am Anfang der Klasse 5 müssen den Schülern genaue Angaben zum Führen des Heftes gegeben und viele Beiträge diktiert werden. Je älter die Schüler sind, desto eigenständiger gestalten sie ihr Heft und desto individueller wird das Ergebnis. Vielleicht gehört das

Arbeitsheft des Faches Ethik oder Religion bei einigen Schülern zu den Heften, die sie nicht wegwerfen, sondern für später aufbewahren. *(AL)*

5.3 Kriterienliste für die Benotung von Ordnern und Heften

Da in Fächern wie Religion oder Ethik keine Klassenarbeiten geschrieben werden, ist es nötig, zu Beginn des Schulhalbjahres Kriterien für die Benotung zu besprechen. Neben der mündlichen Mitarbeit sowie der Anfertigung von Hausaufgaben oder Tests ist es möglich, die Heftführung zu benoten. Damit die Schüler wissen, worauf der Lehrer Wert legt, hat es sich als praktikabel erwiesen, ihnen am Anfang eine Übersicht zu geben, was genau bewertet wird. Eine Liste in der Art des folgenden Beispiels sollten die Schüler nach der Besprechung direkt in ihr Heft einkleben. Im laufenden Halbjahr kann es dann eingesammelt und mithilfe der Kriterienliste benotet werden. *(PS)*

Kriterienliste	☺	😐	☹	Anmerkungen
Dein Inhaltsverzeichnis ist sinnvoll und gepflegt.				
Du schreibst das Datum an den Rand.				
Du verwendest inhaltlich sinnvolle Überschriften und Zwischenüberschriften.				
Man kann erkennen, wie das Thema bzw. der Arbeitsauftrag lautete.				
Die gestellten Aufgaben hast du durchdacht und gewissenhaft bearbeitet.				
Du hast weiterführende Fragestellungen und Gedanken notiert.				
Dein Ordner/Heft hat ein ansprechendes Deckblatt.				
Du schreibst ordentlich.				
Du hast dein Heft gewissenhaft behandelt – Eselsohren, Tintenflecke usw. sind nicht vorhanden.				
Dein Heft hat sorgfältig angefertigte Zeichnungen/Bilder.				
Du hast die losen Blätter geordnet und eingeheftet.				
Ergebnis: Man findet sich gut in deinem Heft zurecht und kann somit den Unterrichtsstoff sinnvoll wiederholen.				

Webcode: FR233366-003

5.4 Aktuelles als Unterrichtseinstieg

Jeden Tag gibt es Meldungen in den Zeitungen, im Fernsehen oder im Internet, die etwas mit Religion oder Ethik zu tun haben → 2.6. Da sie nicht immer zum jeweiligen Unterrichtsthema passen, werden sie oft weggelegt bzw. auf einen späteren Zeitpunkt verschoben. Nur für ganz besondere Ereignisse nimmt man sich manchmal Zeit → 5.5. Eine Möglichkeit, auf „kleinere" Meldungen einzugehen, ist das regelmäßige kurze Vorstellen einer aktuellen Meldung zu Beginn jeder Stunde. Zu Beginn des Halbjahres wird dieser regelmäßige Unterrichtseinstieg mit den Schülern abgesprochen: Soll jeder spontan etwas mitbringen? Soll vorher festgelegt werden, wer an welchem Tag etwas mitbringt? Welcher Zeitumfang wird vorgegeben?

- Die Schüler bringen abwechselnd Zeitungsartikel mit, die nach ihrer Meinung etwas mit Religion oder Ethik zu tun haben, und stellen sie den anderen vor. Wer keine Zeitung zu Hause hat, kann über eine Fernsehmeldung oder -sendung berichten oder von einem aktuellen Thema bzw. einer Diskussion aus dem Internet erzählen.
- Über den Bezug zum Fach wird kurz gesprochen. Der Vortragende kann am Schluss selbst die Begründung nennen, oder die anderen begründen die Zuordnung.
- Alle Schüler schreiben das jeweilige Thema mit Datum in ihr Heft/ihre Mappe.

So haben alle am Ende des Schuljahres eine Sammlung von aktuellen religiösen oder ethischen Themen. Bei Bedarf wird später näher auf einzelne Themen eingegangen. *(AL)*

5.5 Davon reden jetzt alle! – ein aktuelles Ereignis im Unterricht

Es tritt ein Ereignis ein, das die Medien füllt, z. B. eine Naturkatastrophe, ein Terroranschlag, ein schwerer Unfall, ein Amoklauf, eine Kindesentführung. Die Schüler können sich heute mehr denn je durch die Berichterstattung in den unterschiedlichen Medien informieren. Wir können deshalb davon ausgehen, dass das Interesse nicht von Informationsdefiziten geleitet ist. Trotzdem werden sie mit großer Wahrscheinlichkeit vom Ethik- und Religionsunterricht erwarten, dass dieses Ereignis aufgegriffen wird. Folgende Fragestellungen können der Beschäftigung mit dem Ereignis eine Struktur geben.

- Information, Recherche, Sammlung: Was weiß ich schon? Was möchte ich noch wissen? Was ist wann, wo, wie, wem passiert?
- Die eigene Betroffenheit herausfiltern, den eigenen Standpunkt mitteilen, Fragestellungen für das weitere Vorgehen entwickeln: Was bewegt mich/uns? Warum will ich mich mit dem Thema beschäftigen?
- Strategien entwickeln, Vorbeugemaßnahmen, Spendenaktionen, Aufklärung, Gottesdienst gestalten usw.: Was können wir tun?

- **Schritt 1: Was wissen wir bereits über das Ereignis?** Dazu tauschen sich die Schüler mit ihrem jeweiligen Sitznachbarn aus. Nach einer festgelegten Zeit, in der die Schüler ihnen wichtig erscheinende Stichpunkte im Heft schriftlich fixieren, findet sich jedes Schülerpaar mit einem weiteren Paar zusammen, tauscht die Ergebnisse aus, ergänzt sie und bestimmt dann einen Sprecher, der das Resultat der bisherigen

Ermittlungen vorträgt. Zur weiteren Bearbeitung bietet es sich an, Informationen aus den verschiedenen Medien sammeln zu lassen, also Zeitungs- und Internetrecherche zu betreiben und Fernsehreportagen auszuwerten. Fakten werden zusammengetragen und gebündelt, Zusatzinformationen herausgearbeitet. Dabei sollte es kritische Blicke auf die Art der Berichterstattung und die Schwerpunkte in den verschiedenen Medien geben. Die Ergebnisse können auf Infoplakaten, die mit Fotos aus Zeitschriften oder mit Zeichnungen illustriert werden, festgehalten werden.

- **Alternative:** Eine andere Methode, um sich dem Thema zu nähern sowie bereits Bekanntes zu sammeln und zu ordnen, ist die Mindmap. Dabei handelt es sich um eine Strukturierungshilfe für den kreativen Einstieg in ein Thema. Ein großformatiges Papier (mindestens DIN A3) wird auf dem Arbeitstisch ausgebreitet. In die Mitte wird ein prägnantes Bild geklebt, eine Skizze gezeichnet oder, falls kein Bild zur Hand ist, notfalls ein Schlüsselwort zum Thema geschrieben. Vom zentralen Bild ausgehend wird für jeden weitergehenden Gedanken und für jeden Unterpunkt eine Linie gezeichnet, auf die die Begriffe deutlich lesbar geschrieben werden. Von jeder Linie und von jedem Begriff können weitere Linien mit weiteren Unterpunkten ausgehen. Um den Überblick zu behalten und Übersichtlichkeit herzustellen, sollte mit Farben, Symbolen, Ausrufe-/Fragezeichen usw. gearbeitet werden. Die Mindmap kann in Einzel-, Partner- oder Kleingruppenarbeit, aber auch im stummen Weitergeben von Impulsen in der ganzen Lerngruppe entstehen. Manchmal ist es sinnvoll, nach einer ersten (eher spontanen) Sammel- und Schreibphase die Mindmap zu ordnen und zu überarbeiten. Dabei ergeben sich vielleicht inhaltlich und optisch sichtbare Lücken, die dann unter der Fragestellung des folgenden Schritts 2 bearbeitet werden können.

- **Schritt 2: Was möchten wir noch wissen?** Diese Fragestellung fordert persönliches Engagement, um formulieren zu können, welche Aspekte des Geschehens den einzelnen Schüler in besonderer Weise ansprechen, welche er angesprochen wissen möchte. Dabei geht die Arbeit über das Zusammentragen der Informationen hinaus; hier wird vielleicht das Moralische, das Unerklärliche in den Blick genommen: Warum konnte das passieren? Gerade jetzt? An diesem Tag, bei dieser Gelegenheit, an diesem Ort? Wer trägt die politische, moralische, juristische Verantwortung? Wer hätte das eventuell verhindern können? Vielleicht kommen aber auch die Ängste, die die Schüler bewegen, die Unsicherheit, die Hilflosigkeit an die Oberfläche.

Als Methode bietet sich hier das Placemat-Verfahren an: Ein großer Papierbogen (etwa in der Größe einer Tischdecke) wird auf dem Arbeitstisch der Gruppe ausgebreitet. Die Gruppen sollten nicht zu groß sein (etwa drei bis fünf Schüler). In die Mitte wird gut lesbar das Thema geschrieben, in diesem Fall: „Was mich bewegt". Jedem Schüler wird deutlich sichtbar das direkt vor ihm liegende Feld mit dickem Stift markiert und reserviert. Hier darf er nun seine Gedanken schriftlich fixieren. Jeder Schüler benutzt für seine Einträge eine andere Farbe. Diese Phase sollte schweigend durchgeführt werden. Nach einer festgelegten Zeit rückt jeder im Uhrzeigersinn einen Platz weiter, liest die

Notizen seines Nachbarn und ergänzt sie gegebenenfalls durch eigene Gedanken. Dieser Ablauf wird so oft wiederholt, bis jeder wieder an seinem Ausgangsplatz angekommen ist. Jeder liest, was zu seinen anfangs aufgeschriebenen Gedanken von den anderen Schülern seiner Gruppe ergänzt wurde. Für die Schüler wird die Vielfalt der Gedanken sichtbar. Vielleicht hat sich schon während der Eintragungen eine Ordnung der Gedanken ergeben; eventuell kann man jetzt auch versuchen, die Gedanken in Gruppen zusammenzufassen. Ergeben sich Schwerpunkte für die weitere Arbeit? Eintragungen, die zusammenpassen bzw. sich ergänzen, werden mit Textmarker oder Unterstreichungen in gleicher Farbe hervorgehoben. Anschließend bestimmt jede Gruppe einen Sprecher, der die wichtigsten Ergebnisse vorstellt. Idealerweise ergibt sich daraus das weitere Vorgehen unter der Fragestellung des folgenden Schritts 3.

- **Schritt 3: Was können wir tun?** Es bilden sich themenorientiert neue Kleingruppen. Mögliche Themen, die sich aus der vorangegangenen Arbeitsphase ergeben, sind:
  - Welche Möglichkeiten der Vorbeugung gibt es, um ähnliche Vorfälle in Zukunft zu vermeiden?
  - Wie können wir den Betroffenen helfen?
  - Was können wir für die Angehörigen tun?
  - Wie können wir unserer Betroffenheit Ausdruck verleihen (z. B. mit der Gestaltung eines großen Wandbildes oder einer Collage als Erinnerung, mit einer Ausstellung oder mit einem Gottesdienst für die Klasse/die Schule)?
  - Wir schreiben ein Gedicht oder ein Gebet.
  - Wir schreiben einen Leserbrief, um die Sensationsberichterstattung zu kritisieren und auf sachliche Informationen hinzuweisen.
  - Wir machen unser eigenes Erinnerungsbuch zu diesem Thema.
  - Wir schreiben einen Artikel für die Zeitung oder für die Homepage unserer Schule.
  - Wir veranstalten einen Charity-Walk/einen Flohmarkt/ein Schulfest/eine Sammlung, um mit dem Erlös zu helfen.
  - Wir machen eine Umfrage zum Thema in der Schule/in der Stadt.
  - Wir laden Experten zu einem Vortrag in unsere Schule ein.
  - Wir laden einen Experten ein, um mit ihm über Ursachen/Folgen/Therapien/Vorbeugemaßnahmen/Hilfsmaßnahmen zu sprechen.

Hier können sich für die Bearbeitung in Gruppen verschiedene Möglichkeiten ergeben, die in größere Aktionen (z. B. die Planung einer Projektwoche) münden können. Die Gruppen suchen sich ihre Aufgaben und die Lösungswege selbst. Die Fertigstellung sollte innerhalb eines vorgegebenen Zeitrahmens erfolgen, z. B. zwei Doppelstunden für die Planung einer Ausstellung oder eines Gottesdienstes. Je nach gewählter Aufgabe können die Schüler einiges selbst organisieren. Der Lehrer sollte bei der Beratung/Kontaktaufnahme zu Fachleuten und bei der Unterstützung der Organisation größerer Projekte der Ansprechpartner sein.

Beschäftigung mit anderen aktuellen Themen
Wenn es sich nicht um eine Katastrophe o. Ä., sondern um andere Themen handelt, die gerade im Gespräch sind (z. B. Papstbesuch → 12.8, ethische Entscheidungen im Bundestag → 10.5, Jugendstudie → 8.7, Rassismus/Toleranz → 11.3), können sich die Schüler gut mit Hintergrundinformationen beschäftigen. Bei ethischen Themen ist über das Sammeln von Informationen hinaus die Herausarbeitung verschiedener Standpunkte gefragt. Hier können Talkshows als Vorbild dienen. Anhand gesammelter und ausgewerteter Materialien aus Zeitungen, aus dem Fernsehen und aus dem Internet erarbeiten die Schüler in Partner- oder Gruppenarbeit Standpunkte zum Thema. Jede Gruppe entsendet einen Vertreter zu einer Pro-und-Kontra-Podiumsdiskussion.

Eine interessante Aufgabe zur Aufarbeitung fast aller Themen ist das Anlegen einer Mappe. Dazu werden die Schüler gebeten, Bild- und Textmaterial aus verschiedenen Illustrierten und Zeitungen mitzubringen. Jeder Schüler sollte außerdem einen Schnellhefter, Klebstoff, Schere sowie einige A4-Blätter dabeihaben. Mit ein paar Klarsichthüllen lässt sich die zu erwartende Informationsflut schon grob vorordnen. Sinnvoll ist eine Einteilung in Kapitel, um die Mappen übersichtlich zu gestalten, z. B. zu einem Friedensnobelpreisträger biografische Daten, beruflicher Werdegang, Verdienste für die Menschheit, Auszeichnungen. Versehen mit Deckblatt, Inhaltsverzeichnis und eigenen Texten wird eine solche Mappe zu einem persönlichen Erinnerungsbuch an ein besonderes Ereignis. *(UM)*

5.6 Wenn jemand aus der Schule gestorben ist

Wenn jemand aus der Schulgemeinde – Lehrer, Elternteil oder ein Schüler – gestorben ist, so ist das eine Grenzsituation, auf die man sich in den seltensten Fällen vorbereiten konnte. Der Religionslehrer wird sicher hinzu- bzw. hineingezogen. Es kann keine allgemeingültigen Regeln geben, was in einem solchen Fall in der Schule, durch die Schule oder gemeinsam mit der Schule getan werden soll, weil jeder Fall anders sein wird, weil jeder Mensch anders ist und weil die Situation, die Verfassung und die Wünsche der Angehörigen immer zu berücksichtigen sind.

Möglichkeiten in der Schule
Hier einige Vorschläge, was man im Trauerfall an der Schule tun kann. Es ist sinnvoll, professionelle Hilfe bei der Planung und Durchführung zu nutzen. Pfarrer und/oder Trauerredner haben Erfahrung und können im Zweifelsfall wichtige Tipps geben.
- Ein gemeinsames Gebet sprechen.
- Eine Gedenkminute in einer Klasse einlegen.
- Eine Gedenkminute für alle Klassen und Kurse einlegen – möglichst zeitgleich. Dazu ist eine Absprache im Kollegium nötig.
- Eine Gedenkecke einrichten, je nach Situation in einem Klassenraum, im Treppenhaus oder vor dem Lehrerzimmer. Dort könnte ein Foto des/der Verstorbenen auf-

gestellt werden. Es sollte Platz für Blumen und andere Gaben sein; es kann ein Kondolenzbuch ausliegen, in das jeder, der möchte, etwas hineinschreiben kann.
- Ein „Denkmal" in Form einer Collage oder Assemblage erstellen mit Erinnerungen, Bildern, Fotos, Texten oder Gegenständen, die an den Verstorbenen erinnern.
- Eine Gedenkwand oder „Gedankenwand" aufstellen. Dazu kann eine vorhandene Wand im Treppenhaus oder in einem Raum reserviert werden. Papier – vielleicht in besonderen Formen geschnitten, wie z. B. Wolken, Engel, Tauben, Gedankenblasen, Regentropfen usw. – und Stifte sollten bereitgelegt werden. Wenn es keine geeigneten Wandflächen gibt, kann eine Stellwand, eine Magnettafel oder eine mobile Tafel aufgestellt werden. Ein oder zwei Tische mit Stühlen sollten zur Verfügung stehen, damit in Ruhe nachgedacht und geschrieben werden kann. Geeignetes Befestigungsmaterial darf nicht fehlen. Jeder, der möchte, darf seine Gedanken schriftlich festhalten und an die Wand heften. Manchen Menschen fällt es leichter, ihre Gedanken zeichnerisch oder in Farbe festzuhalten. Dafür sollten Buntstifte bereitliegen.
- Ein Erinnerungskästchen in der Klasse aufstellen, in das man Texte, Gedanken, Wünsche, Gebete hineinlegen kann.
- Einen Nachruf für die Schülerzeitung, vielleicht auch für die Tageszeitung schreiben.
- Eine Gedenkfeier oder einen Gottesdienst planen. Daran können sich verschiedene Gruppen bzw. Klassen beteiligen, z. B. mit dem Heraussuchen passender Lieder, dem Suchen und Zusammenstellen von Texten aus der Bibel oder aus Textsammlungen mit Gedichten/Versen. Hinzu kommen das Formulieren von Fürbitten, das Aussuchen und Einstudieren von Musikstücken, das Auswählen von Gebeten, das Formulieren von Erinnerungen an den verstorbenen Menschen, das Schmücken des Gottesdienstraumes, das Herausarbeiten und Zusammenstellen wichtiger Gedanken im Gespräch mit Pfarrer/Redner, das Festlegen des Programms.
- Briefe an die Angehörigen, an den betroffenen Mitschüler oder die Klasse schreiben.

(UM)

5.7 Unterricht in der Vorweihnachtszeit

Mein Weihnachtssymbol

In der Weihnachtszeit werden wir ständig mit Symbolen konfrontiert. Ob in der Stadt, zu Hause oder beim Lesen der Zeitung: Überall begegnen uns Sterne, Engel, Kerzen usw. Es ist sinnvoll, mit Schülern diese Symbole zu bedenken, sie einzuordnen und zu deuten. In Klasse 5 wird meistens zusammen mit dem Lehrer der Klassenraum weihnachtlich geschmückt und/oder ein Adventskranz aufgestellt. Das kann ein Anlass sein, diese Symbole zu erklären.

- Die Schüler bekommen als Hausaufgabe den Auftrag, in der nächsten Stunde ein Symbol mitzubringen: Welches Symbol drückt für dich die Bedeutung von Weihnachten am besten aus? Du kannst auch eine Postkarte suchen, ein Bild aus der Zeitung ausschneiden oder selbst malen.

- Im Unterricht stellt jeder Schüler sein Symbol vor und begründet seine Wahl. Der Lehrer schreibt alle vorgestellten Symbole an die Tafel.
- Anschließend wird über die häufigsten oder wichtigsten Symbole ausführlich gesprochen: Woher kommt das Symbol? Aus der Bibel? Was bedeutet es im Text? Für die Menschen heute? Für mich?

Einen Adventskalender basteln
Es gibt eine gute Möglichkeit, den Religionsunterricht in der Vorweihnachtszeit ohne Stress, aber mit sinnvoller Arbeit zu gestalten: Die Schüler basteln in freier Arbeit Adventskalender, mit denen sie Symbole der Weihnachtszeit darstellen und erklären.
- Zunächst sammeln die Schüler Symbole, die in der Weihnachtszeit eine Rolle spielen.
- Auf das Deckblatt zeichnen sie 24 (oder weniger) Fenster, die sie nachher zum Aufklappen ausschneiden können. Auf jedes Fenster malen sie ein anderes Symbol. Als Hintergrund können sie beispielsweise einen Weihnachtsbaum, an dem die Symbole hängen, oder ein Haus mit Fenstern und Türen malen.
- Die Rückseite, die hinter die Deckseite geklebt wird, muss dieselbe Aufteilung haben, sodass beim Öffnen der Fenster die entsprechende Erklärung sichtbar wird. Die Kinder schreiben auf die Rückseite je einen Satz zur Erklärung des entsprechenden Symbols der Deckseite, z. B. „Engel haben die Geburt Jesu verkündet." Sie können auch einen Satz aus der Bibel aufschreiben, z. B. „Ich bin das Licht der Welt" oder eine eigene Empfindung, etwa „Ich freue mich am meisten über die Geschenke." Der Lehrer kann ein Symbollexikon zur Verfügung stellen sowie eine Sammlung von Texten oder Sätzen aus der Bibel.

Eine Schülerin hat sich eine zusammenhängende Erzählung ausgedacht und die Symbole in ihre Geschichte eingebaut. Ein Schüler hat mit dem Computer gearbeitet: Er hat die Weihnachtsgeschichte des Lukas (Lk. 2) in kleine Abschnitte aufgeteilt, ganz klein gedruckt, sodass man sie nacheinander lesen konnte, wenn man die Türen öffnete.

Abstrakte Kunst und Weihnachtslieder miteinander kombinieren
Weihnachtslieder lassen sich mit bildender Kunst verbinden: Ein abstraktes Bild (z. B. der Holzschnitt *Inkarnation* von THOMAS ZACHARIAS), das zum Themenkreis „Weihnachten" passt, wird mit Texten aus verschiedenen Weihnachtsliedern verknüpft. Mit den Liedern kann dem abstrakten Bild ein konkreter Inhalt zugeordnet werden.
- Im Plenum wird das Bild gezeigt (Dia/Folie): Beschreibt, was ihr seht. Inwiefern ist das ein Weihnachtsbild? Achtet besonders auf die Farben und Formen. Was drücken sie aus? Wie sind sie angeordnet?
- Anschließend entwerfen die Schüler in Partnerarbeit ein Zwiegespräch über die Bedeutung des Bildes. Die Aufgabenstellung lautet: Manche Menschen können mit abstrakten Bildern nichts anfangen. Andere meinen, gerade in abstrakten Bildern komme die Bedeutung des Themas stärker zum Ausdruck. Entwerft ein Zwiegespräch zum gezeigten Bild, das durch Fragen und Antworten das Bild erklärt.

- Die Schüler erhalten eine Sammlung mit Texten von Weihnachtsliedern (Gesangbücher oder ein kopiertes Liedblatt). In Einzel- oder Partnerarbeit bearbeiten sie die folgende Aufgabenstellung: Sucht Advents- und Weihnachtslieder, die zum Bild passen. Ordnet den Farben (und Formen) des Bildes einzelne Aussagen aus den Liedern zu. Zeichnet die Struktur des Bildes ab und gestaltet ein eigenes Bild, indem ihr mit verschiedenen Farbstiften die Aussagen der Lieder so anordnet, wie die Farben im Bild angeordnet sind.
- Einige der entworfenen Bilder können anschließend ausgesucht und in Partnerarbeit als Plakate gestaltet werden (z. B. für das Weihnachtssingen). Die ausgefüllten Bilder werden auf Plakatkarton übertragen, mit entsprechenden Hinweisen für die Veranstaltung versehen oder ohne Hinweise als Schmuck aufgehängt. Durch das arbeitsteilige Verfahren ist es möglich, viele verschiedene Lieder darzustellen. So wird die Vielfalt der Aussagen deutlich; durch die gleiche Struktur wird auch die Gemeinsamkeit zum Ausdruck gebracht. Die Weihnachtsbotschaft der bekannten Lieder wird neu gesehen, die der weniger bekannten entdeckt.

Alternative
Falls kein abstraktes Kunstwerk zur Verfügung steht, kann man den umgekehrten Weg gehen. Die Schüler suchen sich ihr Lieblingsweihnachtslied aus und gestalten dazu selbst ein abstraktes Bild mit folgendem Arbeitsauftrag: Gestaltet nur aus Farben, Formen und Linien (nicht gegenständlich) ein Bild, das die Bedeutung des Liedes zum Ausdruck bringt. Die Bilder werden ohne Nennung des Liedes gezeigt; die Schüler ordnen diesem Bild andere Weihnachts- oder Adventslieder zu (wie oben beschrieben).

Ein Weihnachtsbuch gestalten
Das Weihnachtsbuch ist eine Möglichkeit für alle Jahrgangsstufen, sich mit dem Thema „Weihnachten" den verschiedenen Altersstufen entsprechend zu befassen, passende Materialien zu sammeln oder selbst zu entwerfen. Einzelheiten und Themen werden mit den Klassen abgesprochen. Die Schüler können selbst Geschichten oder Gedichte schreiben, Lieblingslieder aussuchen, Weihnachtssymbole malen und erklären (siehe oben), sich mit den verschiedenen Weihnachtsgestalten befassen (Nikolaus, Weihnachtsmann, Christkind), Weihnachtsbräuche aus verschiedenen Ländern oder Regionen zusammenstellen, ein Tagebuch der eigenen Advents- und Weihnachtszeit schreiben, sich mit den biblischen Grundlagen befassen, Bilder oder Comics dazu malen, sich Rätsel ausdenken usw. Vorlagen können auch Weihnachtsbücher sein, die im Buchhandel angeboten werden. → 3.4, 6.5, 7.5 *(AL)*

5.8 Ideen für die letzte Stunde vor den Ferien

Vor den Weihnachtsferien
- Die Weihnachtsgeschichte der Bibel (Lukas 2, 1–2,20) vorlesen und einen Comic dazu malen lassen.
- Ein klassisches Weihnachtslied oder Gedicht (z. B. *Es ist ein Ros entsprungen, Es kommt ein Schiff geladen*) besprechen und als Geschenk gestalten (z. B. in Schönschrift abschreiben, Bilder dazu malen).
- Populäre Weihnachtslieder singen oder moderne Weihnachtsgeschichten (z. B. *Hilfe, die Herdmanns kommen* von BARBARA ROBINSON) vorlesen (lassen).
- Einen Wunschtannenbaum gestalten: Einen Tannenbaum auf Tapete zeichnen und mit schön gestalteten Christbaumanhängern mit Wünschen für arme Kinder, das neue Jahr, die Schule usw. behängen.
- Weihnachtsfeiern in anderen Ländern kennenlernen; für eine Suche ist folgende Seite im Internet hilfreich: http://kiwithek.kidsweb.at/index.php/Weihnachten.

Vor den Osterferien
- Ein Osterei auf einen Papierbogen malen und mit Farben, Wünschen oder als Collage gestalten.
- Den schönsten Osterhasen malen und prämieren.
- Ein Ostergedicht/Frühlingsgedicht an die Wand projizieren oder in Kopie austeilen und gestalten (z. B. *Das Osterei* von AUGUST HEINRICH HOFFMANN VON FALLERSLEBEN oder *Am Ostermorgen* von FRIEDRICH RÜCKERT).

Unabhängig von christlichen Festen
- Ein Quiz zum Unterrichtsinhalt des vergangenen Schuljahres bzw. der vergangenen Unterrichtseinheit durchführen; die Quizfragen können von den Schülern selbst entworfen werden.
- Brieflawine: Die Schüler geben sich aus dem zurückliegenden Unterricht Namen der Personen, die besprochen wurden (etwa Gandhi, Buddha, Jesus, Mohammed usw.), schreiben aus der Sicht dieser Person an die anderen in der Klasse einen Brief und erhalten jeweils Antworten (alles auf einem Zettel). Nach einer gewissen Zeit werden die Briefe vorgelesen und besprochen.
- Ich packe meinen Koffer: Dieses Konzentrationsspiel wird in abgewandelter Form mit Inhalten aus dem Unterricht gespielt. Der erste Schüler nennt etwas, das er in seinen Koffer packt, der zweite nennt dieses und packt noch etwas dazu, der dritte muss dann zwei Begriffe „einpacken" und einen neuen nennen usw. Das Spiel endet, sobald der erste Fehler gemacht wurde; dann beginnt das Spiel neu.
- Andere Länder – andere Sitten: Erwartungen an Urlaubsländer werden formuliert und reflektiert; über das eigene Verhalten wird ebenfalls nachgedacht. *(PS)*

6 Menschsein – Symbole und meditative Annäherungen

6.1 Elfergedichte zum Thema „Menschsein"

Intentionen/Kompetenzen	verschiedene Aspekte des Themas „Menschsein" bedenken; mit eigenen Gedichten einen Zugang und Ausdruck finden
Klassenstufe	ab Klasse 5
Material	große Papierbögen (DIN A3 oder DIN A2), Stifte
Zeitaufwand	15–45 Minuten
Tipp/Hinweise	bei vielen anderen Themen einsetzbar

Elfergedichte eignen sich gut, um Schülern durch eigenes Tun einen Zugang zur lyrischen Sprache zu verschaffen. Immer wieder ist überraschend, welche Talente zum Vorschein kommen. Auch Schüler, die sich sonst nicht trauen, etwas zu schreiben, werden ermutigt. Durch die festgelegte Form haben alle dieselben Voraussetzungen. Die Ergebnisse sind trotz des strengen Schemas sehr vielfältig. Das Ausgangswort kann das Thema selbst oder ein Aspekt des Themas sein. Es müssen keine vollständigen Sätze gebildet werden. Das Schlusswort soll sich auf das Ausgangswort beziehen.

Schema für ein Elfergedicht

----	Ausgangswort
---- ----	zwei Wörter
---- ---- ----	drei Wörter
---- ---- ---- ----	vier Wörter
----	Schlusswort

- **Schritt 1:** Zunächst geht es darum, Wörter zu sammeln. Das kann auf unterschiedliche Weise gemacht werden. Eine spielerische Methode ist, Wortkarten herzustellen und auszutauschen. Jeder Schüler schreibt einen Begriff, der ihm zu einem Thema, Bild oder Text einfällt, auf eine Karte. Die Karten werden eingesammelt und gemischt. Anschließend zieht jeder eine Karte und nimmt das Wort als Ausgangswort für ein Elfergedicht. Auch mit Clustering können Wörter gesammelt werden. Bei dieser Methode darf nicht gesprochen werden. Die Schüler verständigen sich nur schriftlich. Jeweils vier bis sechs Schüler sitzen um ein großes Blatt Papier, auf dem in der Mitte das Wort „Mensch" steht. Die Aufgabenstellung lautet: Macht euch Gedanken zu diesem Begriff. Wem etwas einfällt, der schreibt das Wort auf und verbindet es durch einen Strich mit dem Begriff in der Mitte. Der Nächste kann jetzt einen Gedanken zu diesem Wort aufschreiben und ihn durch einen Strich verbinden. Er kann aber auch einen eigenen Begriff zum Ausgangswort („Mensch") aufschreiben. Jeder hat die Möglichkeit, zu jedem Wort auf dem Blatt einen eigenen Gedanken hinzuzufügen. Die Gedanken können so lange weiterentwickelt werden, bis eine Gedankentraube entsteht.

- **Schritt 2:** Nach dem Wörtersammeln tauschen die Gruppen ihre Plakate aus. Jede Gruppe sichtet die Gedanken einer anderen Gruppe und schreibt wichtige Begriffe auf die Rückseite des Blattes: „Die Gruppe hat sich besonders mit folgenden Themen befasst: …"
- **Schritt 3:** Nach einem kurzen Gespräch im Plenum sucht sich jeder Schüler einen Begriff aus, der zum Menschsein gehört, und entwickelt daraus ein Elfchen. Der Lehrer zeichnet das Gedichtschema (siehe oben) an die Tafel und erläutert es. Es können auch Gruppentexte verfasst werden: Fünf Schüler sitzen im Kreis. Jeder schreibt „sein" Wort auf ein Blatt. Die Blätter werden weitergereicht. Auf das Blatt vom Nachbarn werden zwei Wörter geschrieben usw. Die Blätter wandern so lange, bis jeder sein eigenes wiederbekommt. *(AL)*

Beispiele für Elfergedichte aus Klasse 10

Forschen
verantwortungsloses Forschen
Forschen wir gewissenlos?
Ist gewissenloses Forschen intelligent?
Tod

Freunde
halten zusammen
Glück, Freude, Streit
sind immer füreinander da
Treue

Menschenrechte
würdige Behandlung
keinen Hunger haben
von anderen akzeptiert werden
Leben

Tod
ein Geheimnis
jeder Mensch stirbt
du bist ein Mensch
Angst

6.2 Verschiedene Zugänge zum Symbol „Hand"

Intentionen/Kompetenzen	Wahrnehmungs- und Deutungskompetenz; die existenzielle und ethische Bedeutung der Hände für den Menschen wahrnehmen und deuten; über die religiöse Bedeutung des Symbols „Hand" nachdenken
Klassenstufe	ab Klasse 5
Material	Bilder, auf denen Hände eine Rolle spielen
Zeitaufwand	1–2 Stunden
Tipp/Hinweise	→ 9.2, 17.3

Das Symbol „Hand" bietet einen guten Zugang zu existenziellen (Symbol des Menschseins) und zu ethischen Fragen (Wortbedeutung von „handeln" → 1). Auch in den Religionen spielt es eine wichtige Rolle (siehe Abbildung unten). → 9.2, 17.3
- **Meditativ:** Die Schüler sitzen im Kreis, eine Kerze steht in der Mitte. Alle legen ihre geöffneten Hände in den Schoß und betrachten sie still. Meditative Denkanstöße werden gegeben: Jeder hat zwei Hände … viele Linien in den Händen … jede Hand hat andere Linien … die Linien erzählen unsere Geschichte … ich bin einmalig …

keiner hat solche Linien wie ich ... – Wir reiben jetzt einmal die Fingerkuppen vorsichtig aneinander ... wir spüren die Zartheit unserer Finger ... kein anderes Lebewesen hat so empfindsame Hände ... Tiere haben Pfoten, Tatzen, Pranken ... – Wir brauchen keine Fühler, wir können mit unseren Fingerspitzen tasten ... die Haare ... die Stirn ... die Augen ... die Nase ... den Mund ... die Wangen ... die Ohren ... und wieder die Haare ... – Aber wir können die Hände auch zu Fäusten ballen ... ganz fest, sodass es fast wehtut ... – Welche Gedanken kommen euch, wenn ihr eure Fäuste betrachtet? ... – Wir legen unsere beiden Hände ineinander ... wir falten die Hände ... wir stützen den Kopf in die Hände ... wir reichen einander die Hände ... wir legen die Hände auf die Köpfe unserer Nachbarn ... – Die Schüler folgen den Bewegungen der Hände und äußern ihre Gedanken dazu.

- **Kreativ:** Die Schüler malen auf zwei Blätter den Umriss ihrer geöffneten Hand und den ihrer Faust. Sie schreiben Verben in die Umrisse. Aufgabe: Was kann man mit den Händen tun? Schreibt in den Umriss der Hand, was wir mit den Händen Gutes tun können, und in den Umriss der Faust, wie wir mit den Händen Schaden anrichten können.
- **Spielerisch:** Man kann mit den Händen sprechen. Der Lehrer macht ein paar Gesten vor, z. B. auf jemanden zeigen, jemanden locken, jemandem drohen. Die Schüler erklären die Gesten, indem sie einen Satz dazu nennen (z. B. Du bist dran!/Komm her!/Das darfst du nicht!). Jeder denkt sich weitere Gesten aus und führt sie vor. Die anderen raten die Bedeutung und nennen jeweils einen passenden Satz.
- **Erzählend:** Die Schüler suchen aus Büchern oder Zeitschriften Bilder heraus, auf denen Hände eine Rolle spielen. Sie schreiben eine Geschichte dazu oder lassen die Hände erzählen bzw. schreiben ein Gespräch der Hände auf.
- **Nachdenklich:** Das Wort „Segen" wird an die Tafel geschrieben. Die Schüler nennen Zusammenhänge, in denen das Wort vorkommt (z. B. das Geburtstagslied „Viel Glück und viel Segen auf all deinen Wegen"). Die Schüler beschäftigen sich mit dem jüdischen Symbol der „Segnenden Hände". Dann lesen sie den Anfang der Berufungsgeschichte Abrahams (Genesis 12,1–4). Sie schreiben ein paar Gedanken Abrahams auf, die ihm durch den Kopf gehen, als er darüber nachdenkt, was Gott zu ihm gesagt hat: Was meint Gott mit „Sei ein Segen"? Wie soll ich sein? Was soll ich tun? – Die Schüler sammeln Segenswünsche und gestalten eine Postkarte für einen bestimmten Anlass. *(AL)*

Detail einer Synagogentür

6.3 „Herz" – ein vielschichtiges Symbol für das Menschsein

Intentionen/Kompetenzen	„Herz" als verbreitetes Symbol des Menschseins wahrnehmen und deuten; die Bedeutung des Begriffs „Symbol" erklären; das Symbol „Herz" in der Bibel entdecken und sich kreativ mit zentralen Inhalten der biblischen Botschaft beschäftigen
Klassenstufe	ab Klasse 5
Material	Lexikon, Gedichtbände, Tapetenrolle, Bibel (je nach Unterrichtsvorschlag)
Zeitaufwand	1 Stunde pro Beispiel
Tipp/Hinweise	Einzelne Zugangsweisen eignen sich gut für Vertretungsstunden.

Das Herz als Symbol für die Mitte der Persönlichkeit ist weit verbreitet und gehört zu den Zeichen, die jeder sofort versteht. Fast jeder verwendet dieses Symbol, um bestimmte Grundbefindlichkeiten auszudrücken. Zeichnerisch wird es am häufigsten für den Bereich der Liebe verwendet, sprachlich mehr für Gefühle allgemein. Es macht Jugendlichen jeden Alters Spaß, sich mit dem Herzsymbol zu befassen. Da die Form einfach ist, lässt sie viele Möglichkeiten der Veränderung zu. Man kann Stimmungsbilder, Erfahrungen und Sehnsüchte damit zum Ausdruck bringen, ja sogar ganze Geschichten erzählen. Sprache und Bild sind bei diesem Symbol so eng verbunden, dass es keine Mühe macht, Sprache in Zeichnungen umzusetzen, Zeichnungen zur Sprache zu bringen oder beides zu kombinieren (I ♥ you).

Auch in der Bibel kommt das Symbol sehr häufig vor. Es sagt immer etwas über den Kern der Persönlichkeit aus. Wenn man dem Symbol „Herz" in der Bibel nachgeht, werden zentrale Inhalte des christlichen Glaubens deutlich. Schüler können sie mithilfe von Zeichnungen spielerisch erschließen.

Annäherungen mit Worten und Zeichnungen

- **Schritt 1:** Man beginnt mit Assoziationen. Ein großes Herz wird an die Tafel gemalt. Die Assoziationen werden in den Umriss des Herzens geschrieben. Dann werden Begriffe („herzlich", „herzzerreißend" …), Redewendungen („sein Herz in die Hand nehmen", „das bricht mir das Herz" …) und Sprichwörter gesammelt, in denen „Herz" vorkommt. Jeder sucht drei Redewendungen aus und stellt sie bildlich dar.

- **Schritt 2:** Es folgt eine Ratestunde: Die Schüler malen nacheinander ihre Zeichnungen an die Tafel, die anderen deuten und raten, welche Redewendung jeweils dahintersteckt. Es folgt ein Gespräch über die Bedeutung des Symbols in den genannten und gezeichneten Beispielen: Was bedeutet „Herz" in den Beispielen? Gibt es eine Bedeutung für das Wort, die auf die meisten Beispiele zutrifft? Schreibt ein paar Bedeutungen auf: Das Herz ist … (z. B. das Innere des Menschen) – Es bedeutet … (z. B. Liebe) – Es drückt aus, was Menschen … (z. B. empfinden).

- **Schritt 3:** Anschließend zeichnet jeder eine kleine Geschichte mit Herzbildern auf ein Blatt. Die Symbolgeschichten werden mit den Nachbarn ausgetauscht; der andere erzählt die Geschichte schriftlich nach. In einem Partnergespräch wird verglichen: Haben beide die Zeichnungen ähnlich gedeutet?

Biologische und symbolische Bedeutung

Dieser Vorschlag ist ab Klasse 7 geeignet. Das Herz ist ein echtes Symbol (von *symballein* = zusammenwerfen), weil reale und symbolische Bedeutung oft zusammenfallen. So klopft das Herz bei Aufregung oder bei Verliebten tatsächlich schneller.

- **Schritt 1:** Als vorbereitende Hausaufgabe schlagen die Schüler in einem Lexikon unter dem Stichwort „Herz" nach. Sie sollen Stichworte zur biologischen und zur symbolischen Bedeutung notieren. Alternativ kann auch gemeinsam mit einem mitgebrachten Lexikon gearbeitet werden.

- **Schritt 2:** Ausgehend von den Lexikonartikeln wird zunächst über die biologische Bedeutung des Herzens gesprochen. In einer Tabelle kann dann die biologisch-medizinische Bedeutung mit der symbolischen verglichen werden:

Biologisches und Medizinisches	Symbolisches
Triebkraft für den Blutkreislauf	Quelle der Lebenskraft
Herzklopfen	Aufregung
Farbe des Blutes	Rot ist die Liebe
…	…

- **Schritt 3:** Ein paar Atemübungen können sich anschließen. Die Bedeutung von Einatmen und Ausatmen wird bedacht (real und symbolisch): Einatmen bedeutet für mich empfangen, nehmen … Ausatmen heißt für mich geben, ausruhen … Als Abschluss können die Schüler das Gelernte in einem kleinen Artikel zusammenfassen: Warum ist „Herz" ein echtes Symbol?

„Man sieht nur mit dem Herzen gut"

- **Schritt 1:** Der Lehrer malt zwei Herzen an die Tafel, ein Herz, auf das Pfeile gerichtet sind, mit der Überschrift „Das geht mir zu Herzen", und ein Herz, von dem Pfeile ausgehen, mit der Überschrift „Das kann ich aus vollem Herzen tun". Die Schüler malen die Herzen ab und schreiben Beispiele auf die Pfeile.

- **Schritt 2:** Das bekannte Zitat „Man sieht nur mit dem Herzen gut. Das Wesentliche ist für die Augen unsichtbar." von Antoine de Saint-Exupéry wird an die Tafel geschrieben. Die Schüler erklären den Satz, bringen Beispiele und malen ein Bild, das den Satz verdeutlicht. Die Bilder werden aufgehängt; jeder schreibt, angeregt durch die Bilder, ein paar Ergänzungen des Satzes „Wenn man mit dem Herzen sieht, dann …" auf.

- **Schritt 3:** Anschließend wird überlegt, was man noch mit dem Herzen tun kann. Es werden Verben genannt (fühlen, lieben, trauern, hören, das Herz sprechen lassen) und Beispiele erzählt: Wer sein Herz sprechen lässt, der …/Wer mit dem Herzen hört, der … – Dazu passt der Text *Momo konnte zuhören* von Michael Ende.

Tipp: Ältere Schüler können Gedichte vorstellen. Die Aufgabenstellung lautet: In vielen Gedichten spielt das Symbol „Herz" eine wichtige Rolle. Sieh in deinem Lesebuch oder in einem Gedichtband nach. Wähle ein Gedicht aus und schreibe deine Gedanken dazu auf. Denke an Formulierungen wie: Mein Gedicht heißt …/Der Autor heißt …/Das Gedicht gefällt mir, weil …/Besonders beeindruckend finde ich …/Der Dichter versteht unter „Herz" …

Variante für Schüler der Klasse 5
Um die Auswirkungen auf das Leben zu bedenken, kann man mit jüngeren Schülern einen Körperumriss malen (ein Kind legt sich auf eine Tapetenrolle, ein anderes zeichnet den Umriss), in der Mitte ein großes Herz mit Strahlen ergänzen und die Tätigkeiten in den Körperumriss schreiben.

Beispiel aus Klasse 5
Wenn wir das Herz sprechen lassen, dann können wir …
mit unseren Gedanken bei anderen sein/mit unseren Augen die Kleinen und Einsamen sehen/mit unseren Ohren das Weinen und Bitten anderer hören/mit unserem Mund beruhigende Worte sagen/mit unseren Armen jemanden schützen und ihm Geborgenheit geben/mit unserem Herz Kraft spenden und andere in unser Herz schließen/mit unseren Händen streicheln, fühlen und Frieden schließen.

Das Symbol in der Bibel
- **Schritt 1:** Um die Schüler an die Verwendung des Symbols „Herz" in der Bibel heranzuführen, beginnt der Lehrer mit einer Symbolzeichnung zu einem Bibeltext. Die Schüler äußern Vermutungen über die Bedeutung und schreiben – jeder für sich – einen Satz dazu auf.

Dann wird der Text aus Hesekiel 36, 26 vorgelesen:
Und ich werde euch ein neues Herz geben und einen neuen Geist in euer Inneres legen; ich werde das steinerne Herz aus eurem Leibe herausnehmen und euch ein fleischernes Herz geben.

- **Schritt 2:** Die Schüler sprechen über die Bedeutung des Satzes und bringen Beispiele für „Herz aus Stein" und „Herz aus Fleisch". Anschließend erhalten die Schüler die folgenden Bibelstellen: Matth. 5, 8; Psalm 24, 4/Mk. 16, 14/Joh. 16, 6; Römer 9, 2/Lk. 24, 32; Jer. 20, 9; Psalm 39, 4/2. Kor. 4, 6/Psalm 34, 19; Psalm 147, 3; Jes. 61, 1/Joh. 16, 22/Apg. 2,37/Römer 5, 5; Galater 4, 6/1. Sam. 16, 7; 1. Kön. 8, 39/Jes. 51, 7. Diese werden in die linke Spalte einer Tabelle eingetragen. Nach dem Lesen der Texte malen die Schüler in die rechte Spalte neben die Bibelstellen Symbolzeichnungen mithilfe der Herzform. Einzelne Ergebnisse werden an die Tafel gemalt, die Mitschüler raten die Bedeutung.

- **Schritt 3:** Dann wird der entsprechende Bibeltext vorgelesen. Die Schüler sprechen über die Bedeutung und erzählen Beispiele aus dem Leben. So kommen mithilfe der Zeichnungen zentrale Inhalte der biblischen Botschaft zur Sprache.

- **Schritt 4:** Abschließend wählt jeder einen Text aus, der ihm etwas bedeutet, liest den Satz im Kontext, versucht, ihn zu erklären und schreibt die Bedeutung auf. Als Hilfe dienen folgende Satzanfänge: Der Text sagt aus …/Das Symbol „Herz" bedeutet in diesem Text …/Ich habe diesen Text für mich ausgewählt, weil … – Als Abschluss wird der ausgewählte Text als Spruchkarte gestaltet. *(AL)*

Tipp: In ähnlicher Weise kann man andere Symbole der Bibel bedenken. Als Hilfe bei der Begriffssuche dient eine Konkordanz. Solche Symbole sind z. B. Berg, Baum, Weg, Licht.

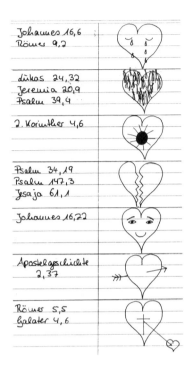

6.4 Die Mitte finden – Mandala

Intentionen/Kompetenzen	ein existenzbezogenes Gedicht meditativ deuten; die Mandala-Form als Urbild in Natur und Kultur entdecken; das Mandala als Symbol für die Ganzheit menschlichen Lebens und die Verbundenheit mit dem Universum erkennen und in Bezug auf das eigene Leben bedenken
Klassenstufe	ab Klasse 8
Material	meditative Musik, Zeichenblätter, Buntstifte
Zeitaufwand	2 Stunden
Tipp/Hinweise	Einzelne Elemente eignen sich gut für Vertretungsstunden.

Schüler kennen das Mandala meistens nur aus einfachen Malvorlagen und sind erstaunt, welche tiefere Dimension des Lebens darin zum Ausdruck kommen kann. Besonders das Entdecken der natürlichen Mandala-Formen weckt ihre Neugier; sie haben Freude daran, möglichst viele Beispiele zu bringen.

Meditative Annährung – Malen nach einem Gedicht

Mit dem Gedicht *Ich lebe mein Leben in wachsenden Ringen* von RAINER MARIA RILKE können sich Schüler meditativ durch eigenes Malen dem Mandala-Symbol annähern, ohne vorher etwas darüber gehört zu haben. Gerade bei diesem existenzbezogenen Symbol ist es sinnvoll, wenn die Form nicht übergestülpt, sondern von innen heraus zum Ausdruck gebracht wird.

Rainer Maria Rilke

Ich lebe mein Leben in wachsenden Ringen

*Ich lebe mein Leben in wachsenden Ringen,
die sich über die Dinge ziehn.
Ich werde den letzten vielleicht nicht vollbringen,
aber versuchen will ich ihn.
Ich kreise um Gott, um den uralten Turm,
und ich kreise jahrtausendelang;
und ich weiß noch nicht,
bin ich ein Falke, ein Sturm
oder ein großer Gesang.*

- **Schritt 1:** Jeder Schüler hat ein leeres Blatt und verschiedene Farbstifte vor sich liegen. Eine CD mit meditativer Musik wird eingelegt. Das Gedicht wird vorgelesen. Erste Eindrücke und interpretierende Gedanken werden ausgetauscht.
- **Schritt 2:** Die Schüler bekommen folgenden Arbeitsauftrag: Ich werde euch gleich das Gedicht noch einmal langsam vortragen. Lasst euch auf den Text ein; ich werde die Zeilen einige Male wiederholen. Bringt die Aussagen des Gedichts durch Malen zum Ausdruck. Ihr könnt abstrakt malen (Linien und Farben) oder gegenständlich (Symbole aus dem Text).
- **Schritt 3:** Der Lehrer schaltet die Musik ein und liest zunächst das ganze Gedicht vor. Dann liest er langsam Zeile für Zeile, macht Pausen, wiederholt die einzelnen Zeilen und lässt den Schülern Zeit. Die Schüler hören und malen.
- **Schritt 4:** Die Musik wird abgestellt. Die fertigen Bilder werden kreisförmig auf den Boden gelegt. Jeder Schüler steht hinter dem eigenen Bild. Erste Beobachtungen und Gedanken werden ausgetauscht.
- **Schritt 5:** Die Musik wird wieder eingeschaltet. Die Schüler gehen jetzt langsam im Uhrzeigersinn um die Bilder herum und betrachten jedes einzelne: Seht euch die einzelnen Bilder in Ruhe an. Was fällt euch auf? Welche Formen und Farben sind gewählt worden? Welche tauchen besonders häufig auf? – Die Beobachtungen werden aufgeschrieben; beim anschließenden Gespräch kann die Bedeutung der Kreisform schon ansatzweise erörtert werden. Die Betrachtung eines Mandala-Bildes aus der Kunst (z. B. von Hundertwasser, auch Hildegard von Bingen) kann sich anschließen. Man spricht über den gewählten Mittelpunkt, die Formen, Farben und Symbole.

> **Beispiel einer Schülerin aus Klasse 9**
> Auf allen Bildern hat man einen Turm und sehr viele Kreise gesehen. Der letzte Ring war meistens unterbrochen. Es wurde die Ungewissheit durch den letzten unterbrochenen Ring oder durch ein Fragezeichen dargestellt. Ich kann nicht sagen, welches Bild mir am besten gefällt, da alle Bilder für mich auf eine gewisse Weise etwas Eigenes ausdrücken, obwohl alle zum selben Thema gemalt haben.

Die Mandala-Form
- **Schritt 1:** Der Lehrer informiert die Schüler über das Symbol des Mandalas.

> **Das Mandala**
> Das Mandala ist ein uraltes Meditationszeichen aus der indischen und tibetischen Tradition. Das altindische Wort „Mandala" bedeutet „Kreis". Kreisförmige Gebilde sind in allen Kulturen zu finden, z. B. die Sonne als Symbol, die Steinkreise oder die Rosetten bei Kirchenfenstern. Auch in der Psychologie (z. B. bei C. G. Jung) wird das Mandala als Urbild der Ganzheit gesehen sowie die sammelnde und Harmonie stiftende Wirkung betont.
> Im Mandala sind zwei andere umfassende Symbole enthalten und aufeinander bezogen. Das Kreuz symbolisiert den Menschen in seiner erdverbundenen (waagrechten) Dimension und in der göttlichen (senkrechten) Bezogenheit. Wenn der Mensch aufrecht steht und die Arme ausbreitet, bildet er mit seinem Körper eine Kreuzform. Außerdem versinnbildlicht das Kreuz die zeitliche Dimension (vier Jahreszeiten) und die räumliche Ausdehnung (vier Himmelsrichtungen). Der Kreis symbolisiert das Weltall, die Vollkommenheit des Daseins und die Unendlichkeit (kein Anfang und kein Ende). Der Mittelpunkt ist bei beiden identisch, d. h., die Kombination von Kreuz und Kreis zeigt die Aufgehobenheit des Menschen in der göttlichen Ordnung.

Webcode: FR233366-004

- **Schritt 2:** Der Lehrer zeichnet die Urform des Mandalas (Kreuz und Kreis) an die Tafel mit der Erklärung: Der Mittelpunkt der Seele (Kreuz zeichnen) ist zugleich der Mittelpunkt der Welt (Kreis darum zeichnen). Die Schüler zeichnen die Symbole einzeln in ihr Heft und schreiben die Bedeutungen (siehe oben) mit eigenen Gedanken jeweils darunter. Der Lehrer fordert die Schüler auf, selbst Mandala-Formen auf einzelne DIN-A4-Blätter zu zeichnen, am besten mithilfe eines Zirkels. Die Aufgabenstellung lautet: Entwerft mithilfe der Urform andere Mandalas. Ihr könnt aus dem Kreuz eine Stern- oder Sonnenform entwickeln, ihr könnt verschieden große Kreise malen und die Mitte freilassen. Auch Quadrate oder Dreiecke könnt ihr einbeziehen. Die Zeichnungen können anschließend ausgetauscht und ausgemalt werden.

- **Schritt 3:** Nun zeichnet der Lehrer eine Spirale an die Tafel mit dem Hinweis: Auch die Spirale ist eine Mandala-Form. Sie stellt einen Weg zur Mitte bzw. von der Mitte ausgehend dar. Beim anschließenden Gespräch über die Bedeutung der Spiralform wird deutlich, dass Mandalas keine statischen Gebilde sind, sondern eine Bewegung zum Ausdruck bringen. Die Schüler suchen Beispiele dafür (Strudel, Spiralnebel, Wendeltreppe, Ohrmuschel).

- **Schritt 4:** Anschließend werden weitere Beispiele von Mandala-Formen gesammelt. In der Natur kommen häufig Mandala-Formen vor. Auch im Universum und im Inneren der Lebewesen herrscht diese Form vor (z. B. Sonnensystem, Atommodell). Hier wird die Entsprechung von Makrokosmos und Mikrokosmos deutlich. Den Schülern macht es Freude, möglichst viele Mandala-Formen zu entdecken: Blüte, Baumringe, Schneckenhaus, Spinnennetz, Eiskristalle, Spiralnebel, Sonnensystem, Stern, Sonne, Zelle mit Zellkern, Auge usw.

Gestaltung eines eigenen Mandalas

- **Schritt 1:** Die Aufgabenstellung an die Schüler lautet: Gestaltet ein eigenes Mandala, das zu euch passt. Wählt euch zunächst eine Grundform aus (abstrakt oder aus der Natur). Überlegt euch, welche Symbole das, was euch im Leben wichtig ist, ausdrücken. Versucht, sie in euer Mandala einzubeziehen. Ihr könnt auch Worte oder Sätze, die euch wichtig sind, in die Form schreiben (z. B. kann man einen Text spiralförmig schreiben).

- **Schritt 2:** Die Bilder werden ausgelegt und von allen betrachtet. Jeder wählt sich ein Motiv aus, das er nicht gemalt hat, und schreibt einen kleinen Kommentar dazu auf ein Extrablatt: An deinem Mandala fällt mir auf …/entdecke ich … – Dein Mandala gefällt mir, weil … – Ich nenne dein Bild … – Anschließend bekommen alle ihr eigenes Bild mit dem entsprechenden Kommentar zurück. Wenn den Schülern die eigenen Bilder gefallen, können sie sie später auf ein T-Shirt drucken → 3.6. Als entspannender Abschluss der Unterrichtseinheit können Mandalas ausgemalt werden. Vorlagen findet man im Internet. *(AL)*

6.5 Ein Bilderbuch zu einem Märchen gestalten

Intentionen/Kompetenzen	existenzielle Deutung eines Märchens durch das Malen entsprechender Mandala-Bilder; thematische Schwerpunkte: das Menschsein, Liebe, Ausgrenzung, Sehnsucht, Trauer, Tod, Symbole „Herz", „Mandala" und „Baum"
Klassenstufe	ab Klasse 8
Material	Märchentext *Der selbstsüchtige Riese* von Oscar Wilde; für jeden Schüler festes Papier (DIN-A4-Querformat für eine Doppelseite), Farbstifte o. Ä., Zirkel, Kopie des Märchentextes, Schere, Kleber
Zeitaufwand	4 Stunden
Tipp/Hinweise	Vorab über das Mandala-Symbol informieren → 6.4. Vor der Gestaltung des Bilderbuchs das Märchen interpretieren, sodass die existenzielle Bedeutung der Symbole deutlich wird; diese Methode kann man auch bei anderen Märchen oder Texten mit existenzbezogenen Inhalten anwenden, z. B. *Der Flötentraum* von Hermann Hesse oder *Das Märchen von Hyazinth und Rosenblüte* von Novalis. Möglich ist auch, ein Mandala-Gedichtheft zu gestalten: Zu verschiedenen Gedichten werden passende Mandalas gemalt.

> *In der Gestaltung eines Mandalas – von innen heraus – begebe ich mich in eine göttliche Urordnung, die auf mich verwandelnd, heilend wirkt. (...) Das Märchen von Oscar Wilde hat mich in seiner tiefen menschlichen Nähe und seiner religiösen Aussage wesentlich berührt. (...) Das Geheimnis und das Wunder des ganzen Lebens werden in diesem Märchen berührt.*

Diese Sätze, die Ingrid Neuhaus zu *Der selbstsüchtige Riese* schreibt, und ihre eigenen Mandala-Bilder zu dem Märchen haben mich dazu bewogen, mit älteren Schülern ein Bilderbuch zu einem Märchen zu gestalten, in dem die Bilder nicht Illustrationen zum Märchen sind, sondern Ausdruck existenzieller Grundbefindlichkeiten.

- **Schritt 1:** Das Märchen von Oscar Wilde wird gelesen und gedeutet. Es werden Überschriften für die einzelnen Abschnitte gesucht (z. B.: 1. Der schöne Garten, 2. Die Mauer, 3. Der kalte Garten, 4. Das Loch in der Mauer, 5. Die Wandlung, 6. Die Erkenntnis). Anschließend wird überlegt, welche Aussagen in dem Märchen allgemeingültig sind, also sich auf jeden Menschen beziehen können, oder welche existenziellen Grundbefindlichkeiten in den einzelnen Abschnitten zum Ausdruck kommen.

- **Schritt 2:** Die passenden Symbole werden aus dem Märchen herausgesucht (z. B. Garten, Eis, Mauer, Baum, Blüten, Herz) und ein Bezug zum Leben überlegt. Die Ergebnisse können in einer Tabelle festgehalten werden:

Symbole	Bezug zum Leben

- **Schritt 3:** Nun gestaltet jeder für sich ein Buch mit dem Text des Märchens und Mandala-Bildern. Die Aufgabenstellung lautet: Gestaltet zu den einzelnen Abschnitten des Märchens Mandala-Bilder, die etwas über die Existenz (Gefühle, Erfahrungen) des Menschen aussagen, über Themen, die alle Menschen berühren (z. B. Liebe, Tod). Ihr könnt Symbole aus dem Märchen aufgreifen (z. B. Mauer, Blüten, Herz). Achtet bei der Gestaltung darauf, dass die Bilder nicht nur einen Kreis als Rahmen haben, sondern auch zur Mitte hin zentriert sind. Ihr könnt gegenständlich malen oder eure Vorstellung abstrakt mit Formen und Farben zum Ausdruck bringen. Hilfreich kann es sein, wenn ihr als Ausgangsform ein passendes kreisförmiges Symbol wählt (z. B. Blüte, Eiskristall).

- **Schritt 4:** Die Schüler schneiden die Mandalas aus und kleben sie auf die rechte Seite einer Doppelseite, den entsprechenden Abschnitt aus dem Märchen kleben sie auf die linke Seite. Wer will, kann auch eigene Gedanken unter das Mandala-Bild schreiben. Zum Abschluss wird die Titelseite entworfen. Die Blätter werden in die richtige Reihenfolge gebracht und geheftet, geklebt oder gebunden. *(AL)*

Beispiele aus Klasse 9

Der kalte Garten

Die Wandlung

6.6 Mit einem Meditationsspiel über das Leben nachdenken

Intentionen/Kompetenzen	vertiefendes Beschäftigen mit einem Meditationsspiel aus der buddhistischen Tradition; spielerisch über das eigene Leben nachdenken; eigene Texte und Bilder dazu entwerfen
Klassenstufe	ab Klasse 8
Material	Mandala-Drahtspiel (z. B. unter www.weltladen24.de); man kann auch mit den Abbildungen arbeiten (siehe unten); neun vorbereitete Blätter mit jeweils einem anderen Begriff (siehe unten Schritt 2); Stifte
Zeitaufwand	1–2 Stunden
Tipp/Hinweise	gut geeignet für die letzte Stunde vor den Ferien; zum Buddhismus → 17.3, 17.4, 17.5

Vor einigen Jahren kaufte ich auf einem Handwerkermarkt ein sogenanntes „Meditationsspiel". Es bestand aus Draht und Glasperlen; man konnte damit verschiedene Formen bilden. Auf dem beigefügten Blatt stand, dass das räumliche Mandala-Spiel schon im 6. Jahrhundert vor Christus im asiatischen Buddhismus entwickelt wurde und später tibetanischen Klosterschülern als Meditationshilfe an die Hand gegeben wurde:

Im Mandala offenbaren sich uralte nah- und fernöstliche Wissensschätze über die Menschheit und die kosmischen Zusammenhänge. Dieses Spiel zeigt in einfachen Symbolen plastisch und modellhaft den unerschöpflichen Kreislauf der Natur, der in dauernder Wandlung sich erneuert.

Ich probierte die verschiedenen Stationen aus. Je länger ich damit spielte, desto mehr faszinierte mich das Spiel. Inzwischen habe ich mehrere Exemplare gekauft. Man entdeckt sie auf den meisten Weihnachtsmärkten oder kann sie in Esoterikgeschäften kaufen (auch in manchen Bioläden oder Spielzeuggeschäften). Zum Unterricht nehme ich alle mit und lasse die Schüler am Schluss der Stunde das Spiel selbst ausprobieren. Manche haben auch ein Exemplar zu Hause und freuen sich, dass sie jetzt eine tiefere Bedeutung darin entdecken und es nicht nur als Spielzeug oder Schmuck sehen. Siehe die Kopiervorlage auf den Seiten 69 und 70.

- **Schritt 1:** Der Lehrer erklärt Herkunft und Bedeutung des Mandalas und spielt dann das Spiel vor. Die Schüler raten die jeweiligen Stationen. Dieser Schritt kann entfallen, wenn man kein Spiel zur Verfügung hat. Dann erzählt der Lehrer stattdessen von dem Spiel und zeigt die Fotos der Stationen (siehe unten).

- **Schritt 2:** Die Schüler sitzen im Kreis. In der Mitte liegen verstreut neun vorbereitete Blätter (DIN A4 oder größer), auf denen jeweils in der Mitte ein Begriff steht: SONNE, HIMMEL, ERDE, EI, KUGEL (oder KOSMOS), YIN-YANG (oder GEGENSÄTZE), SANDUHR, RAD, LEERE (oder NICHTS). Dazwischen liegen Stifte. Die Schüler werden aufgefordert, nicht zu sprechen und immer dann, wenn ihnen etwas zu einem Begriff einfällt, leise zum betreffenden Blatt zu gehen und den Gedanken aufzuschreiben. Wenn zu allen Stationen etwas geschrieben worden ist, sammelt der Lehrer die Blätter ein.

- **Schritt 3:** Es werden neun Gruppen gebildet. Jede Gruppe zieht ein verdeckt gehaltenes Blatt und beschäftigt sich anschließend mit dieser Station und den Gedanken dazu. Sie malen ein Bild zu ihrem Begriff und schreiben ein kurzes Gedicht dazu (z. B. ein Elfergedicht → 6.1). In der Reihenfolge des Spiels (siehe Schritt 2) zeigt jede Gruppe ihr Bild und liest das Gedicht vor.

- **Schritt 4:** Die Blätter werden zu einem Buch zusammengestellt, mit einer Titelseite versehen (Überschrift z. B. „Das Lebensrad") und für alle kopiert. *(AL)*

Die Sonne: In der ersten Position ist das Mandala geschlossen. Es symbolisiert die Sonne als Ursprung allen Lebens und ist gleichzeitig Sinnbild für das Atom als Mikrobaustein des Kosmos.

Der Himmel: Schließen wir den oberen Kranz des Mandalas, so entsteht die Wölbung der Himmelskuppel. Sie ist ein Symbol für Freiheit und Unendlichkeit der geistigen Energie.

Die Erde: Nun wird auch der untere Kranz des Mandalas geschlossen. Dabei entsteht ein Innenraum, der die Einheit von Himmel und Erde wie auch von Materie und Geist darstellt.

Das Ei: Wenn wir nun das Mandala an den beiden äußeren Bögen leicht auseinanderziehen, entsteht die Eiform. Sie ist ein uraltes Symbol für die Fruchtbarkeit.

Der Kosmos: Wie bei der Eiform ziehen wir an den äußeren Kränzen weiter – bis zur Kugel. In ihr sehen wir modellhaft ein Bild des Kosmos, der den Ursprung aller Erscheinungen beinhaltet.

Die Gegensätze: Wenn wir die Kugel in der Mitte zentrieren, entsteht die Doppelfigur „Yin und Yang". In ihr verbinden sich gleichwertige Gegensätze zur Einheit.

Die Sanduhr: Durch Öffnen der äußeren Kränze erscheint das Bild der Sanduhr. Sie symbolisiert den Ablauf der Zeit, die in unermüdlichem Kreislauf das Volle mindert und das Leere füllt.

Das Rad: Nun werden die äußeren Kränze einfach bis zur zentrierten Mitte außen herum weitergedreht. Dadurch entsteht das Rad als Symbol für die Bewegung.

Die Leere: Durch Erweiterung der Kreismitte kommen wir zur letzten Figur: die Leere. In ihr ist schon der Neubeginn enthalten. Durch Zusammendrücken der Ringe schließt sich das Lebensrad zur Sonne.

Webcode: FR233366-005

Beispiele von Schülerarbeiten
Die Sanduhr   **Die Leere**

Sanduhr
leises Rieseln
Zeit, die verrinnt
alles geht langsam vorbei
Leere

6.7 Baum und Mensch

Intentionen/Kompetenzen	den Baum als Symbol für den Menschen entdecken; sich mit der eigenen Persönlichkeit befassen; den Wechsel der Jahreszeiten auf das eigene Leben übertragen
Klassenstufe	ab Klasse 8
Material	Malblätter, Stifte; eventuell Baumbilder und -texte
Zeitaufwand	1 Stunde pro Thema
Tipp/Hinweise	zu den Jahreszeiten → 12.4

Als Symbol begegnet uns der Baum in den unterschiedlichsten Kulturen. Mit seiner Beständigkeit symbolisiert er vor allem das Leben. Der Laubbaum steht mit seinem jahreszeitlichen Wechsel für die ständige Wiedergeburt des Lebens, der immergrüne Nadelbaum für die Unsterblichkeit. Oft erscheint der Baum mit seinen tief in der Erde verankerten Wurzeln und seinen bis in den Himmel reichenden Zweigen als Verbindung zwischen Himmel und Erde oder Unterwelt.

Der unter anderem in Indien verbreitete Brauch, die Braut vor der Hochzeit symbolisch mit einem Baum zu vermählen, spiegelt die Bedeutung des Baumes als Lebens- und Fruchtbarkeitsspender wider. Weit verbreitet ist auch die Vorstellung, der Baum sei ein mythischer Ahne des Menschen (Japan, Korea, Zentralasien, Australien). Ein weiteres Beispiel für die Vielschichtigkeit des Symbols „Baum" ist seine gleichzeitige Verwendung als weiblich-mütterliches (fruchttragend, Schutz gewährend) und als männliches (Stamm als Phallus) Symbol.

Mein Baum

- **Schritt 1:** Die Schüler bekommen den Auftrag, einen Baum zu malen (spontan, ohne nachzudenken, aber mit viel Zeit). Wenn sie fertig sind, betrachten sie ihre eigenen Bilder und stellen folgende Überlegungen an: Welchen Baum habe ich gemalt? Ist er rund oder spitz? Wie sieht der Stamm aus (dick, dünn, lang, kurz)? Habe ich einzelne Äste und Zweige gemalt? Hat mein Baum Blätter, Blüten, Früchte? Sind die Wurzeln zu sehen? Was sagt dieser Baum über mich aus? – Die Schüler schreiben einige Überlegungen unter ihr Bild: Wenn ich dieser Baum bin, dann wird deutlich …

- **Schritt 2:** Anschließend stellen sie sich mit ihren Baumbildern vor: Das ist mein Baum. Er …/Das könnte bedeuten …/Ich frage mich …

- **Schritt 3:** Als ergänzende Aufgaben können die Schüler unter dem Thema „Baumringe – gesammelte Erfahrungen" eine große Baumscheibe zeichnen und darin eigene Erfahrungen in die Jahresringe eintragen.

Wechsel der Jahreszeiten

- **Schritt 1:** Die Schüler zeichnen vier Bilder zu Bäumen in den verschiedenen Jahreszeiten in die Mitte je eines Blatts. Sie überlegen, was typisch für diese Jahreszeiten ist, und schreiben ihre Gedanken links neben den Baum.

- **Schritt 2:** Anschließend beziehen sie die Jahreszeiten auf das menschliche Leben. Sie fragen sich: Gibt es solche Zeiten und Entwicklungsphasen auch in meinem Leben (wachsen, treiben/blühen, Kräfte zeigen/Früchte bringen/Blätter abwerfen, ruhen, Kräfte sammeln)? Ihre Gedanken dazu schreiben sie rechts neben die entsprechenden Baumbilder.
- **Schritt 3:** Unter die Bäume schreiben sie einen kurzen meditativen Text oder ein Gedicht (z. B. Elfchen). Eine passende Überschrift vervollständigt die Bilder. *(AL)*

6.8 Ein Raum der Stille, des Verweilens und des Nachdenkens für alle

Intentionen/Kompetenzen	Stille als gesellschaftlich relevante Ausdrucksweise kennenlernen und selbst ansatzweise erleben; sich mit dem Raum der Stille als Zeichen für Toleranz und Friedfertigkeit beschäftigen; im Internet recherchieren und Ideen für die eigene Schule entwerfen
Klassenstufe	ab Klasse 9
Material	Plakatpapier (ca. DIN A3), Buntstifte o. Ä., Meditationsmusik; Bild des Reliefs vom Brandenburger Tor (siehe unten; siehe auch www.raum-der-stille-im-brandenburger-tor.de)
Zeitaufwand	3 Stunden, bei konkreter Umsetzung eventuell mehr; es können auch einzelne Elemente für eine Einzelstunde ausgewählt werden
Tipp/Hinweise	Nicht alle Übungen sind für jede Gruppe geeignet; deshalb sind Alternativen zur Auswahl angeboten. Ziel der Unterrichtseinheit ist nicht die Vorbereitung auf eine konkrete Umsetzung in der eigenen Schule, kann aber dahin führen, z. B. Raum der Stille für einen Tag der offenen Tür. → 13.1

Viele Schulen haben einen Raum der Stille als Angebot für Schüler und Lehrer. Dieser Raum hat unterschiedliche Funktionen bzw. Möglichkeiten der Nutzung und Gestaltung. Gemeinsam ist allen, den Besuchern ein ruhiges Verweilen zu ermöglichen und aus der Hektik des Schulalltags für kurze Zeit auszusteigen.

Auch in Universitäten, Krankenhäusern und Hospizen werden solche Räume angeboten. In manchen Innenstädten kann man in einem Haus bzw. Raum der Stille für kurze Zeit den Stadttrummel vor der Tür lassen. Bekanntes Beispiel ist der Raum der Stille im Brandenburger Tor.

Anders als Kirchen und Kapellen, die immer religiös und meistens nach einer bestimmten Konfession ausgerichtet sind, sollen Räume der Stille für alle offen sein, auch für Menschen, die keiner Religion angehören.

Möglichkeiten der Hinführung zum Thema „Stille"
- **Schritt 1:** Der Lehrer betritt den Klassenraum und legt den Finger auf den Mund. Wenn alle ruhig geworden sind, wartet er etwas und spricht dann über die Reaktionen: Was bedeutet diese Geste? In welchen Situationen wird sie angewendet? Warum? – Alternative: Bildbetrachtung Relief (siehe Abbildung unten).

- **Schritt 2:** Der Begriff „Stille" wird aufgeschrieben (Tafel, Plakat oder jeder in sein Heft). Die Schüler nennen Assoziationen, gestalten einen Gedankenstern, überlegen sich Gegensatzpaare (Stille – Lärm, Ruhe – Hektik …) oder entwickeln ein Alphabet der Stille (Ankommen, Beten …).

Variante 1
Gut zum Thema passt das stumme Schreibgespräch: Der Lehrer schreibt den ersten Satz (oder eine Frage) an die Tafel, z. B.: „Manchmal suche ich die Stille." oder „Stille finde ich unangenehm." Die Schüler gehen nacheinander nach vorn und entwickeln den Gedankengang weiter oder schreiben einen neuen Gedanken auf. Wichtigste Regel: Es darf nicht gesprochen werden.

Variante 2
Aufeinander-zu-Malen in Vierergruppen: Der Begriff „Stille" wird groß an die Tafel geschrieben. Eine CD mit Meditationsmusik wird eingelegt. Jede Gruppe bekommt ein Plakat (mindestens DIN A3) und Buntstifte. Jeder Schüler sitzt an einer Ecke des Plakats (an Gruppentischen oder auf dem Fußboden). Die Aufgabenstellung lautet: Wenn gleich die Musik zu hören ist, werdet ruhig, nehmt einen Stift und beginnt an eurer Ecke zum Thema „Stille" zu malen. Lasst eurer Fantasie freien Lauf. Malt, bis ihr euch in der Mitte trefft. Wenn die anderen es zulassen (Verständigung ohne Worte), könnt ihr dann Verbindungen zu den anderen herstellen (nur durch Malen und ohne zu sprechen). – Die fertigen Plakate werden aufgehängt, Erfahrungen werden ausgetauscht.

- **Schritt 3:** Es kann sich eine Hörübung anschließen. Die Aufgabe lautet: Versucht, zwei Minuten nur zu hören, ohne etwas zu sagen. Konzentriert euch auf alles, was ihr hört, und merkt es euch. – Nach zwei Minuten (je nachdem, wann wirklich Ruhe eingetreten ist) beendet der Lehrer die Übung; die Erfahrungen werden ausgetauscht.

Der Raum der Stille im Brandenburger Tor

- **Schritt 1:** Nach einer kurzen Einführung zum Thema „Raum der Stille" (siehe oben) kann der Lehrer den Text vorlesen, der am Eingang des Raums der Stille im Brandenburger Tor steht. Siehe die Kopiervorlage auf Seite 74.

- **Schritt 2:** Gespräch über den Text: Welche Erfahrungen von Menschen in der Großstadt sind Ausgangspunkt für diesen Text? Welche Ziele verbinden die Organisatoren mit dem Raum der Stille? Was hat Stille mit Frieden und Toleranz zu tun?

- **Schritt 3:** Danach wird über die Gestaltung des Raumes gesprochen. Vorraum: Eine blaue Wand mit dem Wort „Stille" in verschiedenen Sprachen; ein Relief, das die Geste des Stillseins darstellt; eine Tafel, auf der das Wort „Frieden" in vielen Sprachen steht; eine von Schülern geschaffene Collage zum Thema „Toleranz". Der Hauptraum ist neutral und schlicht gehalten; einziger Schmuck ist ein gewebter Wandteppich mit dem Thema „Licht, das die Finsternis durchdringt".

"Treten Sie ein, hier dürfen Sie schweigen ..." heißt es in einem Gedicht von Reiner Kunze. Dazu lädt dieser Raum der Stille ein. Er ist offen für alle – gleich welcher Herkunft, Religion oder Weltanschauung – zur persönlichen Sammlung und Einkehr. Er soll zugleich ein Zeichen sein für Toleranz und Friedfertigkeit, gegen Gewalt und Fremdenfeindlichkeit.

© *Förderkreis Raum der Stille in Berlin e. V.*

Webcode: FR233366-006

- **Schritt 4:** Mögliche Weiterführung oder Übergang zum nächsten Thema: Jeder bringt zur nächsten Stunde einen Gegenstand mit, der zum Verweilen und Nachdenken geeignet ist, z. B. eine Figur (Engel, Buddha, Kreuz …), etwas aus der Natur (Stein, Zweig, Blatt …) oder ein Bild. In der nächsten Stunde wird ein Kreis gebildet; in der Mitte liegt ein ausgebreitetes Stück Stoff, auf dem eine Kerze steht. Nacheinander stellt jeder seinen Gegenstand kurz vor und legt ihn in die Mitte.

Einen Raum der Stille für die Schule entwerfen

- **Schritt 1:** Einleitendes Gespräch: Könnt ihr euch einen ähnlichen Raum für unsere Schule vorstellen? Was spricht dafür? Welche Einwände könnte es geben?

- **Schritt 2:** Hausaufgabe: Informiert euch über konkrete Beispiele in anderen Schulen (z. B. im Internet „Raum der Stille in der Schule" als Suchbegriff eingeben). Wählt ein Beispiel aus und macht Notizen zu folgenden Punkten: Sinn/Bedeutung/Ziel des Raumes – Wer darf den Raum wann wozu nutzen? Welche Funktionen werden ausdrücklich ausgeschlossen? – Regeln zur Benutzung/Aufsicht/Schlüssel – Gestaltungsmerkmale (Grundriss, Möbel, Schmuck, Beleuchtung usw.) – Symbolik (christlich, multireligiös, allgemeine Symbole) – Sonstiges/Besonderheiten

- **Schritt 3:** Gruppenarbeit: Jede Gruppe entwirft einen Raum der Stille für die eigene Schule. Die einzelnen Überlegungen können sich nach den oben angegebenen Punkten richten. Als Ergebnis wird ein Faltblatt gestaltet, das diesen Raum vorstellt. Es kann auch ein Entwurf für eine entsprechende Internetseite erarbeitet werden. Die Ergebnisse werden präsentiert. *(AL)*

7 Lebensthemen und Lebensstationen

7.1 Wie glücklich ist „Hans im Glück"?

Intentionen/Kompetenzen	über ein existenzbezogenes Thema nachdenken; Grundprobleme moralischen Handelns erörtern; sachbezogen Argumente erschließen; in Partnerarbeit ein Interview entwerfen
Klassenstufe	ab Klasse 5
Material	Märchentext *Hans im Glück* als Kopie oder Hörversion
Zeitaufwand	1 Stunde
Tipp/Hinweise	Weitere Anregungen zum Thema „Glück" sind im Internet zu finden, z. B. unter www.gluecksarchiv.de.

- **Schritt 1:** Am Anfang der Stunde ergänzt jeder Schüler für sich den Satz „Ich bin glücklich, wenn …" auf einem DIN-A4-Blatt. Die Blätter werden im Klassenraum unkommentiert aufgehängt.

- **Schritt 2:** Der Lehrer liest das Märchen *Hans im Glück* vor. Anschließend erfinden die Schüler in Partnerarbeit ein Interview mit Hans. Die Aufgabenstellung lautet: Am Ende des Märchens sagt Hans, nachdem er sogar den Stein verloren hat: „So glücklich wie ich", rief er aus, „gibt es keinen Menschen unter der Sonne." Mit leichtem Herzen und frei von aller Last sprang er nun, bis er daheim bei seiner Mutter war. – Erarbeite mit einem Mitschüler ein Interview für die Zeitschrift „Lifestyle". Darin befragt ihr Hans kritisch, wieso er sich nun von aller Last befreit fühlt. Geht dabei der Frage nach, welche Vorstellung von Glück im gesamten Märchen zum Ausdruck kommt. Berücksichtigt in euren Fragen auch die Glücksvorstellungen, die ihr am Anfang notiert habt.

- **Schritt 3:** Die Interviews werden vorgestellt – sie können auch vorgespielt werden – und zum Anlass genommen, die Glücksvorstellungen von Hans und den Schülern systematisch zu analysieren.

- **Schritt 4:** In einer der kommenden Stunden kann der Perspektivwechsel zur Fragestellung, wie ich andere glücklich machen kann, vorgenommen werden. Hierzu eignet sich als Textgrundlage *Mehr von uns Kindern aus Bullerbü – Inga und ich machen Menschen glücklich* von Astrid Lindgren. *(PS)*

7.2 Totenköpfe und Kerzen – vom Umgang mit dem Thema „Tod"

Intentionen/Kompetenzen	religiöse Motive und Elemente in der Kultur identifizieren, kritisch reflektieren sowie ihre Herkunft und Bedeutung erklären; unterschiedlicher Umgang mit dem Thema „Tod"; gegensätzliche Symbole und Rituale; Allerheiligen und Halloween
Klassenstufe	ab Klasse 5
Material	Bild von Totenkopf, Foto von Gedenkstätte, Zeitungsausschnitte oder ähnliche Bilder zu Allerheiligen und Halloween
Zeitaufwand	1–2 Stunden
Tipp/Hinweise	Unter www.katholisch.de werden der Ursprung und der Zusammenhang von Halloween und Allerheiligen erklärt. → 7.3, 7.4, 12.4

Totenköpfe als Dekoration, auf T-Shirts und Vorhängen, für Kinder als Spielzeug oder als Ausmalbilder sind „in". Warum? Dieser Frage kann man mit jüngeren und älteren Schülern nachgehen. Totenköpfe sind prägend für verschiedene Jugendkulturen. Was fasziniert die Jugendlichen daran? Aber auch in Kunst und Literatur spielen Gerippe und Totenköpfe eine Rolle (Totentanzdarstellungen, *Jedermann, Hamlet*). Warum ist die Szene aus SHAKESPEARES *Hamlet* mit dem Totenkopf in der Hand und dem Ausspruch „To be or not to be" so berühmt geworden?

- **Schritt 1:** Der Lehrer präsentiert ein Bild von einem Totenkopf (z. B. Gothic bei älteren Schülern, Ausmalbild bei jüngeren). Die Schüler zeichnen einen Gedankenstern. Die Aufgabenstellung lautet: Woran denkst du, wenn du einen Totenkopf siehst? Welche Gefühle löst er in dir aus?

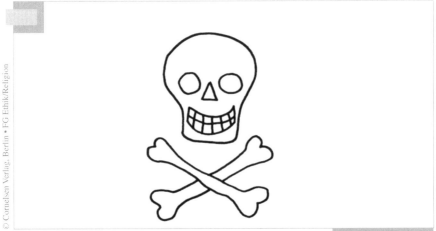

Webcode: FR233366-007

- **Schritt 2:** Anschließend nennen sie weitere Beispiele von Totenkopf-Abbildungen und deren Bedeutung (z. B. auf Giftflaschen = Gefahr). Die Beispiele werden aufgegriffen und vom Lehrer ergänzt. Fragen dazu: Warum schmücken manche Menschen sich selbst (Kette, T-Shirt) und ihre Wohnung (Briefbeschwerer, Muster auf Vorhängen, Fliesen usw.) mit Totenköpfen? Warum schließen sich Jugendliche Gruppen an, für die Totenköpfe und Gerippe „Markenzeichen" sind?

- **Schritt 3:** Als Nächstes beschäftigen sich die Schüler in ähnlicher Weise (Gedankenstern, weitere Beispiele) mit einem Foto von einer Gedenkstelle. Leitfragen: Woran denkst du, wenn du das Bild siehst? Welche Gefühle löst es in dir aus? Warum zünden die Menschen an Unfallstellen Kerzen an (auch bei unbekannten Opfern)?

Webcode: FR233366-007

Jahreszeitliche Einordnung

Der November ist traditionell der Monat, in dem der Gedanke an den Tod eine besondere Rolle spielt. Die christlichen Kirchen gedenken der Verstorbenen an besonderen Tagen: Allerheiligen und Allerseelen bei den Katholiken und Ewigkeitssonntag – früher „Totensonntag" genannt – bei den Protestanten. In den Medien wird das Thema aufgegriffen. Die Zeitungen bringen Berichte über die Feste und Gedenktage dieser Zeit; Bestattungsunternehmen werben mit großen Anzeigen.

Falls man das Thema in dieser Jahreszeit im Unterricht aufgreift, können die Schüler die verschiedenen Berichte und Anzeigen mitbringen, sortieren und besprechen. Die Fragestellung lautet: Warum denken die Menschen gerade in dieser Jahreszeit an den Tod und an die Verstorbenen? Antworten werden genannt und bei Bedarf notiert. Abgefallene Blätter oder Zweige ohne Blätter können das Thema gut veranschaulichen. Oft genügt ein Blick aus dem Fenster im Klassenraum (vielleicht ist irgendwo ein Laubbaum zu sehen, der die Blätter verloren hat). Es können auch kurze Gedichte verfasst werden (z. B. Elfchen mit dem Ausgangswort „November" → 6.1).

Allerheiligen – Halloween

Beide Feste greifen das Thema „Tod" auf sehr unterschiedliche Weise auf: Einerseits das Lächerlichmachen des Todes mit Gerippen und Horrorfiguren in ausgelassener Stimmung, andererseits das stille Gedenken an die Verstorbenen durch Blumen und das Anzünden von Grablichtern. Halloween ist bei uns inzwischen sehr verbreitet, wird aber von vielen Erwachsenen kritisch gesehen.

- **Schritt 1:** Die Schüler befassen sich zunächst mit zwei Zeitungsausschnitten oder Bildern zu den beiden Festen und vergleichen sie. Leitfragen: Was verbindet die beiden Feste? Was ist ähnlich, was ist gegensätzlich? Welche Stimmungen werden vermittelt?

- **Schritt 2:** Anschließend wird über die beiden Feste gesprochen. Im Internet findet man Informationen dazu. Bei Halloween spielen Gerippe und Totenköpfe eine besondere Rolle. Das Fest hat wahrscheinlich denselben Ursprung wie das Allerheiligenfest, es wird einen Tag vorher gefeiert *(Halloween = All Hallows Evening)*.

Der Ursprung von Halloween wird im Irland der Kelten vermutet. Dort markierte der 31. Oktober sowohl den Wechsel in die Winterzeit als auch den Jahresübergang. An einer solchen zeitlichen Nahtstelle, so glaubten die Iren, seien die Toten und Geister den Lebenden besonders nahe. Das Jahresende und die gefühlte Einheit der Lebenden mit den Verstorbenen wurden ausgelassen gefeiert.

- **Schritt 3:** Die Schüler erzählen von ihren Erfahrungen mit beiden Festen. Danach wird die Kritik an Halloween aufgegriffen: Warum lehnen manche Erwachsene das Feiern von Halloween ab? Was kritisieren sie? (Kommerzialisierung, brutale Bräuche, das Lächerlichmachen des Todes). Was gefällt vielen Kindern, Jugendlichen und Erwachsenen an den Bräuchen zu Halloween? (Dekoration, Partys, Verkleiden …) Als Abschluss kann das Gelernte in einem Streitgespräch aufgegriffen und erweitert werden. *(AL)*

Tipp: In diesem Zusammenhang kann auch auf das Reformationsfest eingegangen werden → 15.3, das durch Halloween in der öffentlichen Wahrnehmung immer mehr verdrängt wird.

7.3 Ein nachdenklicher Friedhofsgang

Intentionen/Kompetenzen	den Friedhof als Ort, der zum Leben gehört, kennenlernen; verschiedene Grabgestaltungen erkunden; Einzelheiten wahrnehmen und deuten; darüber nachdenken, wie Menschen sich mit dem Tod auseinandersetzen
Klassenstufe	ab Klasse 5
Material	Schreibmaterial für Notizen; wenn kein Friedhofsgang möglich ist: Fotos von Grabsteinen
Zeitaufwand	1–2 Stunden je nach Wegstrecke von der Schule zum Friedhof; Nacharbeit in der nächsten Unterrichtsstunde
Tipp/Hinweise	Falls der Lehrer sich für den meditativen („gelenkten") Friedhofsgang entscheidet, müsste er vorab auf den Friedhof gehen und sich ein paar Gedanken zu ausgewählten Stationen machen; die unten ausgeführten meditativen Texte können auch als Grundlage für den Unterricht in der Schule genommen werden. → 7.4, 7.7

Der Gang zum Friedhof ist für junge Menschen nicht selbstverständlich. Viele haben sogar Angst, auf den Friedhof zu gehen. Daher ist der hier angedachte Weg eine Art Erkundungsgang in eine nicht selbstverständliche Welt.

Fotografien bieten eine Möglichkeit, diese Welt zu erschließen. Sie sind ein Angebot, wenn der Friedhof nicht gut erreichbar ist. Eine andere Möglichkeit ist, mit den Schülern zum Friedhof zu gehen, um sie selbst sehen und beurteilen zu lassen. Der Gang zum Friedhof ist umso wichtiger, weil er den Ort konkret erfahrbar macht, ihn unter Umständen zum Erlebnis werden lässt (siehe unten „Brief eines ungeborenen Kindes").

- **Schritt 1:** Hinführung mit folgender Aufgabenstellung: Was bedeutet „Fried-Hof"? Was unterscheidet ihn vom Stadtpark/vom Spielplatz/vom Ehrenfriedhof? Bestimmt die Besonderheit des Ortes auch das Verhalten der Besucher? Inwiefern? – Die Schüler können Regeln für den Gang auf einen Friedhof zusammenstellen.

- **Schritt 2:** Motivsuche auf dem Friedhof: Welche Symbole findest du auf den Grabsteinen? Was bedeuten sie? Welche bildlichen Darstellungen findest du? Warum haben die Angehörigen gerade dieses Bild für den Grabstein ausgesucht? Sagt das Bild und/oder das Symbol etwas über den aus, der hier begraben liegt? – Ein Friedhof zeigt unterschiedliche Gräberformen: Einzelgräber, Familiengräber, Rasengräber mit eingelegten Namensplatten, Urnengräber, anonyme Gräberfelder, einheitlich gestaltete Gräberfelder (Soldatenfriedhof); auf manchen Friedhöfen gibt es sogar richtige Begräbniskapellen: Warum ist das so? Was bedeuten die verschiedenen Begräbnisformen? – Wir sehen schön gepflegte Gräber, aber auch verwahrloste Gräber. Warum ist das so? – Auf vielen Gräbern brennt ein Licht. Warum?

- **Schritt 3:** Abschlussgedanken: Tauscht die Informationen, die ihr gewonnen habt, untereinander aus. Schreibt einen kleinen Text (z. B. ein Gebet) auf, worin sich das widerspiegelt, was ihr hier gesehen habt. Ältere Schüler können auch die meditativen Texte (siehe unten) als Vorlage für einen eigenen Text nehmen.

Alternative: Meditative Gedanken zu einzelnen Stationen
Der Meditationsgang, der hier vorgeschlagen wird, orientiert sich an acht Stationen. Er muss je nach den Gegebenheiten variiert werden. Die Begleittexte kann man auch auf andere Friedhöfe oder Unterrichtsthemen beziehen.

- **1. Station: Das Kreuz (am Friedhofskreuz)**
Das Kreuz ist der Endpunkt im Leben Jesu. Das Kreuz ist für uns ein Zeichen – nicht nur des Todes, sondern auch ein Zeichen dafür, dass es weitergeht. Der Tod am Kreuz ist nicht das Ende. Darum sehen wir auf vielen Gräbern hier auf dem Friedhof ein Kreuz: ein Zeichen für das Leben nach dem Tod.

  Wenn wir über den Friedhof gehen, dann denken wir an die Menschen, die nicht mehr bei uns sind, weil sie bereits gestorben sind. Das sind Menschen aus unseren Familien. Das sind aber auch die, die wir nicht persönlich kennen. Wir wissen oft nicht, welches Kreuz sie getragen haben.

  Wenn wir über den Friedhof gehen, denken wir daran, dass unser eigenes Leben, auch wenn wir jung sind, begrenzt ist. Wir müssen trotzdem nicht hoffnungslos sein, wenn wir vom Tod hören und wenn wir ihm hier auf dem Friedhof begegnen. Davon wollen die weiteren Stationen berichten.

- **2. Station: Am Grab zum Gedenken an die tot geborenen Kinder**
Wir lesen auf dem Grabstein: „Keinen Schritt auf dieser Erde getan, aber unauslöschlich in unseren Herzen. Zum Gedenken an die tot geborenen Kinder." – Der begleitende Lehrer liest den folgenden Brief eines ungeborenen Kindes vor.

> Liebe Eltern,
>
> eigentlich hattet ihr und auch ich mir das Leben anders vorgestellt. Ihr freutet euch darauf, dass ich in neun Monaten geboren würde. Alles hattet ihr vorbereitet. Und ich freute mich darauf, in eure Arme genommen zu werden.
>
> Die Wartezeit im Bauch von Mutti war schön. Ich fühlte mich geschützt und warm. Ich hörte eure Gespräche über mich. Ich hörte auf die Lieder, die ihr mir gesungen habt. Dann wurde es plötzlich ganz anders. Ich wurde krank. Ich spürte eure Sorge und eure Angst um mich. Ihr und ich spürten, wie schwach ich wurde. Mein Leben war wie eine Kerze, deren Licht allmählich erlosch. Und dann war es soweit. Der Wunsch, von euch in die Arme geschlossen zu werden, ging nicht in Erfüllung. Mein Leben ging zu Ende, bevor es eigentlich begonnen hatte. Was nun? Ich spüre eure Tränen und sage: Ich bin trotzdem bei euch. Ich verrate euch etwas: Ich lebe jetzt in einer von Sonnenlicht durchfluteten Welt. Es ist wie auf einer wunderschönen Wiese mit vielen bunten Blumen. Ich lebe ganz nah bei euch, ohne dass wir uns direkt berühren können. Aber wir sind da, ihr, liebe Eltern, und ich.
>
> Euer Kind

- 3. Station: Denkmal vom Guten Hirten
- 4. Station: Denkmal „Johannes auf Patmos"
- 5. Station: Grabdenkmal „Einzug in Jerusalem"
- 6. Station: Die vielen Kreuze – Soldatenfriedhof
  Auf diesem Teil des Friedhofs sehen wir viele Kreuze. Es gibt noch viel, viel mehr auf der Welt. Die Kreuze erinnern an Soldaten, die im Krieg gestorben sind, in einem der vielen Kriege, mit denen wir uns immer wieder auseinandersetzen müssen. Menschen haben immer wieder Kriege geführt. Das bedeutet vielfachen Tod. Dann trauern Mütter um ihre Söhne oder Töchter, dann trauern Ehefrauen um ihre Männer, dann trauern Kinder um ihre Väter. Es ist jedes Mal ein gewaltsames Ende eines menschlichen Lebens. Alle diese Menschen hatten Hoffnungen auf ein schönes und gutes Leben. Jetzt ist es vorbei. Alle Hoffnungen sind begraben.

  Diese Kreuze sind eine Aufforderung an uns, dass wir uns immer wieder um den Frieden bemühen müssen, um den Frieden bei uns im Kleinen, aber auch um den Frieden in der Welt.
- 7. Station: Der tote Jesus wird nach der Kreuzabnahme in den Schoß seiner Mutter gelegt
  Ist das alles? Wir haben gerade die vielen Kreuze der Kriegstoten gesehen. Da waren auch Mütter, die geweint haben, Ehefrauen, die plötzlich allein waren. Freunde und Freundinnen, die das Gefühl hatten, alles durch den Tod verloren zu haben. Auch Maria, der Mutter Jesu, ist es so ergangen. Ihre Gedanken können wir nur erahnen. Wir können Mitleid empfinden. Wir können hoffen, dass nicht alles umsonst war.
- 8. Station: Der auferstandene Jesus
  Der Tod ist nicht das Ende. Wir feiern Ostern. Wir feiern, dass Jesus lebt. Darüber freuen wir uns. Das Kreuz ist zum Siegeszeichen für die Welt geworden. Deswegen steht es hier auf einer Weltkugel. Durch Jesus ist die Welt erlöst. Weil das so ist, ist das hier kein trauriger Ort, sondern ein Ort, wo Frieden ist, eben darum ein Friedenshof. *(HM)*

7.4 Von Geburt bis Tod – Zeitungsanzeigen

Intentionen/Kompetenzen	Zeitungsanzeigen als Ausdruck verschiedener Lebenseinstellungen wahrnehmen und deuten; über den eigenen Bezug dazu nachdenken; kreative Beschäftigung mit verschiedenen Lebensthemen (z. B. Geburt, Liebe, Tod, Hoffnung)
Klassenstufe	ab Klasse 7
Material	Zeitungsanzeigen, Plakatkarton, Kleber, Stifte
Zeitaufwand	1 Stunde pro Thema
Tipp/Hinweise	→ 7.3

Fast alle wichtigen Stationen des Lebens begegnen uns in Tageszeitungen in Form von Anzeigen: Geburt, Einschulung, Kommunion/Konfirmation, Prüfungen, Hochzeit, runde Geburtstage usw. – auch der Tod. Todesanzeigen nehmen den meisten Platz ein. Warum? Darüber kann man mit Schülern nachdenken.

Dazwischen gibt es Anzeigen, die keiner besonderen Phase zugerechnet werden können, sondern menschliche Erfahrungen widerspiegeln, meistens zum Thema „Liebe" mit den positiven Aspekten (Glück …) und problematischen Seiten (Enttäuschung, Trennung …). Manche davon sind verschlüsselte Botschaften, weil es sich etwa um „verbotene" Liebe handelt. Diese Anzeigen interessieren Schüler besonders. Aber auch Todesanzeigen finden ihr Interesse.

Zeitungsanzeigen zu verschiedenen Themen
- **Schritt 1:** Die Schüler sammeln Zeitungsanzeigen zu verschiedenen Themen und bringen sie in den Unterricht mit. Die Anzeigen werden nach Themenbereichen sortiert, auf verschiedene Plakate geklebt und an der Wand/Tafel befestigt. Ein Gespräch über die Zusammenstellung schließt sich an: Welche Anliegen sind den Menschen wichtig?

- **Schritt 2:** Arbeitsteilige Gruppenarbeit: Jede Gruppe beschäftigt sich mit einem anderen Plakat. Man sucht gemeinsam verschiedene Aspekte des jeweiligen Themas heraus: Welche Aspekte des Themas werden in den Anzeigen angesprochen? Was wird über die einzelnen Aspekte ausgesagt? – Gruppengespräch über die verschiedenen Anzeigen: Wer könnte die Anzeige aufgegeben haben? In welchem Zusammenhang? Warum? An wen könnte sie gerichtet sein?

- **Schritt 3:** Anschließend nimmt jedes Gruppenmitglied eine Anzeige, denkt sich einen Zusammenhang aus und schreibt eine kleine Geschichte, in der die Anzeige eine Rolle spielt. Aus den gesammelten Geschichten kann ein Buch hergestellt werden → 3.4, 6.5, 7.5. Es zeigt interessante Lebensgeschichten über Themen, die die Menschen bewegen.

Geburtsanzeigen: Möglichkeiten für den Unterricht
- In Geburtsanzeigen wird manchmal das Wunder des menschlichen Lebens besonders zum Ausdruck gebracht. Das kann anhand verschiedener Anzeigen thematisiert werden.
- Die Schüler beschäftigen sich mit einer ausgewählten Geburtsanzeige (selbst mitgebracht oder vom Lehrer zur Verfügung gestellt): Was bedeutet den Eltern (bzw. Großeltern) das Kind? Welche Symbole werden im Bild und in der Sprache verwendet? Wird eine religiöse Haltung deutlich?
- In diesem Zusammenhang kann über die Bedeutung sowie das Für und Wider der Kindertaufe gesprochen werden. Wenn die Taufe abgelehnt wird: Sollte die Geburt anders gefeiert werden? Wie wird sie in anderen Religionen gefeiert?
- Die Sprüche verschiedener Anzeigen können gesammelt werden. Jeder sucht sich einen aus und entwirft eine Karte als Segenswunsch zur Geburt eines Kindes.
- Der Song *Menschenjunges* von Reinhard Mey eignet sich zur Vertiefung des Themas.

Todesanzeigen

In Todesanzeigen wird in kurzer und verständlicher Form zum Ausdruck gebracht, welche Beziehung verschiedene Menschen zum Leben, zum Sterben und zur Religion haben. In fast allen Zeitungen gibt es Todesanzeigen. Die Schüler können sie in den Unterricht mitbringen oder der Lehrer stellt sie zur Verfügung.

- **Schritt 1:** Jeder Schüler schneidet eine Todesanzeige aus, klebt sie ins Heft oder auf ein Blatt und untersucht sie mithilfe des folgenden Arbeitsblatts.

- **Schritt 2:** Die Schüler stellen ihre Antworten zu den einzelnen Bereichen vor. Die interessantesten Vorschläge werden auf verschiedenen Plakaten gesammelt, z. B. unter folgenden Überschriften: Symbole – Sprüche und Gedichte – Ausdrücke für „sterben" und „tot sein" – Hoffnungen.

Untersuche anhand der Todesanzeige die Einstellung der Menschen zu Leben, Tod und Hoffnung.

- Was erfährt man aus dem Leben des Verstorbenen oder über seinen Charakter?
- Welche Beziehungen und Gefühle der Angehörigen werden ausgedrückt?
- Erfährt man etwas über die Todesursache oder über besondere Umstände des Todes?
- Wie wird ausgedrückt, dass dieser Mensch gestorben ist? Mit welchen Worten? Welche Einstellung zum Sterben und zum Tod kommt darin zum Ausdruck?
- Was bedeutet „tot sein" für die Menschen?
- Wird ein Symbol dargestellt? Wenn ja, welches? Was ist die Bedeutung allgemein und in diesem Zusammenhang?
- Gibt es einen Spruch oder ein Gedicht? Wenn ja, woher kommt er/es (Bibel, Verfasser/in …)? Was sind die Hauptaussagen darin?
- Kommt eine Hoffnung zum Ausdruck: im Symbol, im Spruch, im Begriff für „sterben" oder sonst? Welche?
- Wird etwas über die Einstellung zu einer Religion deutlich? Was?
- Gibt es Besonderheiten oder Auffälliges an der Anzeige?

Webcode: FR233366-008

- **Schritt 3:** Anschließend wird über persönliche Einstellungen gesprochen: Gibt es Todesanzeigen oder Elemente daraus, die dich besonders ansprechen? Jeder Schüler kann einen freien Text dazu entwerfen.

Hoffnungen: Symbole und Sprüche

Man kann über einen längeren Zeitraum Symbole und Sprüche von Todesanzeigen sammeln (lassen), die dann mithilfe einer Tabelle zugeordnet und bearbeitet werden. Die Aufgabenstellung lautet: Welche Sprüche passen zu welchen Symbolen? Welche Hoffnung wird darin jeweils zum Ausdruck gebracht? Zeichne die Symbole ab, schreibe die passenden Texte dazu und notiere, welche Hoffnungen darin zum Ausdruck gebracht werden. Du kannst deine Tabelle noch mit anderen Zeichnungen und Texten ergänzen. Welches Symbol und welcher Spruch passen am besten zu deiner Auffassung? Trage ein Bild und einen dazu passenden Text in die Tabelle ein.

Symbol	Text	Hoffnung
	So wie ein Blatt vom Baume fällt, so geht ein Mensch aus dieser Welt, und die Vögel singen weiter. (Matthias Claudius)	Das Leben ist nicht vorbei, wenn der Mensch stirbt.
…	…	…

Mögliche Zusatzfrage: Welche Symbole und Sprüche entsprechen der christlichen Deutung des Todes? *(AL)*

7.5 Geschenkhefte zu Lebensthemen zusammenstellen

Intentionen/Kompetenzen	sich mit einem existenziellen Thema auseinandersetzen, Fotos sowie kurze Texte zuordnen und ein Buch selbstständig gestalten
Klassenstufe	ab Klasse 8
Material	Zeitschriften oder eigene Fotos bzw. Postkarten, Bücher mit kurzen Texten (z. B. Gedichte), Blätter, Schere, Kleber, Stifte, Material für die Fertigstellung (z. B. Umschlag und Material zum Binden)
Zeitaufwand	3 Stunden
Tipp/Hinweise	Die Textbücher vorher sammeln (z. B. Bücherkiste von der Bibliothek) und auf einen Extratisch zur Auswahl auslegen; ein Kopierer oder Scanner muss zur Verfügung stehen.

Auf einem evangelischen Kirchentag habe ich einen Stand entdeckt, an dem selbst hergestellte meditative Bild-Text-Bücher angeboten wurden. Die Idee war, dass junge Menschen für alte Menschen (besonders in Heimen) etwas machten. Meine Schüler hatten so viel Freude bei der Herstellung von Bilderbüchern, dass ich diese Idee später abwandelte und auf andere Unterrichtsinhalte bezog. Die Beschenkten konnten auch Angehörige oder Freunde sein. Viele hatten selbst Freude am Ergebnis und wollten es behalten. Das Projekt ist für Einzel- oder Partnerarbeit geeignet.

Vorlage können Bücher oder Hefte sein, wie sie im Buchhandel häufig zu existenziellen Themen (z. B. Liebe, Tod, Hoffnung, Freude, Schöpfung) angeboten werden. Die Fertigstellung kann einfach sein (lose Blätter zusammenheften) oder komplizierter (als Buch binden) bzw. teurer (Einzelblätter in Folien/Prospekthüllen). Man sollte nicht unbedingt ein bestimmtes Verfahren vorgeben, sondern den Schülern die Wahl lassen. Bei einer Gemeinschaftsarbeit muss vorher über Format und Material gesprochen werden.

- **Schritt 1:** Als Vorarbeit wählen die Schüler das Thema oder den Themenbereich und sammeln kurze Texte sowie passende Fotos dazu. Außerdem sollten sie möglichst viele Zeitschriften mit Fotos zur nächsten Stunde mitbringen. Der Lehrer besorgt Bücher mit kurzen Texten (z. B. Gedichtbände).

- **Schritt 2:** In der ersten Stunde suchen die Schüler in den mitgebrachten Zeitschriften nach passenden Fotos und schneiden sie aus. Dann haben sie Gelegenheit, in den Büchern, die auf einem Extratisch ausliegen, zu blättern. Jeder wählt sich zunächst ein Buch, sucht passende Texte, notiert die Seite und bringt das Buch wieder zurück. So hat jeder Gelegenheit, in mehreren Büchern zu blättern.

- **Schritt 3:** In der zweiten Stunde werden die Texte kopiert oder abgeschrieben und den Fotos zugeordnet. Die Schüler bekommen den Auftrag, zur nächsten Stunde Material für die Herstellung der Bücher mitzubringen. Format, Material und Art der Bindung wird ihnen freigestellt. Bei kleineren Fotos und kurzen Texten ist ein Blatt im DIN-A4-Querformat für eine Doppelseite geeignet, bei größeren Fotos und/oder längeren Texten zwei DIN-A4-Seiten im Längsformat.

- **Schritt 4:** In der dritten Stunde werden die Bücher fertiggestellt. Die Anordnung von Fotos und Texten sollte einheitlich sein. Nachdem man sich die Reihenfolge überlegt hat, werden die einzelnen Doppelseiten gestaltet. Auf die linke Seite wird das Foto geklebt, auf die rechte der dazu passende Text. Anschließend werden die Blätter in der richtigen Reihenfolge zusammengeklebt (bei Doppelseiten im DIN-A4-Querformat) oder geheftet (bei beklebter Vorder- und Rückseite). Die einfachste Art, Leerseiten zu vermeiden, ist das Einstecken von jeweils zwei einseitig beklebten Einzelseiten in eine Prospekthülle. Das erleichtert auch die Heftung. Zum Abschluss wird der Umschlag mit Titel, Titelbild und Name gestaltet. *(AL)*

Tipp: Die Bücher wirken professioneller, wenn sie mit dem Computer erstellt werden. Mithilfe eines Scanners können auch Fotos aus Büchern verarbeitet werden. Natürlich können die Schüler zu ihrem Thema auch selbst fotografieren und eigene Texte schreiben, z. B. Elfchen → 6.1.

7.6 Thema „Liebe" – ein Schulbuchkapitel entwerfen

Intentionen/Kompetenzen	sich in Gruppenarbeit selbstständig mit dem Thema „Liebe" befassen; das Thema untergliedern und verschiedene Aspekte bedenken; verschiedene Medien sichten und auswählen; Arbeitsaufgaben formulieren; Schulbuchseiten gestalten → 3.3
Klassenstufe	ab Klasse 8
Material	Zeitschriften und Bücher zum Thema, Blätter, Kleber, Schere
Zeitaufwand	6 Stunden
Tipp/Hinweise	Ein Kopierer muss zur Verfügung stehen.

Die Schwierigkeit, das Thema „Liebe" angemessen und gewinnbringend zu bearbeiten, ist wohl allen Unterrichtenden deutlich, die schon einmal vor diese Aufgabe gestellt waren. Ein Hindernis ist z. B. der Altersunterschied zwischen Lehrern und Schülern; gerade auf diesem Gebiet werden verschiedene Sprachen gesprochen. Andererseits ist es sinnvoll, auch bei diesem Thema die Jugendlichen nicht in ihrer Welt alleinzulassen, sondern sie an Erfahrungen der Erwachsenen teilhaben zu lassen, um ihnen bei Bedarf Hilfe anzubieten, sich im Überangebot der Medien zu diesem Thema zurechtzufinden und ihren Weg zu entdecken. Wie kann man beides – die Welt der Jugendlichen und die Erfahrung der Erwachsenen – berücksichtigen, ohne den Jugendlichen die eigene Meinung überzustülpen? Indem man ihnen Angebote zur Verfügung stellt, die sie individuell wahrnehmen können, aber nicht müssen, und ihnen gleichzeitig die Möglichkeit lässt, eigene Gedanken und Materialien zu bearbeiten. Das geschieht am besten in freier Arbeit. Ich habe die Erfahrung gemacht, dass sich die Schüler sehr interessiert mit Texten (z. B. Gedichten oder auch theologischen bzw. philosophischen Abhandlungen) beschäftigen, auf die sie im „normalen" Unterricht eher gelangweilt reagieren.

- **Schritt 1:** Meistens kommt der Wunsch, das Thema „Liebe" zu besprechen, von den Jugendlichen selbst. Deshalb ist es sinnvoll, zunächst gemeinsam Stichpunkte zu sammeln: Was interessiert euch an diesem Thema? Mit welchen Aspekten möchtet ihr euch beschäftigen? Dann sollten vorhandene Schulbücher (möglichst zwei verschiedene, wenn Klassensätze verfügbar sind) im Hinblick auf das Thema geprüft werden: Welche Gestaltung gefällt euch? Welche Themen oder Medien sprechen euch an?

- **Schritt 2:** Die Schüler suchen zu Hause Zeitschriften, Bücher usw. zum Thema und bringen sie mit. Der Lehrer stellt einen Büchertisch mit unterschiedlichen Materialien (Gedichtbände, Schulbücher, Geschichten, Abhandlungen, Bilder, Liederbücher, Bibel usw.) zusammen.

- **Schritt 3:** In Gruppen von drei bis fünf Schülern wird in den nächsten Stunden selbstständig gearbeitet. Zunächst besprechen die Gruppenmitglieder das Thema und wählen Aspekte aus, die sie interessieren. Sie einigen sich auf fünf Unterthemen und wählen daraus zwei aus, die sie ausführlich darstellen wollen (ausgeführte Doppelseiten). Bei der folgenden Arbeit berät und hilft der Lehrer, z. B. bei der Auswahl

der Materialien, beim Kopieren. Jede Gruppe gestaltet ein eigenes Schulbuchkapitel für ein Religions-, Ethik- oder Philosophiebuch. Folgende Gestaltungsmerkmale müssen beim Arbeitsauftrag beachtet werden:
- Es werden fünf Doppelseiten (je zwei DIN-A4-Seiten) entworfen. Mindestens zwei Doppelseiten müssen komplett gestaltet werden. Für die anderen genügen Vorschläge (schriftlich).
- Jede Doppelseite hat eine Überschrift, die den Aspekt des Themas enthält, der dargestellt werden soll.
- Die Doppelseiten sollen verschiedene Materialien enthalten (Gedichte, Lieder, Bibeltexte, Geschichten, Cartoons, Comics, Karikaturen, Kunst, Symbole usw.).
- Sachtexte können, Arbeitsaufgaben oder Fragen zum Thema sollten auf jeder Doppelseite stehen.
- Das Kapitel soll mit einer Einstiegsseite eingeleitet (Titel des Kapitels und ein Bild o. Ä.) und mit einer Schluss-Seite abgeschlossen werden (zusammenfassender Text oder Bild).

Wenn die Arbeit beendet ist, stellen alle Gruppen ihre Ergebnisse vor. *(AL)*

7.7 Gespräch mit einem Bestatter

Intentionen/Kompetenzen	Gefühle reflektieren und in ihrer Bedeutung einschätzen; Empathiefähigkeit entwickeln und stärken; ein Thema während eines Unterrichtsgangs hautnah kennenlernen
Klassenstufe	ab Klasse 9
Material	je nach Unterrichtsgang (Friedhof, Trauerhalle, Bestattungsunternehmen) können verschiedene Anschauungsstücke als Gesprächsanlass genommen werden; alternativ kann das Thema auch im Internet recherchiert werden
Zeitaufwand	4 Stunden; bei Bedarf mehr
Tipp/Hinweise	Vor dem Besuch bei einem Bestattungsunternehmer sollte geklärt werden, ob es aktuelle oder belastende Todesfälle bei den Schülern gibt; bei Bedarf vorher mit dem Betroffenen ein Einzelgespräch führen. Folgende Internetadressen sind für eine Recherche vorab geeignet: www.thanathologen.de, www.bestatter.de, www.internet-friedhof.de. → 7.3, 7.4

Tod und Trauer sind in unserer Gesellschaft immer noch ein Tabuthema. Im Unterricht wird es in der Regel in Klasse 9 behandelt. Die unterschiedlichen Unterrichtswerke bieten eine Fülle an Ideen. Wenn es möglich ist, kann der Besuch in einem Bestattungsunternehmen eine gute Erfahrung für die Schüler sein, weil dort ein Fachmann ihre Fragen aus der Praxis beantwortet. Dieser Besuch sollte vorbereitet werden. Deshalb ist es sinnvoll, die Schüler vorab im Unterricht aufzufordern, Fragen zu sammeln, die sie vor Ort stellen wollen. Der Lehrer sammelt die Fragen ein – schon deshalb, um den Bestatter über problematische Fragen rechtzeitig informieren zu können. Der Unterrichtsgang sollte im Idealfall nicht abrupt enden, sondern mit einem Gespräch in einem Café oder einer Eisdiele abgeschlossen werden, um den Schülern die Möglichkeit zu geben, sich auszutauschen und das Erlebte zu verarbeiten. Falls ein Besuch nicht klappt, können die Schüler Antworten auf ihre Fragen durch Recherche im Internet oder durch Anrufe bei Bestattern erhalten und dann im Unterricht vorstellen. *(PS)*

Ideen für Fragen und Themen

Wie trauern Angehörige? – Was passiert mit einem Verstorbenen? – Wie gehen die Bestatter mit den Schicksalen der Kunden um? – Wie hoch sind die Kosten einer Beerdigung? – Welche Möglichkeiten der Bestattung gibt es? – Gibt es Moden oder Trends? – Was geschieht auf einer Beerdigung? – Gibt es die „typische" Beerdigung überhaupt? – Darf man auf einer Beerdigung lachen? – Welche Musik wird vorwiegend gespielt? – Welchen Grabschmuck sucht man aus? – Welcher Todesfall ist Ihnen persönlich sehr nahegegangen? – Wie kommt man auf die Idee, diesen Beruf zu ergreifen? – Bestatter als Ausbildungsberuf – was muss man da eigentlich alles machen? – Was genau macht ein Thanatologe?
Arten von Särgen, außergewöhnliche Urnen – andere Formen der Bestattung: anonyme Gräber, Weltraum-/See-/Erdbestattung, Friedwald, Ruheforst usw. – christliche, islamische, hinduistische, buddhistische, nichtkonfessionelle Bestattungen im Vergleich – verschiedene Todesanzeigen, Trauerkarten

8 Wer bin ich? – Was erwarte ich?

8.1 Wer bin ich? Wer will ich sein? – Selbstporträts gestalten

Intentionen/Kompetenzen	sich mit der eigenen Person, eigenen Vorstellungen und Wünschen auseinandersetzen; Wünsche und Vorstellungen anderer respektieren
Klassenstufe	ab Klasse 5
Material	OHP oder Diaprojektor; große Papierbögen; verschiedene Stifte; Schere, Klebeband, Klebestift
Zeitaufwand	2 Stunden
Tipp/Hinweise	Geeignet für Themen, in denen die Schüler selbst oder die Gruppe im Mittelpunkt des unterrichtlichen Interesses steht, wie z. B. „Ich stelle mich meinen Mitschülern vor", „Freundschaft/Gemeinschaft", „Ich bin einmalig".

- **Einführung ins Thema:** Die Frage nach dem eigenen Ich ist eine Frage, die den nachdenklichen Menschen ein Leben lang beschäftigt und in verschiedenen Lebensphasen immer wieder gestellt wird. Dabei rücken neue Aspekte der eigenen Persönlichkeit ins Blickfeld. Nur im ersten Moment scheint die Frage „Wer bin ich" banal zu sein. Wenn ich versuche, eine ernsthafte Antwort zu formulieren, wird es ganz schön schwierig. Eine Hilfe, um sich an die Beantwortung heranzutasten, kann ein Bild von mir sein – ein Bild, das mich zwar zeigt, aber dennoch nicht zu viel von mir verrät: ein Porträt, angefertigt als Scherenschnitt im Profil.

- **Profile herstellen:** Selbstporträts lassen sich mithilfe eines OHP oder eines Diaprojektors leicht herstellen: Ein Schüler sitzt seitlich vor einer starken Lichtquelle, wie z. B. einem Projektor, sodass der Schattenriss auf ein großes Papier, das an die Tafel oder an die Wand geheftet wurde, gut sichtbar ist. Der Abstand zwischen Schüler, Papierbogen und Projektor muss so eingestellt werden, dass das Profil des Schülers auf das Blatt passt. Mit dem Bleistift wird jetzt von einem zweiten Schüler die Umrisslinie des Profils nachgezeichnet. Anschließend wird die entstandene Gesichtsform ausgeschnitten und weiterbearbeitet.

- **Profile bearbeiten:** Mit der entstandenen Gesichtsform lassen sich verschiedene Vorgehensweisen verknüpfen. Eine Möglichkeit ist das Anfertigen von Scherenschnitten der Köpfe aller Gruppenmitglieder, vielleicht mit farbigem Papier, sodass eine Porträtgalerie entsteht. In die Porträts können Steckbriefe der jeweiligen Person eingetragen werden. Eine weitere Möglichkeit ist das Eintragen persönlicher Wünsche, Vorlieben, Leidenschaften, Hoffnungen und Ängste. Das macht jeder bei seinem Porträt. Auf diese Weise wird man sich seiner Gedanken bewusst und gibt sie zum Austausch mit anderen frei. *(UM)*

Tipp: Jüngeren Schülern macht es Spaß, sich auf große Papierbahnen (z. B. Tapetenbahnen) zu legen und von einem Mitschüler die Körperumrisse aufmalen zu lassen. Für die weitere Gestaltung kann man sich an den bereits genannten Möglichkeiten für die Porträts orientieren oder die lebensgroßen Figuren mit Bildern und Symbolen, die etwas über die jeweilige Person aussagen, gestalten lassen.

8.2 Was macht mich zu etwas Besonderem?

Intentionen/Kompetenzen	Selbstvertrauen und Ich-Stärke ausbilden, andere Menschen anerkennen und lernen, sie zu achten
Klassenstufe	ab Klasse 5
Material	Text oder Hörmitschnitt aus dem Film *Madagascar 2*, eventuell auch das Original-Hörspiel zum Film, (Track 7, ca. ab Minute 2:00 bis 3:50)
Zeitaufwand	2–4 Stunden
Tipp/Hinweise	Lohnenswert ist es, den ganzen Film *Madagascar 2* mit der Lerngruppe anzuschauen, da hier unter anderem das Thema „Freundschaft" aus verschiedenen Blickwinkeln beleuchtet wird.

Im Film *Madagascar* geht es um den Löwen Alex – den Superstar des New Yorker Zoos –, der mit seinen Freunden Nilpferd Gloria, Giraffe Melman und Zebra Marty aus dem Tierpark geflüchtet und in Madagascar angekommen ist. Im Film *Madagascar 2*, um den es hier geht, versuchen die vier, nach New York zurückzufliegen, stranden aber in Afrika, der Heimat von Alex. Während Alex seine Eltern wiederfindet, freundet sich Marty mit einer Herde völlig gleich aussehender Zebras an, in deren Masse er nicht von den anderen zu unterscheiden ist. Als Alex die Aufnahmeprüfung ins Rudel nicht besteht und mit einem albernen Hut, den er zum Zeichen seiner Schande tragen muss, herumläuft, sucht er in der Herde seinen Freund Marty, den er zuerst mit einem anderen Zebra verwechselt. Hier ein kurzer Dialog aus dem Hörspiel zum Film (Track 7, ca. Minute 2:12 bis 2:38):

Marty: Du hast gedacht, ich wäre er.
Alex: Naja, ihr seht euch ziemlich ähnlich. Ihr habt die gleiche Lache, den gleichen Slang (…) und Sprüche. Ich mein, das ist ziemlich schräg. Wirklich.
Marty: Du, äh.
Alex: Komm schon Marty, ich bitte dich.
Marty: Äh, du sagst also, ich habe so gar nichts Einzigartiges an mir. Ich bin genau wie die anderen Zebras?

Der Clou des Dialogs ist: Die Zebras sehen alle gleich aus, sodass Alex seinen besten Freund Marty nicht von den anderen unterscheiden kann. Entscheidend ist: Da er der Freund des Löwen Alex ist und schon viel mit ihm erlebt hat, ist er für den Löwen einzigartig, doch das lässt sich nicht an äußerlichen Merkmalen feststellen und ist zudem Alex selbst zuerst nicht bewusst.

- **Schritt 1:** Das Gespräch wird vorgespielt oder auf DVD gezeigt. Sinnvoll ist es, den Schülern den Dialog abgetippt zum Nachlesen zu geben. Der Arbeitsauftrag lautet: Was ist denn nun eigentlich Martys Problem? – Die Äußerungen der Schüler werden gesammelt und in einem nächsten Schritt auf ihre persönlichen Erfahrungen bezogen.

- **Schritt 2:** Auf der Grundlage des Unterrichtsgesprächs notieren die Schüler zuerst für sich positive Eigenschaften bzw. Dinge, die man an anderen schätzt. In Kleingruppen einigen sie sich auf die wichtigsten Eigenschaften, schreiben sie auf Folie und präsentieren ihre Ergebnisse.
- **Schritt 3:** Nun schreibt jeder Schüler alle Namen aus der Lerngruppe untereinander auf einen Zettel und notiert daneben mindestens eine Eigenschaft, die er an dieser Person schätzt. Ziel ist dabei, sich bewusstzumachen, dass auch ein Mensch, mit dem man nicht viel zu tun hat, den man vielleicht sogar gar nicht leiden kann, etwas Liebenswertes/Besonderes an sich hat.
- **Schritt 4:** Die Zettel werden eingesammelt. Der Lehrer fasst die positiven Dinge für jeden Schüler zu Hause in Ruhe zusammen. Ein Beispiel: „Karl, du bist ein freundlicher Junge, der viel lacht und viele zum Lachen bringen kann. Deine Mitschüler schätzen an dir besonders, dass du dich entschuldigen kannst, wenn es sein muss. Außerdem wirst du für mutig gehalten. Bleib weiterhin so nett!" – Der Brief kann den Schülern in der nächsten Stunde, aber auch erst in der letzten Stunde vor den Ferien (vielleicht sogar vor den Weihnachtsferien) „geschenkt" werden. *(PS)*

Tipp: Der Brief sollte nicht in der Schule geöffnet und herumgezeigt werden, um einen Vergleich (auch der Textlängen) zu vermeiden. Wichtig ist, den Schülern zu verdeutlichen, dass es nicht um die Quantität der unterschiedlichen Eigenschaften geht. Auch weniger beliebte Schüler merken, dass ihre Mitschüler etwas an ihnen schätzen.

8.3 Nicht nur Schall und Rauch – Namen und Identität

Intentionen/Kompetenzen	über die eigene Identität nachdenken; die eigene Individualität entdecken; über die Bedeutung der Namen in der Gesellschaft und in den Religionen nachdenken
Klassenstufe	ab Klasse 7
Material	Zeitungsausschnitte, Illustrierte, Internetrecherche
Zeitaufwand	4 Stunden
Tipp/Hinweise	Die Vorschläge eignen sich für den Einstieg bzw. die Kennenlernphase in einer neuen Lerngruppe. Die Unterrichtseinheit kann in eine Reihe über Heilige → 15.2, Vorbilder und Idole integriert werden; auch zu den Themen „Bibel", „Christentum" und „Islam".

Nicht jeder Mensch, schon gar nicht jeder Schüler in der Pubertät, ist mit sich zufrieden, manchmal auch nicht mit dem Namen, der für ihn ausgesucht wurde. Deshalb ist es interessant, sich mit Namenssuche, Bedeutung und Ursprung von Namen, Namenstagen und der Bedeutung von Namen für die eigene Identität zu beschäftigen.

- **Schritt 1:** Jeder Schüler faltet ein A4-Blatt in der Mitte, sodass ein Namensschild entsteht. Auf die eine Seite schreibt er gut leserlich in großen Buchstaben seinen Wunschnamen, den er sich selbst geben würde, wenn er sich einen Vornamen aussuchen dürfte. Das darf natürlich auch der eigene Vorname sein. Jetzt stellt jeder das Schildchen so auf, dass die anderen Schüler den Wunschnamen lesen können. Alle benutzen diese Namen auch bei der Anrede im Klassengespräch. Frage: Wie fühlst du dich mit diesem Namen?

- **Schritt 2:** Jeder überlegt sich für seinen Nachbarn einen Namen, den er für passend hält, und schreibt ihn auf die andere Seite des Schildchens, und zwar so, dass der Eigentümer des Schildchens den Namen zunächst nicht lesen kann. Erst im Lauf des Gesprächs mit den Mitschülern wird der neue Name genannt. Fragen zum Nachdenken: Wie fühlst du dich mit diesem neuen Namen? Fühlst du dich angesprochen? Fühlst du dich wie du selbst? Verändert der Name etwas?

Dem Kind einen Namen geben

Namen sind ein Teil unserer Identität. Bevor ein Kind geboren wird, geben sich die Eltern mit der Suche nach einem Namen viel Mühe. Oft müssen sie nach zwei Namen suchen, weil sie das Geschlecht des Kindes noch nicht kennen.

Tipp: Geburtsanzeigen aus Tageszeitungen über einen Zeitraum von zwei Wochen sammeln, mitbringen und die verschiedenen Vornamen zu einer Liste zusammenstellen. Mögliche Fragestellungen: Gibt es Namen, die häufiger gewählt werden? Sind bei der Auswahl der Namen bestimmte Trends erkennbar? Wecken die Vornamen Vorstellungen von Eigenschaften, die sich die Eltern für ihr Kind wünschen könnten?

Checkliste für Namenssuchende

- Soll es ein Name sein, der in der Familie Tradition hat (z. B. Name eines Verwandten, des Vaters, der Mutter …)?
- Mit welchem Namen verbinde ich angenehme Erinnerungen/Erfahrungen?
- Welcher Name passt zum Familiennamen?
- Soll das Kind mehrere Vornamen bekommen?
- Soll sich der Name besonders interessant oder exotisch anhören?
- Gibt es Namen, die aktuell besonders häufig gegeben werden?
- Möchten wir einen Namen auswählen, mit dem eine ganz bestimmte Person verbunden wird, z. B. aus einem Film, einem Roman, ein Schauspieler, Sänger usw.
- Ist der Geburtstag vielleicht der Tag eines besonderen Menschen, wie z. B. St. Martin, St. Katharina, St. Barbara usw. – und hat die Namensgebung etwas damit zu tun?

Wenn sich die zukünftigen Eltern für einen Namen entschieden haben, müssen sie vielleicht noch darüber nachdenken, ob es für diesen Namen verschiedene Aussprache- bzw. Schreibmöglichkeiten gibt, ob man am gewählten Namen eindeutig das Geschlecht des Kindes erkennen kann, ob man weiß, was ein Name, der einer anderen Sprache entlehnt ist, ins Deutsche übersetzt bedeutet. Gibt es noch weitere Aspekte, die du berücksichtigen würdest? Welche findest du besonders wichtig?

Namensänderungen
- Hast du mit deinen Eltern schon einmal darüber gesprochen, wie und warum du zu deinem Vornamen gekommen bist? Hast du schon einmal nachgefragt, welche Bedeutung dein Name hat?
- Wenn du dir selbst einen Namen geben dürftest: Welchen Namen würdest du wählen? Warum?
- Was sagen folgende Sätze über das Verhältnis des Menschen zu seinem Namen aus?
  - „Wir geben unserer Tochter drei Vornamen, dann kann sie sich später den Namen aussuchen, der ihr am besten gefällt."
  - „Ich behalte meinen Mädchennamen nach der Hochzeit. Mit diesem Namen bin ich aufgewachsen, unter diesem Namen kennen mich alle, die mir wichtig sind."
  - „Nach der Scheidung nehme ich meinen Mädchennamen wieder an."
- Eine Namensänderung ist nach unserer Rechtsprechung sehr schwierig und teuer. Kannst du dir vorstellen, dass es trotzdem Gründe für eine Namensänderung geben kann?
- Manchmal geben sich Sänger, Musiker, Schauspieler oder Schriftsteller Künstlernamen. Kennst du Beispiele? Versuche, den Geburtsnamen herauszubekommen. Kannst du dir erklären, warum sich jemand einen Künstlernamen zulegt?

Namensänderungen in den Religionen
In der Bibel steht, dass Gott Abram den Ehrentitel „Abraham" gibt, was so viel bedeutet wie „Vater vieler Völker". Dem Stammvater Jakob gibt Gott nach bestandenen Prüfungen und dessen nächtlichem Kampf mit Gott (vgl. 1. Mose 32,29) „Israel" als Beinamen. Aus „Saulus" wird „Paulus", als dieser beginnt, das Evangelium in der nichtjüdischen Welt zu verkünden (vgl. Apg. 13,9).

Die Namensänderungen haben in der christlichen Tradition oft mit besonderen Fähigkeiten oder Eigenschaften der Menschen zu tun. Wer in eine Ordensgemeinschaft eintritt, bekommt einen neuen Namen. Damit soll die bewusste Entscheidung für ein neues Leben im christlichen Glauben deutlich werden. Das frühere Leben, und damit auch der Name als Teil davon, wird zurückgelassen. Ein bekanntes Beispiel aus dem Film *Sister Act*: Aus der Sängerin Dolores wird die Ordensschwester Mary Clarence. Wenn ein Papst gewählt wird, wählt er einen neuen Namen. So heißt Papst Benedikt XVI. mit bürgerlichem Namen Joseph Ratzinger. Ein gewählter Papst darf selbst entscheiden, wie er heißen möchte. Die meisten Päpste haben sich für den Namen eines Vorgängers entschieden, den sie besonders verehrten.

Der Name einer Person ist im Islam von großer Bedeutung. Dies hat seinen Ursprung in den Worten des Propheten Mohammed: „Beim jüngsten Gericht werdet ihr alle bei eurem Namen und den Namen eurer Väter aufgerufen werden. Achtet deshalb darauf, schöne Namen auszuwählen!" Damit sind auch Namen gemeint, die eine enge Bindung an die Religion oder an die Namen der Vorfahren aufweisen, z. B. Muhammed, Mehmet, Yusuf Islam. Namensänderungen sind deshalb zwar nicht verpflichtend, aber sehr erwünscht, wenn jemand zum Islam übertritt. Bekannte Beispiele sind der Sänger Yusuf Islam, der früher Cat Stevens hieß, oder der Boxer Muhammed Ali, der vorher als Cassius Clay bekannt war. Beide sind als erwachsene – und bereits sehr prominente – Männer zum Islam übergetreten.

Aufgabe
Stellt in einer Tabelle alle Namensänderungen, die ihr im Text findet, zusammen. Ergänzt die Liste mit eigenen Beispielen. Überlegt, warum Menschen einen anderen Namen bekommen oder sich selbst einen anderen Namen geben.

Namensänderung	früherer Name	Warum?/Bedeutung des neuen Namens
Abraham …	Abram …	Ehrentitel von Gott = Vater vieler Völker …
Lady Gaga …	Stefani Joanne Angelina Germanotta …	Künstlername/Bedeutung? …

Webcode: FR233366-009

Ergänzende Fragen
- Warum werden manchen Dingen Namen gegeben, z. B. Teddy, Puppe, Navigationsgerät usw.? Welche Beispiele fallen dir ein?
- Weißt du, was eine Schiffstaufe ist? Die Namensgebung bei Schiffen hat eine lange Tradition und wird sehr ernst genommen. Warum?
- Welche Kosenamen und Spitznamen kennst du? Was empfindest du, wenn du mit Kosenamen angesprochen wirst? Gibt es Situationen, in denen du eine solche Anrede als unangenehm empfindest? Warum benutzt man Kosenamen oder Spitznamen? *(UM)*

8.4 Wo stehe ich? Wo möchte ich hin? – Fotos inszenieren

Intentionen/Kompetenzen	Gefühle reflektieren und ihre Bedeutung einschätzen; mit anderen kooperieren; gedankliche Kreativität entwickeln
Klassenstufe	ab Klasse 8
Material	Digitalkamera oder Handy mit Fotofunktion (pro Gruppe mindestens ein Exemplar), ein Plakat pro Schüler, Schreibzeug/Computer, Papier
Zeitaufwand	5 Stunden
Tipp/Hinweise	Sollten die Schüler während des Unterrichts das Schulgelände verlassen und draußen fotografieren dürfen, muss das vorher mit der Schulleitung geklärt werden.

In dieser Unterrichtseinheit sollen die Schüler in kreativer Form über sich und ihr Leben nachdenken sowie ihre Gedanken in Form einer Fotografie abstrahieren. Am Ende der Einheit gibt es von jedem Schüler ein inszeniertes Selbstporträt mit dem gleichen gemeinsamen Bezugspunkt, der unter Umständen mit der Lerngruppe abgestimmt wurde. Dieser kann entweder aus einem Symbol (z. B. Luftballon, Teddybär, Buch, Blume, Babyfoto) oder aus dem gleichen Hintergrund (Tafel, Treppe, Schulgebäude, Bahnhof usw.) bestehen.

- **Schritt 1:** In der ersten Stunde wird den Schülern das Thema vorgestellt: „Wo stehe ich? Wo möchte ich hin?" Die Schüler notieren zuerst spontan für sich selbst, was ihnen dazu einfällt. Wichtig ist, den Schüler zu sagen, dass dieser Text völlig frei ist und nur der Klärung ihrer eigenen Gedanken dient. Anschließend stellt der Lehrer das Projekt vor: Mithilfe eines Fotoapparates sollt ihr euch in den kommenden Stunden selbst porträtieren. Auf jedem Foto soll ein gemeinsames Element zu sehen sein (es kann entweder vom Lehrer festgelegt oder in der Gruppe diskutiert werden). Das Element kann ein Luftballon sein, eine Blume oder ein Kuscheltier. Das Foto soll vor allem etwas über euch aussagen. Wo ihr das Foto aufnehmt, wie groß ihr selbst auf dem Foto seid und wie ihr den Gegenstand dabei integriert, bleibt euch überlassen. Damit ihr eine Idee von eurer Fotografie bekommt, lest ihr bitte jetzt eure Notizen zur Fragestellung „Wo stehe ich? Wo möchte ich hin?" erneut durch und überlegt, wie ihr euch inszenieren wollt; ihr könnt eure Ideen auch zuerst skizzieren. – Um die Planung zu kanalisieren, können bereits am Ende dieser Stunde Kleingruppen gebildet werden, die sich beim Fotografieren in der kommenden Stunde unterstützen.

- **Schritt 2:** In der zweiten Stunde (möglichst einer Doppelstunde) gehen die Schüler eigenständig in Kleingruppen los, um die Fotos zu erstellen. Wichtig: Die Gruppen sollten nicht zu groß sein, damit die Porträts aller Gruppenmitglieder aufgenommen werden können. Der Einfachheit halber sollen alle Schüler in der darauffolgenden Stunde ein fertiges Foto in gleicher Größe (DIN-A4-Format) mitbringen. Wer auf Nummer sicher gehen will, lässt sich die Bilder von den Schülern per Mail zuschicken und bringt sie ausgedruckt zur nächsten Stunde mit.

- **Schritt 3:** In der nächsten Stunde überlegen die Schüler in Einzelarbeit, wie sie ihr Porträt kommentieren möchten. Jeder verfasst einen ersten Text dazu. Die Texte werden den Mitgliedern der Arbeitsgruppe mit dem dazugehörigen Foto vorgestellt. Fragen und Kritik werden aufgegriffen und führen bei Bedarf zu einer Überarbeitung des Geschriebenen. Das Ergebnis wird dann erneut notiert (entweder in Schönschrift oder mit dem Computer). Anschließend suchen sich die Schüler eine Plakatfarbe aus und kleben ihren Text mit dem Foto auf.
- **Schritt 4:** In der letzten Stunde werden die Plakate der einzelnen Schüler präsentiert. Dadurch kommen die Schüler ins Gespräch übereinander und miteinander. Die Plakate können nacheinander gezeigt oder wie in einer Galerie aufgehängt werden. Dabei gehen alle von einem Plakat zum anderen. *(PS)*

Tipp: Die Werke können in der Schule ausgestellt werden – etwa im Treppenhaus, Klassenraum, bei einem Tag der offenen Tür oder während eines Schulfestes.

8.5 Körpermeditation – ein Weg, sich selbst besser kennenzulernen

Intentionen/Kompetenzen	sich selbst auf ungewohnte Weise erfahren; in sich hineinhören; eine nicht alltägliche Form von Kommunikation erleben
Klassenstufe	ab Klasse 9
Material	Wolldecken; für die Weiterarbeit bei Bedarf Tapetenrollen und Filzstifte
Zeitaufwand	1 Stunde
Tipp/Hinweise	Für die Übung braucht man einen Raum, der genügend Platz bietet (Aula, Sporthalle usw.).

Junge Menschen ab einer bestimmten Altersgruppe haben einen guten Zugang zur Meditation. Manche kennen das aus der Kirche oder Jugendarbeit. Der Lehrer sollte die Gruppe gut kennen und vorher mit ihnen darüber sprechen, was auf sie zukommt. Die Übung bietet sich für religiöse Freizeiten an, kann aber auch in der Schule durchgeführt werden. Eine schöne Form ist die „Meditation in der Pause". Schüler aller Altersstufen treffen sich in der Pause in einem großen Raum. Der zeitliche Rahmen ist dann natürlich durch die Pausenzeit festgelegt. Entsprechend ist die (verkürzte) Auswahl der meditativen Übung.

Die Bereitschaft zur Meditation ist größer, wenn man eine Gruppe schon länger kennt. Dann ist die Gefahr geringer, dass das Ganze „belacht" wird. Diese Gefahr besteht immer. Wenn es klappt, ist das Erlebnis für die Gruppe sehr groß. Es ist eine nicht zu unterschätzende Erfahrung für jeden Teilnehmer, ob Schüler oder Lehrer.

Die Teilnehmer an der Meditation haben sich auf den Boden gelegt. Jeder hat einen entsprechenden Freiraum um sich. Nach einer Pause, in der alle ruhig geworden sind, beginnt der Meditationsleiter. Für jede einzelne Passage nimmt er sich entsprechend viel Zeit: Ich bin in einem Raum, in dem vorher schon viele Menschen gewesen sind. – Mit mir zusammen sind jetzt andere Menschen in diesem Raum. – Menschen, die ich gut kenne ... die ich weniger gut kenne ... die ich gar nicht kenne. – Den einen mag ich ... den anderen weniger. – Jetzt lasse ich das alles hinter mir. – Ich komme zu mir selbst. – Ich bin hier.

Reise in den Körper
1. **Ich bin es – vom Kopf bis zu den Füßen.** Kopf, Haare, Gesicht, Augen, Nase, Mund, Ohren, Hals ... Arme, Brust, Bauch, Hüften ... Beine, Knie. – Hier enden die Möglichkeiten. ... So, wie ich liege, komme ich nicht über die Knie hinaus. Es geht aber noch weiter. – Zu den Füßen, zu den Zehen. – Das bin ich mit meinem Körper.
2. **Ich kontrolliere meinen Atem.** Ich versuche, über den Bauch zu atmen. – Über die Luft kommt etwas von außen in mich hinein.
3. **Was passiert in meinem Körper?** Der Pulsschlag: ... Ich fühle ihn an der Hand, am Hals, am Kopf. – Das Herz – Ich höre den Herzschlag, meinen Herzschlag.
4. **Ich beobachte einzelne Teile meines Körpers.**
   Die Füße: Ich gehe über Glasscherben. – Ich gehe über Sand. – Ich gehe über eine Wiese. – Ich schnüre meine Füße ein in Schuhe.
   Die Hände: Ich berühre die Fingerkuppen. – Ich betaste mit den Händen den Boden. – Ich lege die Hände zusammen. – Ich suche die Lebenslinien. – Ich mache eine Faust und – öffne sie wieder.
   Die Augen: Ich sehe ein schönes Bild. – Ich sehe ein Bild, das mich abstößt, das Ekel in mir hochkommen lässt. – Ich sehe ein Bild, das Mitleid erregt. – Ich sehe ein Bild, das traurig macht. – Ich sehe ein Bild, das mich glücklich macht. Ich möchte es behalten.
   Die Nase: Ich rieche einen angenehmen Duft. – Ich nehme einen Geruch wahr, der mir unangenehm ist. – Ich hole bewusst Luft durch die Nase.
   Der Mund: Ich schmecke etwas, was lecker ist. – Ich schmecke etwas, was mir den Appetit verdirbt. – Ich schlucke etwas hinunter. – Etwas bleibt mir im Hals stecken.
   Ich höre in mir **meine Stimme** und ich formuliere Wörter ... eine Liebeserklärung ... ein Wort, das Missachtung ausdrückt ... ein Wort, das einem anderen etwas erklärt ... ein Wort, das Frieden stiftet. – Ich bin sprachlos. – Ich bin stumm. – Ich bin ganz still.
   Die Ohren: Ich höre hin. – Ich verschließe die Ohren. – Ich höre weg. – Ich habe Ohrenschmerzen. – Es ist laut. – Es ist ganz leise.
   Der Verstand: Ich denke nach. – Welches Problem hat mich gestern bewegt? – Welches Problem kommt heute noch auf mich zu?

Das Herz: Das Herz ist mehr als eine Pumpe. – Hier finde ich meine Mitte. – Mit dem Herzen sage ich: Du bist mir sympathisch. – Dich finde ich gut. – Ich liebe dich. – Mit dem Herzen öffne ich mich für das Licht einer Kerze ... für die Schönheit einer Blume.

Ich gehe jetzt die einzelnen Stationen meines Körpers noch einmal durch: Füße ... Hände ... Augen ... Nase ... Mund ... Ohren ... Verstand ... Herz.

5. **Ich lege die Hände zusammen und formuliere für mich einen Wunsch:** Ich möchte mit mir ganz eins sein. – Ich möchte einem anderen die Hand geben. – Ich möchte einen anderen in die Arme nehmen. – Ich möchte die geschlossene Faust wieder öffnen. – Ich möchte mit mir ganz eins sein.
6. **Ich komme zurück von der Reise zu mir selbst:** Ich bin nicht allein. – Neben mir und mit mir haben andere diese Reise erlebt. – Genauso? – Ähnlich? – Ganz anders? – Ich bin in einem Raum zusammen mit anderen. – Wir haben eine gemeinsame Erfahrung gemacht.
7. **Ich bleibe noch so lange hier, wie es mir Freude macht.**

Webcode: FR233366-010

Ein Gespräch über die Erfahrungen bei der Meditation kann sich anschließen. Der Text kann in Kopie an die Schüler weitergegeben werden, damit sie die einzelnen Stationen noch einmal durchgehen. Eine Möglichkeit der Erarbeitung besteht darin, dass die Schüler ausgewählte Textstellen und eigene Gedanken in einen Körperumriss schreiben (auf eine Tapetenrolle legen und den Umriss nachzeichnen). Man kann Sprichwörter und Redensarten zu den einzelnen Körperteilen und mit den Aussagen der Körperreise sammeln. *(HM)*

8.6 Durch ein Würfelspiel ins Gespräch kommen

Intentionen/Kompetenzen	sich mit dem eigenen Leben kreativ beschäftigen; über persönliche Erfahrungen und Vorstellungen nachdenken und sie mitteilen; mit den Mitteilungen anderer respektvoll umgehen; spielerisch mit anderen kommunizieren
Klassenstufe	ab Klasse 9
Material	Plakatkarton als Spielfelder (pro Gruppe ein Karton), Filzstifte in verschiedenen Farben, pro Gruppe ein Würfel, Spielfiguren (können auch von den Schülern gebastelt werden)
Zeitaufwand	2 Stunden
Tipp/Hinweise	Auf eine vertrauensvolle Atmosphäre achten.

Ein selbstgemachtes Würfelspiel ist eine gute Möglichkeit, etwas über sich und die anderen in der Gruppe zu erfahren. Voraussetzung ist eine gute und vertrauensvolle Atmosphäre, weil es manchmal um sehr persönliche Erfahrungen und Einstellungen geht. Wichtig ist, dass das Spiel ernsthaft gespielt wird und nicht als Jux gesehen wird.

Jeder malt zunächst für sich zwei Symbole (Zeichen, Bilder), die sich auf das eigene Leben beziehen, auf ein Blatt: eines, das ausdrückt, was einen einengt (welche negative Erfahrung man macht), und eines, das ausdrückt, welche Ziele oder Träume man hat (oder welche positive Erfahrung man macht). Anschließend werden in Stichpunkten ein paar Überlegungen dazugeschrieben (Bedeutung, Erfahrungen usw.).

Würfelspiel „Meine Geschichte – deine Geschichte"
- Gruppen von jeweils sechs bis zehn Schülern werden gebildet. Jede Gruppe bekommt als Material einen großen Plakatkarton für das Spielfeld, Filzstifte, einen Würfel und Spielfiguren nach Anzahl der Teilnehmer. Die Spielfiguren können vorab von den Schülern gebastelt werden.
- Jeder malt seine zwei Symbole (siehe oben) auf den Karton. Die Symbole werden eingekreist und durch Linien miteinander verbunden. Zwischen die Bilder werden Leerkreise auf die Linien gezeichnet, sodass ein Spielfeld entsteht.
- Ein Schüler beginnt zu würfeln und rückt nach Anzahl der Augen vor. Kommt er auf ein Symbol, fragt er den Zeichner nach der Bedeutung; der Zeichner erzählt. Kommt der Würfelnde auf ein leeres Feld, ist der nächste Spieler an der Reihe. Das Spiel wird so lange gespielt, bis alle Symbole erklärt sind. *(AL)*

Tipp: Außer den individuellen können noch allgemeine Symbolfelder gemalt werden, zu denen jeder, der mit seiner Spielfigur dort ankommt, etwas sagt. Beispiele: lachendes Gesicht (man erzählt ein schönes Erlebnis), weinendes Gesicht (man erzählt ein trauriges Erlebnis oder etwas, was einen traurig macht), Fragezeichen (was man gerne wissen möchte), Herz, Blume usw.

8.7 Jugend und Zukunft – Optimismus oder Angst

Intentionen/Kompetenzen	eigene Zukunftsvorstellungen und Gefühle reflektieren und sie mit anderen vergleichen; sich mit aktuellen Studien und der Darstellung im Internet auseinandersetzen; negative und positive Zukunftsvisionen unserer Kultur kennenlernen und sie als Anstoß für Veränderungen der Gesellschaft erkennen
Klassenstufe	ab Klasse 9
Material	die in diesem Kapitel abgedruckten Kopiervorlagen; Plakatkarton, Zeitschriften, Kleber
Zeitaufwand	3 Stunden; bei Bedarf mehr
Tipp/Hinweise	Die Abschnitte „EigeneVorstellungen", „Jugendstudien 2010" und „Zukunftsvisionen" können einzeln behandelt werden.

Zwei Jugendstudien aus dem Jahr 2010 zeigen völlig verschiedene Ergebnisse über das Lebensgefühl von Jugendlichen. Die Shell-Studie fasst die Ergebnisse unter dem Titel *Eine pragmatische Generation behauptet sich* zusammen und bescheinigt der Jugend Optimismus; die Rheingold-Studie gibt ihrer Pressemitteilung den Titel *Die Absturzpanik der Generation Biedermeier* und spricht von „der verzweifelten Wut" der Jugendlichen. Diese beiden grundsätzlich verschiedenen Einstellungen und Gefühle angesichts der Zukunft gab es bei den Menschen schon immer. Zwei bekannte Beispiele aus dem 20. Jahrhundert sind noch heute aktuell und können Jugendliche die unterschiedlichen Sichtweisen deutlich machen: GEORGE ORWELLS Roman *1984* (geschrieben 1948) und MARTIN LUTHER KINGS Rede in Washington *I have a dream* aus dem Jahr 1963.

Eigene Vorstellungen
- **Schritt 1:** Die Schüler notieren ihre eigenen Vorstellungen von der Zukunft. Wenn ich an die Zukunft denke: Welche Themen bewegen mich? Was macht mir Angst? Was erhoffe ich mir? Was kann ich beeinflussen? Wer oder was gibt mir Kraft bei nicht beeinflussbaren Dingen? – Anschließend werden die einzelnen Punkte vorgetragen, verglichen und stichpunktartig an der Tafel notiert. Als Abschluss kann das folgende Gebet aufgeschrieben und in einem Unterrichtsgespräch auf die Überlegungen der Schüler bezogen werden:

Gott, gib mir die Gelassenheit, Dinge hinzunehmen, die ich nicht ändern kann, den Mut, Dinge zu ändern, die ich ändern kann, und die Weisheit, das eine vom anderen zu unterscheiden.

Jugendstudien 2010

Jugendstudien aus dem 21. Jahrhundert

Shell Jugendstudie 2010: Eine pragmatische Generation behauptet sich
Die heutige junge Generation in Deutschland bleibt zuversichtlich: Sie lässt sich weder durch die Wirtschaftskrise noch durch die unsicher gewordenen Berufsverläufe und Perspektiven von ihrer optimistischen Grundhaltung abbringen. Mit den Herausforderungen in Alltag, Beruf und Gesellschaft gehen Jugendliche auch weiterhin pragmatisch um. Prägend für diese Generation sind insbesondere eine starke Leistungsorientierung und ein ausgeprägter Sinn für soziale Beziehungen. Zu diesen Erkenntnissen kommt die 16. Shell Jugendstudie, die die Jugend 2010 unter die Lupe genommen hat.

Zusammenfassung der Ergebnisse
Interesse an Politik steigt leicht an; mehr soziales Engagement und Verständnis für Ältere; Globalisierung zumeist positiv bewertet; Optimismus nimmt zu; Bildung als Erfolgsfaktor für die Zukunft; alle sind im Internet; großes Problem Klimawandel; Religion weiter im Abseits; Werte: pragmatisch, aber nicht angepasst; nicht ohne meine Familie.

Zitiert nach www.shell.de

Rheingold-Jugendstudie 2010: Absturz-Panik und verzweifelte Wut auf die Verhältnisse

Das Lebensgefühl der Jugendlichen ist nicht mehr wie in den 70er-Jahren von einer lodernden Revolte gegen enge betonierte gesellschaftliche Verhältnisse geprägt, sondern von einer schwelenden Absturz-Panik angesichts heillos offener, brüchiger Verhältnisse. Das Leiden an der erfahrenen Brüchigkeit, Unzuverlässigkeit und Ohnmacht erzeugt bei den Jugendlichen eine verzweifelte Wut auf die chaotische Unbeständigkeit der Welt. Diese Wut kann jedoch oft nicht kanalisiert und direkt ausagiert werden. Denn weder die oft toleranten oder kumpelhaften Eltern noch die oft hilflos wirkenden Politiker eignen sich als Sündenbock oder Feindbild.

Biografische Läuterungen: vom Saulus zum Paulus

Im Umgang mit der verzweifelten Wut zeigen sich allerdings große Unterschiede zwischen Teenagern und Jugendlichen. Immer wieder erzählen die Jugendlichen Eskapaden aus ihrer eigenen wilden Teenager-Zeit, die von selbstzerstörerischen Akten wie Ritzen oder Komasaufen, Drogenexzessen, Mobbing, Cliquenterror, Bandenkriegen und Kleinkriminalität geprägt war. Aber sie berichten auch, dass sie mit 16 oder 17 Jahren plötzlich an einen Wendepunkt gelangt sind und in kurzer Zeit vom Saulus zum Paulus mutiert sind. Angesichts der Wucht ihrer Verzweiflungsakte packte sie eine ungeheure Angst vor der verspürten Zerstörungskraft ihrer Wut: „Dann wurde mir auf einmal klar, wenn ich jetzt mein Leben nicht ändere, dann lande ich im Abgrund." Solche biografischen Umschwünge in ein Übermaß an Selbstkontrolle, Anpassung und Vernunft lassen sich im Großen wie im Kleinen in fast allen Lebensbeschreibungen der Jugendlichen analysieren. Diese „vernünftige" Selbstdisziplinierung dient den Jugendlichen als seelischer Rettungsfallschirm, der die panischen Absturz-Ängste bannen und die eigene Wut dämpfen soll.

© rheingold institut

Webcode: FR233366-011

- **Schritt 2:** Die Schüler bekommen die Zusammenfassung der Ergebnisse der beiden Jugendstudien und äußern sich zunächst spontan dazu. In einer Tabelle können sie dann die Aussagen gegenüberstellen und mit ihrer eigenen Vorstellung (siehe oben) vergleichen. In einem Brief oder Zeitungsartikel fassen sie die Ergebnisse der Überlegungen zusammen.

- **Schritt 3:** Wünschenswert wäre es, anschließend die kompletten Studien zu lesen (im Internet unter www.shell.de und www.rheingold.de) und sich mit den einzelnen Themen zu befassen. Die Schüler können sich gegenseitig interviewen, die Ergebnisse der Klasse auswerten, in einer Grafik darstellen und mit den Ergebnissen der Studie vergleichen.

Zukunftsvisionen aus dem 20. Jahrhundert

Das Buch *1984* hat George Orwell im Jahre 1948, kurz vor seinem Tod, geschrieben. Er beschreibt darin das Leben in einer Gesellschaft, die total von einer Partei gelenkt wird und der Macht des „Großen Bruders" ausgeliefert ist, der mit Fernsehkameras alle überwacht („The Big Brother is watching you").

1984

Wie versichert sich ein Mensch seiner Macht über einen anderen? (…) Indem er ihn leiden lässt. (…) Die Macht besteht darin, Schmerz und Demütigungen zufügen zu können. Macht heißt, einen menschlichen Geist in Stücke zu reißen und ihn nach eigenem Gutdünken wieder in neuer Form zusammenzusetzen. Fangen Sie nun an, zu sehen, was für eine Art von Welt wir im Begriff sind zu schaffen? Sie ist das genaue Gegenteil der blöden, auf Freude hinzielenden Utopien, die den alten Reformatoren vorschwebten. Eine Welt der Angst, des Verrats und der Qualen, eine Welt des Tretens und Getretenwerdens. (…) Wir haben die Bande zwischen Kind und Eltern, zwischen Mensch und Mensch und zwischen Mann und Frau durchschnitten. Niemand wagt es mehr, einer Gattin, einem Kind oder einem Freund zu trauen. Aber in Zukunft wird es keine Gattinnen und keine Freunde mehr geben. Die Kinder werden ihren Müttern gleich nach der Geburt weggenommen werden, so wie man einer Henne die Eier wegnimmt. Der Geschlechtstrieb wird ausgerottet. Die Zeugung wird eine alljährlich vorgenommene Formalität wie die Erneuerung einer Lebensmittelkarte werden. Wir werden das Wollustmerkmal abschaffen. Unsere Neurologen arbeiten gegenwärtig daran. Es wird keine Treue mehr geben, außer der Treue gegenüber der Partei. Es wird keine Liebe geben, außer der Liebe zum Großen Bruder. Es wird kein Lachen geben, außer dem Lachen des Frohlockens über einen besiegten Feind. (…) Alle Freuden des Wettstreits werden ausgetilgt sein. Aber immer wird es den Rausch der Macht geben, die immer mehr wächst und immer raffinierter wird. Dauernd, in jedem Augenblick, wird es den aufregenden Kitzel des Sieges geben, das Gefühl, auf einem wehrlosen Feind herumzutrampeln. Wenn Sie sich ein Bild von der Zukunft ausmalen wollen, dann stellen Sie sich einen Stiefel vor, der in ein Menschenantlitz tritt – immer und immer wieder.

George Orwell: 1984. Aus dem Englischen von Kurt Wagenseil,
© Ullstein Verlag, Berlin.

Der folgende Auszug ist der Rede Martin Luther Kings vom 28. August 1963 entnommen, die er vor dem Lincoln Memorial in Washington gehalten hat. 250 000 Menschen waren zusammengekommen, um für die Bürgerrechte zu demonstrieren. Am 4. April 1968 wurde Martin Luther King in Memphis ermordet.

Ich habe einen Traum
Ich weiß wohl, dass manche unter euch hierhergekommen sind aus großer Bedrängnis und Trübsal. Einige von euch sind direkt aus engen Gefängniszellen gekommen. Einige von euch sind aus Gegenden gekommen, wo ihr aufgrund eures Verlangens nach Freiheit mitgenommen und erschüttert wurdet von den Stürmen der Verfolgung und polizeilicher Brutalität. Ihr seid die Veteranen schöpferischen Leidens. Macht weiter und vertraut darauf, dass unverdientes Leiden erlösende Qualität hat. Geht zurück nach Mississippi, geht zurück nach Georgia, geht zurück nach Louisiana, geht zurück in die Slums und Ghettos der Großstädte im Norden in dem Wissen, dass die jetzige Situation geändert werden kann und wird. Lasst uns nicht gefallen finden am Tal der Verzweiflung. (…) Ich habe einen Traum, dass eines Tages auf den roten Hügeln von Georgia die Söhne früherer Sklaven und die Söhne früherer Sklavenhalter miteinander am Tisch der Brüderlichkeit sitzen können. (…) Ich habe einen Traum, dass meine vier kleinen Kinder eines Tages in einer Nation leben werden, in der man sie nicht nach ihrer Hautfarbe, sondern nach ihrem Charakter beurteilen wird. Ich habe einen Traum (…), dass eines Tages in Alabama kleine schwarze Jungen und Mädchen die Hände schütteln mit kleinen weißen Jungen und Mädchen als Brüder und Schwestern. (…) Ich habe einen Traum, dass eines Tages jedes Tal erhöht und jeder Hügel und Berg erniedrigt wird. Die rauen Orte werden geglättet und die unebenen Orte begradigt werden. Und die Herrlichkeit des Herrn wird offenbar werden, und alles Fleisch wird es sehen. Das ist unsere Hoffnung. Mit diesem Glauben kehre ich in den Süden zurück. Mit diesem Glauben werde ich fähig sein, aus dem Berg der Verzweiflung einen Stein der Hoffnung zu hauen. Mit diesem Glauben werden wir fähig sein, die schrillen Missklänge in unserer Nation in eine wunderbare Symphonie der Brüderlichkeit zu verwandeln. Mit diesem Glauben werden wir fähig sein, zusammen zu arbeiten, zusammen zu beten, zusammen zu kämpfen, zusammen ins Gefängnis zu gehen, zusammen für die Freiheit aufzustehen, in dem Wissen, dass wir eines Tages frei sein werden.
Aus: Heinrich W. Gosse: Martin Luther King, Ich habe einen Traum
© Gütersloher Verlagshaus, Gütersloh, in der Verlagsgruppe Random House GmbH

Webcode: FR233366-011

- **Schritt 1:** Die Schüler befassen sich mit den beiden Texten. Die Friedensvision aus der Rede von MARTIN LUTHER KING kennen sie wahrscheinlich (z. B. aus dem Englischunterricht). Über die Negativvision von ORWELL werden sie sich vermutlich wundern. Allerdings kennen sie Horrorvisionen aus Sciencefiction-Filmen; die können in diesem Zusammenhang gut aufgegriffen werden (Beispiele bringen und erzählen lassen).

- **Schritt 2:** Die Schüler zeichnen in Einzelarbeit zwei Spalten mit den Überschriften der Texte und vergleichen die beiden Vorstellungen: Welche Gleichnisse gebrauchen Orwell und King in ihren Texten? Versuche, dir die Bilder konkret vorzustellen. Male gegensätzliche Beispiele unter die entsprechenden Überschriften. – Welche Erfahrungen haben die beiden Männer veranlasst, ihre sehr unterschiedlichen Visionen mitzuteilen? Notiere ein paar Beispiele. – Die Visionen und Träume von Orwell und King sind so nicht eingetroffen. Warum kann man die Zukunftsbeschreibungen dennoch als „wahr" bezeichnen? Schreibe deine Überlegungen auf.

- **Schritt 3:** Unterrichtsgespräch über die Frage „Was lässt die Menschen eher aufmerksam werden und bewegt sie zur Änderung ihres Verhaltens: Die schreckliche Vision von Orwell oder der hoffnungsvolle Traum von King?" – Schüler einer 10. Klasse haben darüber gesprochen. Die Meinung darüber war geteilt. Einige meinten, sie bräuchten einen Schock, um aufgeweckt zu werden, andere sagten, sie würden dadurch in ihrem Handeln gelähmt und bräuchten eine positive Ermutigung. Was meint ihr dazu?

- **Schritt 4:** Als Weiterführung wird die Zeichnung von Skoulas (siehe unten) in die Mitte eines Plakatkartons geklebt. Um das Bild herum werden Kommentare geschrieben, Bilder gezeichnet oder Fotos und Überschriften aus Zeitschriften aufgeklebt. *(AL)*

Tipp: Zur Zeichnung und zum gesamten Thema passt auch das Hörspiel *Träume* von Günter Eich.

Zeichnung von Skoulas, aus: Entdeckungen machen. Werkbuch, Berlin: Cornelsen, 1989, S. 208.

Was sieht die eine Person? Wovor verschließen die anderen die Augen?

9 Gemeinschaft und Werte

9.1 Menschlich – unmenschlich

Intentionen/Kompetenzen	Annäherung an die Begriffe; Erfahrungen von menschlichem und unmenschlichem Verhalten durch Erzählen (und eventuell Aufschreiben) zum Ausdruck bringen; sich in der Klasse darüber austauschen
Klassenstufe	ab Klasse 5
Material	Tafel, Plakatkarton, Zeitschriften, Kleber
Zeitaufwand	1 Stunde
Tipp/Hinweise	Als Einstieg für ethische Themen geeignet.

- **Schritt 1:** Der Lehrer schreibt die Begriffe „menschlich" und „unmenschlich" in Großbuchstaben senkrecht an die Tafel (oder die Schüler schreiben sie in ihr Heft). Aufgabe: Findet Wörter, die zum Sinn des jeweiligen Begriffes passen und mit einem seiner Buchstaben beginnen. Schreibt eure Vorschläge neben die Buchstaben.

M	Mitleid, Mut	U	ungerecht
E	Ehrlichkeit	N	Not nicht sehen
N	…	…	
S	…	…	
…		…	

- **Schritt 2:** Anschließend erzählen die Schüler Situationen aus ihrem Leben, in denen sie menschliches oder unmenschliches Verhalten von anderen oder von sich selbst erlebt haben. In Klasse 5 folgt meistens eine lebhafte und interessante Erzählstunde. Die Geschichten können aufgeschrieben und in der Klasse unter den beiden Überschriften aufgehängt werden. Geschichten, die gut zusammenpassen, werden nebeneinander platziert.

- **Schritt 3:** Als Weiterarbeit können die Schüler passende Fotos sowie Berichte aus Zeitschriften sammeln und damit Plakate gestalten. *(AL)*

9.2 „Brudermord" – Arbeit mit einem Bild

Intentionen/Kompetenzen	erste Äußerungen zu Fragen von Gewalt, Angst und Geborgenheit; über menschliches und unmenschliches Verhalten nachdenken; die Frage nach Gott überdenken
Klassenstufe	ab Klasse 5
Material	die in diesem Kapitel abgedruckte Kopiervorlage; Schere, Papier, Kleber
Zeitaufwand	1 Stunde
Tipp/Hinweise	Bild (siehe unten) auf Folie kopieren bzw. Fotokopien davon an alle Schüler verteilen.

- **Meditatives Vorgehen:** Das Bild wird präsentiert. Die Schüler äußern erste Beobachtungen und Gedanken. Danach schreiben sie folgende Satzanfänge in ihr Heft

Karl Rössing: Brudermord, © Sammlung Karl Rössing

Webcode: FR233366-012

untereinander und lassen dazwischen Platz für ihren Text: Ich sehe … – Ich fühle … – Ich frage … – Ich hoffe … Die Aufgabenstellung lautet: Wählt eine Position aus (Betrachter des Bildes, stehende Gestalt, sitzende Gestalt) und schreibt mithilfe der Satzanfänge einen Text zum Bild.

- **Kreatives und nachdenkliches Vorgehen:** Nach der Betrachtung des gesamten Bildes können die einzelnen Elemente erarbeitet werde.
  - Der Hintergrund: Schreibe auf, was dir dazu einfällt.
  - Die große Hand: Die beiden Personen werden überklebt; die Schüler malen ein anderes Bild in die Hand und schreiben dazu, warum sie es gemalt haben.
  - Die sitzende Gestalt: Die herausgetrennte Figur wird auf ein Blatt Papier geklebt. Die Schüler ergänzen den Satz: Menschen fühlen sich bedroht, wenn … Sie beantworten die Frage: Was könnte Gott (oder würdest du) zu diesem Menschen sagen?

- Die stehende Gestalt wird ebenfalls auf das Blatt Papier geklebt. Die Schüler ergänzen den Satz: Menschen wollen anderen wehtun, wenn ... Sie beantworten die Frage: Was könnte Gott (oder würdest du) zu diesem Menschen sagen?
- Zum gesamten Bild ergänzen die Schüler den Satz: Menschen fühlen sich geborgen, wenn ... (AL)

9.3 Auslegung der Gebote – Arbeit mit einer Karikatur

Intentionen/Kompetenzen	kreative Beschäftigung mit Mose und den Zehn Geboten; über die Notwendigkeit und Schwierigkeit, Gesetze auszulegen, nachdenken; eventuell Kennenlernen des Grundgesetzes
Klassenstufe	ab Klasse 6
Material	die in diesem Kapitel abgedruckte Kopiervorlage auf Folie oder in Kopie für alle Schüler; Bibel oder Text der Zehn Gebote; eventuell Textausgabe des Grundgesetzes
Zeitaufwand	1 Stunde
Tipp/Hinweise	Als Weiterführung bieten sich an: → 9.4, 10.3.

© Jals

Webcode: FR233366-013

- **Schritt 1:** Zunächst wird die Karikatur präsentiert. Die Schüler äußern sich dazu. Die Fragestellung lautet: Was seht ihr? Was fällt auf? Wer könnte dargestellt sein? – Erklärung des Lehrers: Die Karikatur stellt Mose dar, der vom Berg Sinai kommt. Sie bezieht sich auf eine Geschichte aus der Bibel. Der Lehrer kann hier auf die Stelle 2. Mose 19,1–20,21 hinweisen; die Geschichte ist für Schüler schwierig und muss für das Verständnis des Themas nicht komplett gelesen werden.

- **Schritt 2:** Was ist anders dargestellt als in der biblischen Erzählung? Mose bringt außer den Steintafeln noch ein dickes Buch mit. Was will der Zeichner zum Ausdruck bringen? Was könnte in dem Buch stehen?

- **Schritt 3:** Aufgabe: Stellt euch die Situation vor, als Mose mit den beiden „Mitbringseln" bei seinem Volk ankommt. Schreibt seine Rede an sein Volk auf. – Als Hilfe können Satzanfänge vorgegeben werden: Die beiden Steintafeln habe ich euch mitgebracht, weil …/Das Buch habe ich euch mitgebracht, weil … Die Schüler können die Situation auch zeichnen und den Text in eine Sprechblase schreiben.

- **Schritt 4:** Denkt euch Ausführungsbestimmungen zu den Zehn Geboten aus und schreibt sie in ein gezeichnetes, aufgeschlagenes Buch, z. B.: „Du sollst den Feiertag heiligen" bedeutet erstens nicht arbeiten, zweitens …, drittens … – „Du sollst nicht stehlen" bedeutet erstens …, zweitens …, drittens …

- **Schritt 5:** Weiterführung: In der Bundesrepublik Deutschland haben wir als Grundlage aller anderen Gesetze das Grundgesetz (Textausgabe zeigen). Die Ausführungsbestimmungen über dieses kleine Büchlein füllen Mengen von Büchern, und ständig kommen neue dazu, weil es immer wieder andere Situationen gibt, über die sich die Gelehrten und Richter streiten. – In Artikel 6 Absatz 2 unseres Grundgesetzes steht: „Pflege und Erziehung der Kinder sind das natürliche Recht der Eltern und die zuvorderst ihnen obliegende Pflicht." Mögliche Aufgabenstellungen: Worüber könnte man sich bei der Auslegung dieses Artikels streiten? Denkt euch einen Fall aus, bei dem dieser Artikel vor Gericht eine Rolle spielt. → 10.3 Führt ein Streitgespräch über die Frage „Dürfen Eltern ihre Kinder schlagen?". *(AL)*

Tipp: Mit der Aufgabe, sich einen Fall für das Gericht auszudenken, habe ich gute Erfahrungen gemacht. Die Schüler konnten die Gerichtsverhandlung spielen, ohne das Ergebnis vorher zu wissen.

9.4 Die Würde des Menschen ist unantastbar

Intentionen/Kompetenzen	den ersten Satz des Grundgesetzes verstehen, erläutern und auf verschiedene Situationen beziehen; die gesellschaftliche und ethische Relevanz der Begriffe „Menschenwürde" und „Ebenbild Gottes" erkennen; die Begriffe/Sätze gestalterisch umsetzen
Klassenstufe	ab Klasse 6
Material	Plakatkarton, Zeitschriften; eventuell Buttonmaschine, T-Shirt-Folie
Zeitaufwand	1–2 Stunden; für die gestalterischen Aufgaben mehr
Tipp/Hinweise	→ 3.6

Der erste Satz des Grundgesetzes „Die Würde des Menschen ist unantastbar" ist sowohl für Ethik oder Philosophie (Zusammenfassung der ethischen Grundsätze) als auch für Religion (Bild Gottes, Lehre Jesu) von entscheidender Bedeutung. Außerdem lernen die Schüler damit einen zentralen Text unserer Gesellschaft kennen.

- **Schritt 1:** Der Satz „Die Würde des Menschen ist unantastbar" wird groß an die Tafel geschrieben. Nach ersten Äußerungen dazu (Wer kennt den Satz? Was könnte er bedeuten?) wird die Herkunft erklärt: Das Grundgesetz der Bundesrepublik Deutschland ist die Grundlage aller anderen Gesetze. Es sagt den Menschen, welche Rechte und Pflichten sie haben und wie sie miteinander in Frieden leben können. Der erste Satz heißt: „Die Würde des Menschen ist unantastbar." Er ist wie eine Überschrift. – Was bedeutet das Wort „Würde"? Nennt andere Wörter, die etwas Ähnliches ausdrücken oder den Begriff verdeutlichen können. Der Lehrer schreibt die Begriffe an die Tafel (Beispiele von Schülern: Ehre, Stolz, Person, Geheimnis, Seele, Leben, Gefühle, Frieden, Rechte).

- **Schritt 2:** Warum heißt es „des Menschen"? Gespräch über die Bedeutung der Formulierung: Warum heißt es nicht „aller Menschen"? Würde gehört zum Menschsein, die Menschen bekommen die Würde nicht später zugesprochen, sondern jeder Mensch wird schon mit ihr geboren. – Hat ein Verbrecher dieselbe Würde wie z. B. der Papst/der Bundespräsident …? Mit dieser Frage wird auf die Radikalität der Aussage des Grundgesetzes hingewiesen. Die Schüler können noch weitere scheinbare Gegensatzpaare nennen bzw. Menschengruppen, denen manchmal weniger (oder mehr) Würde zugesprochen wird als anderen.

- **Schritt 3:** Wann wird die Würde eines Menschen angetastet? Die Schüler vervollständigen den Satz: Die Würde des Menschen wird dann angetastet/verletzt, wenn … Anschließend erzählen sie erlebte Beispiele: Wer hat schon einmal selbst erlebt oder beobachtet, wie die Würde eines Menschen verletzt wird? – Danach werden die Überlegungen zum Satz aus dem Grundgesetz konkretisiert und auf verschiedene Situationen bezogen. Einzelne Bereiche können vom Lehrer stichwortartig genannt werden (z. B. Fernsehen, Spielplatz, Krieg, Altersheim, Schule, Straße, Fußballplatz, Familie, Bus, Gefängnis). Aufgabe: Formuliere selbst Sätze, die diesem Satz aus dem Grundgesetz entsprechen, indem du andere Begriffe für „Würde" einsetzt und den Satz auf bestimmte Situationen beziehst. Beispiel: Die Seele eines Kindes in der Schule darf nicht verletzt werden, auch wenn es Fehler gemacht hat.

- **Schritt 4:** Als Abschluss kann das Gelernte grafisch umgesetzt werden. Aufgabe: Erfinde ein Zeichen, das die Bedeutung des ersten Satzes aus dem Grundgesetz deutlich macht, und gestalte mithilfe dieses Zeichens und mit den Worten des Satzes einen Button oder einen Aufkleber. Du kannst auch ein T-Shirt gestalten. – Anregung für ein Gespräch: Eine Schule hat im Eingangsbereich eine ganze Wand mit diesem Satz beschriftet. Könntest du dir das für deine Schule auch vorstellen? Welche Gründe sprechen dafür? Wie würdest du eine solche Wand gestalten?

- **Schritt 5:** Als Weiterführung wird der Satz „Die Würde des Menschen ist unantastbar" mit dem Satz aus der Bibel „Gott schuf den Menschen nach seinem Bild" (Genesis 1, 27) verglichen: Welche Gemeinsamkeiten gibt es? Warum ist im Grundgesetz eine andere Formulierung gewählt worden? – Aktualisierung: Die Schüler gestalten eine Collage zu den beiden Sätzen aus aktuellen Zeitungsausschnitten (Berichte, Fotos, Schlagzeilen) und eigenen Beiträgen mit negativen und positiven Beispielen. *(AL)*

9.5 Wertepyramiden zeichnen oder bauen

Intentionen/Kompetenzen	die eigenen Wertvorstellungen reflektieren; die Wertvorstellungen anderer wahrnehmen und mit den Mitschülern darüber kommunizieren
Klassenstufe	ab Klasse 8
Material	Begriffe und Skizze (siehe unten) in Kopie für alle Schüler; für das Bauen: sechs Backsteine, drei unterschiedlich lange Bretter, ein Korb mit vielen verschiedenen kleinen Gegenständen
Zeitaufwand	1–2 Stunden
Tipp/Hinweise	Beide Möglichkeiten kann man auch mit folgenden Fragestellungen durchführen: Welche Werte sind für das Zusammenleben (in der Schule, im Ort, im Land) wichtig? Welche Werte sollten für die Weltgemeinschaft an oberster Stelle stehen?

Für ein erstes Nachdenken darüber, welche Werte für die Menschen und ihr Zusammenleben wichtig sind, beginnt man am besten bei jedem Einzelnen. Das Zeichnen – oder noch besser das Bauen – einer Wertepyramide kommt bei den Schülern nach meiner Erfahrung gut an.

- **Schritt 1:** Zunächst schreibt jeder Schüler für sich Stichworte auf, die ihm zu folgenden Themen einfallen: Woran ich fest glaube, was mir wirklich wichtig ist, was mich unbedingt angeht, woran mein Herz hängt … Anschließend erhalten die Schüler eine Liste mit zusätzlichen Stichpunkten (siehe Kopiervorlage unten) und die Skizze der Wertepyramide. Die Aufgabenstellung lautet: Lies dir die Stichpunkte mit den Begriffen zum Thema „Was ist mir wichtig?" durch und ergänze sie. Streiche das durch, was dir am wenigsten wichtig ist. Unterstreiche sechs Punkte, die dir jetzt oder für die Zukunft sehr wichtig sind. Ordne diese sechs Begriffe (ausgewählte oder selbst formulierte) in die Wertepyramide ein. Trage das Wichtigste, wirklich Unverzichtbare ganz oben ein.

- **Schritt 2:** Danach malt jeder ein Symbol auf ein Extrablatt: Zeichne für das Wichtigste in deinem Leben ein Symbol. Verdeutliche in deiner Zeichnung auch, wie wichtig, heilig, unverzichtbar es ist (z. B. mit Rahmen, erhöht usw.). In Gruppen sprechen die Schüler über ihre Erfahrungen. Wie schwer oder leicht war es, sich zunächst auf sechs Begriffe und später auf einen festzulegen? Erzählt euch gegenseitig etwas über eure Pyramiden und erläutert eure Auswahl anhand von Beispielen aus eurem Leben. Um einen anschaulichen Überblick über die Vorstellungen der einzelnen Schüler zu bekommen, kann jeder sein Symbol auf ein Plakat, das in der Klasse aufgehängt wird, zeichnen oder kleben. Ein gemeinsames Gespräch im Plenum schließt die Einheit ab.

Was ist mir wichtig?

genießen – Vergnügen – Arbeit/Beruf – Schule/schulische Erfolge – gute Ausbildung – Karriere – mich mit den Eltern gut verstehen – mich durchsetzen können – von anderen geliebt werden – fit sein – Achtung gegenüber anderen Menschen – Abenteuererleben – anziehend auf Mädchen / Jungen wirken – gut aussehen – beständige Freundschaften – anderen Liebe geben – mich für andere einsetzen – eine Familie gründen – an Gott glauben – Luxus – ein eigenes Haus – Musik – moderne Kleidung – Natur …

Webcode: FR233366-014

Alternative: Eine Pyramide bauen
Es kann ein besonderes Erlebnis für die Schüler sein, eine solche Pyramide konkret zu bauen. Man benötigt dafür sechs Backsteine und drei unterschiedlich lange Bretter. Außerdem müsste der Lehrer/müssten die Schüler einen Korb mit vielen verschiedenen kleinen Gegenständen mitbringen. → 2.7

- **Schritt 1:** Mit den Steinen und Brettern wird ein dreistufiges, pyramidenförmiges Regal gebaut, am besten gut sichtbar auf einer Fensterbank oder einem niedrigen Sideboard. Die Schüler müssen gut daran vorbeigehen können. Der Korb mit den Gegenständen steht daneben; man kann auch alle Gegenstände aus dem Korb nehmen und in der Mitte des Raumes auf dem Boden auslegen. Zu Beginn kann sich jeder einen Gegenstand aussuchen, der für etwas steht, was ihm wichtig ist.

- **Schritt 2:** Es werden Gruppen mit jeweils sechs Schülern gebildet, die nacheinander vor dem Plenum ihre Einordnung vorspielen. Einer aus der Gruppe beginnt und platziert seinen Gegenstand im Regal an dem Ort, der den Stellenwert dieser Sache zum Ausdruck bringt. Dazu erklärt er kurz seine Wahl des Gegenstands und seine Platzierung. Der nächste Schüler stellt seinen Gegenstand auf, ordnet den Gegenstand seines Vorgängers neu ein oder lässt ihn an derselben Stelle oder legt ihn daneben. Jeder macht es auf diese Weise mit den verschiedenen Gegenständen. Das letzte Gruppenmitglied kann die Schlussaufstellung bestimmen.

- **Schritt 3:** Die Gruppe setzt sich wieder und zeichnet die Schlussaufstellung auf ein großes Blatt. Jetzt ist die nächste Gruppe an der Reihe. Wenn alle Gruppen ihre Einordnungen vorgenommen haben, schließt sich ein Gespräch über die verschiedenen Erfahrungen an. Darin kann es um Schwierigkeiten, Gefühle, Gemeinsamkeiten und Unterschiede gehen. *(AL)*

10 Standpunkte kennenlernen und beurteilen

10.1 Ego-Shooter und Co. – Fördern Computerspiele die Gewalt?

Intentionen/Kompetenzen	Urteilsfähigkeit ausbilden; den Einfluss von Medien auf Urteile und Handlungen reflektieren; zu einem umstrittenen Thema die Pro-und Kontra-Positionen recherchieren
Klassenstufe	ab Klasse 8
Material	Recherchematerial der Schüler aus dem Internet, Plakatkarton, Klebstoff, Stifte
Zeitaufwand	6 Stunden
Tipp/Hinweise	Wenn die Möglichkeit besteht, die Schüler in der Schule recherchieren zu lassen, sollte dies bevorzugt werden. Der Medienraum muss für mindestens drei Unterrichtsstunden zur Verfügung stehen.

Nicht erst seit den Amokläufen in Erfurt und Winnenden stehen Computerspiele – vor allem Ego-Shooter – in der Kritik. Da manche Schüler diese Spiele kennen und nutzen, sollte das Ziel darin bestehen, die verschiedenen Aspekte, die sich durch den Umgang mit solchen Ego-Shootern ergeben, kritisch zu durchleuchten. Schüler, die selbst solche Spiele haben, sehen sich häufig als distanziert an und meinen, das sei alles doch nur ein Spiel. Als Lehrer darf man nicht erwarten, dass die Schüler am Ende der Unterrichtseinheit Ego-Shooter nicht mehr verwenden. Wichtig ist aber, ein Bewusstsein für die Gefahren zu schaffen.

- **Schritt 1:** In der ersten Stunde wird das Thema durch einen Artikel über den Amoklauf von Erfurt eingeführt. Ausgangsfragen: Kennt ihr Ego-Shooter oder ähnliche Computerspiele? Was haltet ihr davon? Glaubt ihr, dass sie die Gewaltbereitschaft fördern? – Die Schüler werden nach einer ersten Diskussionsrunde aufgefordert, sich zu überlegen, wie sich das Thema von allen Seiten beleuchten lässt. In Gruppenarbeit überlegen sie, welche Aspekte sie zum Thema genauer untersuchen wollen. Der Lehrer sollte im Blick behalten, dass viele Seiten im Internet „Entwarnung" geben und es mehr Argumente dafür gibt, solche Ego-Shooter zu spielen. Leitaspekte: Was macht diese Spiele so attraktiv? Entstehen tatsächlich Amokläufe durch „Killerspiele"? Welche Gründe sprechen für ein Verbot von Ego-Shootern (rechtliche/soziale Grundlagen)? Was führen Befürworter dieser Spiele als Argumente an? Warum nutzen vor allem Jungen solche Computerprogramme? Was steigert die Gewaltbereitschaft bei Jugendlichen/Erwachsenen?

- **Schritt 2:** Das Oberthema wird durch kleinschrittige Fragen eingegrenzt, um die Suche im Internet zu erleichtern. Danach recherchieren die Schüler möglichst eigenständig (am besten während des Unterrichts). Dabei sollte man ihnen die Gelegenheit geben, miteinander ins Gespräch zu kommen und auch auf „Abwege" zu geraten. Der Lehrer kann entscheidende Hinweise und weitere Recherchetipps geben.

- **Schritt 3:** Das Recherchematerial wird gesichtet; die Ergebnisse werden auf Plakaten fixiert. Dafür benötigt man mindestens zwei Stunden. Danach werden die Plakate vorgestellt. Zum Abschluss kann der Bogen zum Anfang der Reihe geschlagen werden: Habt ihr neue Erkenntnisse gewonnen? *(PS)*

Über den Amoklauf von Erfurt:
http://www.spiegel.de/spiegel/print/d-22213312.html

Zur Gewaltprävention:
http://www.fairplayer.de
http://www.stiftung-gegen-gewalt-an-schulen.de

Seiten für Pro- und Kontra-Argumente von Ego-Shootern:
http://www.spiegel.de/wissenschaft/mensch/0,1518,449843,00.html
http://www.silicon.de/management/mittelstand/0,39044010,41001651,00/pro_und_contra_schluss_mit_killerspielen.htm
http://www.zeit.de/online/2006/45/kfn-computerspiele
http://www.welt.de/debatte/weblogs/Boess-in-Berlin/article6065765/Killerspiele-sind-auch-nicht-gewaltverherrlichender-als-das-Christentum.html
http://www.welt.de/welt_print/article738945/Experten_lehnen_Verbot_von_Killerspielen_ab.html
http://www.sueddeutsche.de/kultur/computerspiele-die-politik-schlaegt-zurueck-1.763939

Jugendschutzgesetz:
http://www.bmfsfj.de/BMFSFJ/gesetze,did=5350.html

10.2 Superstars und Co. – Fernsehen und Menschenwürde

Intentionen/Kompetenzen	Erscheinungsformen und Probleme moderner Gesellschaften in ihrer Bedeutung für das Urteilen und Handeln erfassen; Argumente verschriftlichen
Klassenstufe	ab Klasse 8
Material	Stifte, vorbereitete Plakate (siehe unten)
Zeitaufwand	2 Stunden
Tipp/Hinweise	Bevor man mit den Schülern über eine der Sendungen spricht, sollte man sich vergewissern, dass jeder Schüler das Format, das besprochen werden soll, zumindest schon einmal gesehen hat, damit alle mitreden können.

Germanys next Topmodel, Das Supertalent, Dschungelcamp usw. sind Fernsehshows, die viele Schüler kennen und über deren Stars sie sich unterhalten. Häufig ist auch Schadenfreude dabei. Anhand einer Sendung – in diesem Kapitel das Beispiel *Deutschland sucht den Superstar (DSDS)* – sollen das Konzept der Sendung, der Umgang mit den Sängern und der Begriff „Menschenwürde" kritisch durchleuchtet werden.

- **Schritt 1:** Als Vorarbeit für die Gruppenarbeit werden zwei Pro- und zwei Kontra-Gruppen eingeteilt und vier Plakate (DIN A2) vorbereitet. Auf jedem Plakat steht ein anderes Zitat; es ist in vier (je nach Schülerzahl mehr) gleiche Teile unterteilt.

Zitate für die Plakate

Pro: „Die Aktiven wissen doch ganz genau, worauf sie sich einlassen, und werden in ihrer Würde nicht angetastet."
„Wer bei DSDS mitmacht, möchte berühmt sein. Dafür muss man auch Kritik einstecken können."

Kontra: „Die Jury verletzt mit ihrer oft überzogenen Schelte die Menschenwürde der Teilnehmer, um die Zuschauerzahlen zu steigern."
„Jüngere Teilnehmer sind zu jung, um zu überschauen, dass sie auf Kosten der Quoten durch den Kakao gezogen werden."

- **Schritt 2:** Auf Folie oder Papier zeigt der Lehrer ein Bild aus der Sendung *DSDS*. Die Schüler äußern spontan Zustimmung, Ablehnung und Gründe für diese Sendung, z. B. warum sie die Sendung regelmäßig anschauen. Die Leitfrage „Verletzt *DSDS* die Menschenwürde?" wird auf Folie/an der Tafel notiert. Die Schüler äußern sich zuerst nicht dazu.

- **Schritt 3:** Die Klasse wird in vier Gruppen mit jeweils vier bis fünf Schülern aufgeteilt. Den Gruppen wird ein vorbereitetes Plakat mit einem der Zitate (siehe oben) gegeben. Es ist je nach Gruppenstärke in vier oder fünf Flächen unterteilt, auf denen jedes Gruppenmitglied schreiben soll. Die Schüler sollen sich auf ihrem Teil des Plakats zuerst zu den Zitaten, die auf dem Plakat stehen, schriftlich äußern und dabei zuerst zustimmende Argumente formulieren. Wichtig: Es darf nicht geredet werden. Dann werden die Schüler aufgefordert, sich ebenfalls schriftlich (ohne miteinander zu sprechen) auf Beiträge der Mitschüler ihrer Gruppe beziehen.

- **Schritt 4:** Nach der ersten Schreibphase tauschen die beiden Pro-Gruppen mit den beiden Kontra-Gruppen und nehmen schriftlich Bezug zu den Äußerungen ihrer Mitschüler. Dabei achten sie darauf, ob die Argumente stichhaltig sind oder ob sie noch – etwa durch Beispiele – gestützt werden können. Dann tauschen die Schüler der Pro-Gruppen ihre Plakate mit denen der Kontra-Gruppen und äußern sich schriftlich zu den Beiträgen ihrer Mitschüler. Diesmal dürfen Gegenargumente notiert werden. Am Schluss erhalten die Gruppen ihre Ausgangsplakate mit den Anmerkungen wieder.

- **Schritt 5:** Die Schüler diskutieren in den Kleingruppen über das Geschriebene und überlegen, wie sie den Inhalt sinnvoll zusammenfassen können, um ihre Ergebnisse vorzustellen. Im Plenum werden die Plakate mit den verschiedenen Argumenten vorgestellt. Statt der Plakatpräsentation ist eine Podiumsdiskussion mit Vertretern der verschiedenen Positionen eine denkbare Alternative. – Abschlussreflexion: Hat sich eure Sicht auf die Sendung verändert? Habt ihr neue Argumente kennengelernt? *(PS)*

Tipp: Bei Lerngruppen mit mehr als 20 Schülern sollten noch zusätzliche Plakate mit Pro- und Kontra-Argumenten vorbereitet werden. Um die Positionen der anderen kennenzulernen und damit die Schüler sich argumentativ nicht zu sehr im Kreis drehen, ist es sinnvoll, den Austausch der Plakate auf zwei Wechsel (wie beschrieben) zu beschränken.

10.3 Zu wem gehört das Kind? – Gerichtsverhandlung

Intentionen/Kompetenzen	Entscheidungsfindung bei ethischen Fragen lernen; Bibeltext und literarische Umsetzung vergleichen; sich mit verschiedenen Aspekten, Perspektiven und Ansichten anhand eines konkreten Falls auseinandersetzen
Klassenstufe	ab Klasse 8
Material	Text *Der Augsburger Kreidekreis* von BERTOLT BRECHT, Bibel, Papier und Stifte
Zeitaufwand	4–6 Stunden
Tipp/Hinweise	Als Vorbereitung können die Schüler auf Gerichtsverhandlungen in Fernsehsendungen achten oder den Ablauf einer Gerichtsverhandlung recherchieren (Fachleute befragen/Internet).

Das Problem, zu wem ein Kind gehört, ist alt und kommt schon in der Bibel vor, z. B. beim Streit zwischen Sara und Hagar um Hagars leiblichen und Saras „rechtlichen" Sohn Ismael oder bei der bekannten Erzählung von Salomos Urteil beim Streit zweier Mütter um einen Säugling. In den Medien ist das Thema allgegenwärtig: Diskussion um Vaterschaftstest, Leihmutterschaft, Babyklappe, Berichte über Scheidungsurteile usw. Immer mehr Kinder und Jugendliche sind von diesem Thema betroffen, unmittelbar oder durch Erfahrungen von Klassenkameraden, Freunden und Familienangehörigen.

- **Schritt 1:** Der Bibeltext „Salomos Urteil" (1. Könige 3, 16–28) wird gelesen und besprochen. Fragestellungen: Diese Geschichte soll die Weisheit Salomos zum Ausdruck bringen. Warum gilt er als weise? Was zeichnet die „wahre Mutter" aus? Anschließend wird die Szene von den Schülern gespielt (Pantomime oder Rollenspiel).

Inhalt der Erzählung „Der Augsburger Kreidekreis"

Die Frau des Gerbers Zingli aus Augsburg flieht während des Dreißigjährigen Krieges überstürzt vor feindlichen Truppen, nimmt Geld und Schmuck mit, lässt aber ihr Kind zurück. Die Magd Anna rettet das Kind unter Lebensgefahr und zieht es unter Entbehrungen auf wie ihr eigenes. Mehrere Jahre später kommt Frau Zingli zurück und holt das Kind ohne Wissen Annas zu sich. Anna will das Kind aber behalten. Der Fall landet vor Gericht. Richter Dollinger lässt am Ende der Verhandlung einen Kreidekreis ziehen und das Kind in die Mitte stellen. Dann sagt er zu den beiden Müttern: „Stellt auch ihr euch in den Kreidekreis, fasst jede eine Hand des Kindes, und wenn ich ‚los' sage, dann bemüht euch, das Kind aus dem Kreis zu ziehen. Die von euch die stärkere Liebe hat, wird auch mit der größeren Kraft ziehen und so das Kind auf ihre Seite bringen." Als der Richter ‚los' sagt,

> reißt Frau Zingli das Kind aus dem Kreidekreis, Anna lässt sofort los. Der Richter spricht Anna das Kind zu: „Und somit wissen wir, wer die rechte Mutter ist. Nehmt der Schlampe das Kind weg. Sie würde es kalten Herzens in Stücke reißen."

- **Schritt 2:** Der Lehrer stellt den Inhalt der Erzählung *Der Augsburger Kreidekreis* von BERTOLT BRECHT vor (siehe Kasten). Er kann zusätzlich die Szene im Gerichtssaal vorlesen oder den Textauszug als Arbeitsblatt an die Schüler verteilen. Es folgt ein Gespräch unter folgenden Fragestellungen: Brecht nennt den Richter Dollinger „listig". Warum? Worin besteht die List? Was hat Brecht gegenüber der biblischen Geschichte über Salomos Urteil verändert? – Der Hauptunterschied ist, dass nicht die leibliche Mutter die „wahre" Mutter ist, sondern diejenige, die sich um das Kind kümmert und der das Wohl des Kindes am Herzen liegt. – Diese Gerichtsszene kann ebenfalls von den Schülern gespielt werden. Vorher sollten die Charaktere der drei Hauptpersonen kurz beschrieben werden (Rollenkarten).

Spielen einer heutigen Gerichtsverhandlung

In der heutigen Zeit gibt es häufig Fälle, bei denen vor Gericht entschieden werden muss, wer das Sorgerecht für ein Kind bekommt. Die meisten Schüler kennen solche Fälle aus Berichten oder aus eigener Erfahrung. Die Möglichkeit, selbst einen solchen Fall zu konstruieren und die Gerichtsverhandlung zu spielen, greifen sie nach meiner Erfahrung gern auf. Auch die Zuschauer (diejenigen, die keine bestimmte Rolle übernehmen) verhalten sich diszipliniert, weil sie dem Verlauf interessiert folgen und gespannt auf das Urteil sind, das keiner vorher weiß. In der gespielten Gerichtsverhandlung geht es nicht um die konkrete Rechtslage und den daraus resultierenden wahrscheinlichen Ausgang der Verhandlung, sondern darum, dass die Schüler die verschiedenen Sichtweisen eines Themas durch das Rollenspiel nachvollziehen sowie unter Abwägung verschiedener Aspekte gemeinsam zu einer Urteilsfindung kommen.

- **Schritt 1:** Als Hinführung muss zunächst geklärt werden, wie eine Gerichtsverhandlung abläuft. Fragestellung: Wer war schon einmal bei einer Gerichtsverhandlung dabei? Wer hat eine Gerichtsverhandlung im Fernsehen gesehen? – Die Schüler nennen Merkmale des Ablaufs. Anschließend werden Personen genannt, die beim Gericht eine Rolle spielen. Dann geht es mit dem folgenden Text weiter.

> Unter der Überschrift „Kindeszuteilungsverfahren" fand sich folgender Text zu Salomos Urteil (siehe oben) aus einer Jura-Vorlesung im Internet:
>
> *Nach welchen Rechtsregeln wäre der Fall zu entscheiden, wenn er sich heute ereignete? Der Streit lässt sich wie folgt qualifizieren. Es handelt sich um einen Privatrechtskonflikt unter Bürgern (Bürgerliches Recht) im Familienbereich (Familienrecht). Das ist im 4. Buch des BGB geregelt. Dort treffen wir im zweiten Abschnitt auf die Verwandtschaft. Eine Gliederungsebene tiefer ist im fünften Titel die elterliche Sorge für eheliche Kinder und im sechsten Titel die elterliche Sorge für nichtehe-*

liche Kinder angesprochen. Die einschlägigen Regeln für die Kindesherausgabe finden sich in §§ 1632 und 1666 BGB (in Verbindung mit 1705 ff. bei nichtehelichen Kindern). Die rechtspolitische Entscheidung des Gesetzgebers führt zu dem Grundsatz: Vorrang der leiblichen Mutter, es sei denn, das Kindeswohl werde gefährdet.
Prof. Dr. Dr. h. c. Helmut Rüßmann, Uni Saarland

- **Schritt 2:** Zum Internettext werden folgende Fragen gestellt: Kannst du dir vorstellen, warum sich heutige Juristen mit dem Fall aus der Bibel beschäftigen? Welche Fälle könnte es heute geben, bei denen es um ein ähnliches Problem geht? Aus den Beispielen, die die Schüler finden, wird dann ein Fall gewählt, der Grundlage für eine Gerichtsverhandlung sein könnte.

In einer Klasse wurde folgender Fall konstruiert:

Eine Frau bekommt ein Baby. Der Vater des Kindes trennt sich von ihr. Die Frau wird mit dem Problem nicht fertig und fängt an, zu trinken. Sie verwahrlost immer mehr und vernachlässigt ihr Kind. Das Jugendamt wird auf den Fall aufmerksam. Schließlich wird der Mutter das Sorgerecht entzogen. Das Kind wird zu Pflegeeltern gebracht, die es voller Liebe aufziehen. Nach vier Jahren stirbt der Pflegevater. Die Pflegemutter geht nicht wieder in ihren früheren Beruf zurück, um sich weiterhin um „ihr" Kind kümmern zu können. Nach einem weiteren Jahr verlangt die leibliche Mutter ihr Kind zurück. Sie hat inzwischen eine Entziehungskur gemacht und eine Arbeitsstelle als Sekretärin gefunden. Diese Arbeit möchte sie nicht aufgeben, sie hat aber eine Kindertagesstätte, in der sie das Kind tagsüber unterbringen kann, gefunden.

Als beteiligte Personen wurden genannt: leibliche Mutter, Pflegemutter, Richter, Anwalt der leiblichen Mutter, Anwalt der Pflegemutter, Protokollführer, Gerichtsdiener, drei Schöffen, Nachbarn als Zeugen für die leibliche Mutter (die bezeugen, dass die Frau in geordneten Verhältnissen lebt und am sozialen Leben des Ortes teilnimmt), Kindergärtnerin/Erzieherin als Zeugin für die Pflegemutter (die bezeugt, dass sich das Kind gut entwickelt hat, glücklich ist und sich bei der Pflegemutter wohlfühlt), Sachverständige (Vertreter des Jugendamtes, Kinderpsychologe).

- **Schritt 3:** In arbeitsteiliger Gruppenarbeit werden Rollenkarten angefertigt. Jede Gruppe befasst sich mit einer anderen Person und erstellt eine Rollenkarte nach dem folgenden Beispiel. Die einzelnen Rollenkarten werden aufeinander abgestimmt, damit die Geschichte „stimmig" ist, und für alle kopiert.

Beispiel einer Rollenkarte für den Richter

Du bist der Richter. Du eröffnest und leitest die Verhandlung. Du erteilst den einzelnen Personen das Wort. Du sorgst dafür, dass die Verhandlung geordnet abläuft

(z. B. Ermahnung an die Zeugen, sachlich zu bleiben, das Publikum zur Ruhe ermahnen usw.). Du bist neutral und hörst allen Parteien gleichermaßen zu. Am Schluss bittest du die beiden Anwälte um ihr Plädoyer. Danach ziehst du dich mit den Schöffen zur Beratung zurück. Anschließend bittest du im Gerichtssaal alle Anwesenden, sich zu erheben, und verkündest das Urteil „im Namen des Volkes". Dann begründest du das Urteil und schließt die Verhandlung.

- **Schritt 4:** Die Rollen werden verteilt. Die Schauspieler sollten zunächst Zeit haben, sich mit ihren Rollen vertraut zu machen (eventuell bis zur nächsten Stunde). Diejenigen, die keine bestimmte Rolle haben, gehören zum Publikum, das im Spiel auch eine „Rolle" hat. Der ungefähre Ablauf (wer wann an der Reihe ist) wird besprochen und bei Bedarf kurz notiert.

- **Schritt 5:** Der Raum wird gestaltet. Das Pult ist der Richtertisch, daneben werden Schülertische für die Schöffen und den Protokollführer gestellt, schräg davor links und rechts sitzen die beiden Parteien mit ihren Anwälten. Der Zeugenstand befindet sich dazwischen. Die Zeugen und Sachverständigen gehen aus dem Raum oder stellen sich neben die Tür. Sie werden einzeln hereingebeten. Jetzt kann die Verhandlung beginnen. *(AL)*

10.4 Gläserner Mensch – Wer darf was über wen wissen?

Intentionen/Kompetenzen	sich mit den Möglichkeiten und Gefahren von Gentests und sozialen Netzwerken auseinandersetzen; über Persönlichkeitsrechte nachdenken; ethisch argumentieren und entscheiden lernen
Klassenstufe	ab Klasse 8
Material	Internet (bei Bedarf), Plakatkarton, Stifte
Zeitaufwand	1–2 Stunden; im Fall von Internetrecherchen mehr
Tipp/Hinweise	→ 2.8, 10.5

Nicht nur durch das Internet mit den sozialen Netzwerken ist die Möglichkeit, etwas über Menschen zu erfahren, was sie vielleicht gar nicht preisgeben wollen, gegeben. Auch die Fortschritte in der medizinischen Forschung eröffnen solche Möglichkeiten (Gentests, Gehirnforschung). Darum ist es sinnvoll, sich zunächst allgemein mit dem Thema „Gläserner Mensch" zu befassen.

Das Thema „Bewerbung" ist im 9. und 10. Schuljahr aktuell. Im Deutschunterricht lernen die Schüler, wie man ein Bewerbungsschreiben verfasst usw. Für Religion und Ethik wird das Thema besonders relevant, wenn es um die Frage nach den Persönlichkeitsrechten geht: Welche Informationen darf ein Arbeitgeber erhalten? Darf er Gentests fordern? Rechtlich ist diese Frage noch nicht ganz geklärt. Jugendliche sollten dazu angeleitet werden, sich mit diesem Problem auseinanderzusetzen, denn sie sind von der Entscheidung direkt betroffen.

- **Schritt 1:** Der Begriff „Gläserner Mensch" wird in die Mitte auf ein Plakat geschrieben. Die Schüler schreiben ihre Gedanken und Fragen dazu (stummes Schreibgespräch, Cluster oder Mindmap). Anschließend werden die Äußerungen geordnet: Was ist die jetzige Realität? Welche Befürchtungen werden deutlich? Welche Fragen tauchen auf?

- **Schritt 2:** Die Schüler überlegen sich Situationen, in denen sie von ähnlichen Fragen betroffen sind, z. B. in Beziehung zu Eltern und Lehrern: Was sollten bzw. dürfen sie über ihre Kinder und Schüler erfahren? Sie beschäftigen sich dann mit folgenden Fragestellungen: Stell dir vor, du wirst zu einem Bewerbungsgespräch eingeladen. Überlege dir mögliche Fragen und schreibe ein paar Antworten dazu auf. Selbst wenn der Arbeitgeber keine Fragen stellen darf, die zum Intimbereich der Person gehören, musst du dich darauf gefasst machen, dass er dich Dinge fragt, die du nicht beantworten willst. Schreibe ein paar von möglichen Fragen auf, die du auf keinen Fall beantworten möchtest. Wie würdest du in einem Bewerbungsgespräch auf diese Fragen reagieren? – Anschließend können solche Bewerbungsgespräche von den Schülern in Rollenspielen umgesetzt werden. Dabei ist wichtig, dass die Rollen getauscht werden.

> **Ethikrat schließt Gentests bei Bewerbung nicht aus**
> *Der Nationale Ethikrat hat sich für strenge Auflagen bei medizinischen Tests vor der Einstellung eines Bewerbers ausgesprochen. Zugleich schloss er die Zulässigkeit von Gentests aber nicht aus. In der einstimmig verabschiedeten Stellungnahme plädiert der Ethikrat für eine gesetzliche Regelung. Fragen nach dem Gesundheitszustand eines Bewerbers und medizinische Untersuchungen sollen dem Ethikrat zufolge nur zulässig sein, um damit zum Zeitpunkt der Einstellung die Eignung festzustellen.*

- **Schritt 3:** Der Nationale Ethikrat in Deutschland (seit 2008 Deutscher Ethikrat) gibt den Gesetzgebern Empfehlungen bei bestimmten ethischen Fragen. Die Schüler können eine Sitzung dieses Gremiums in Gruppen spielen. Dazu müssen sie sich die genaue Fragestellung überlegen, mögliche Argumente und Gegenargumente sammeln sowie eventuelle Einschränkungen und Auflagen formulieren. Als Abschluss formuliert jede Gruppe eine Stellungnahme zum Thema. *(AL)*

Tipp: Zugangsweisen zum Thema „Facebook" und anderen Netzwerken → 2.8.

10.5 Womit beschäftigt sich der Deutsche Ethikrat?

Intentionen/Kompetenzen	den Ethikrat als öffentliches Gremium kennenlernen; sich mit gesellschaftlich relevanten und aktuellen ethischen Themen befassen; ein Thema ansatzweise in einem Kurzvortrag erklären
Klassenstufe	ab Klasse 9
Material	Internet, Papier, Stifte
Zeitaufwand	2 Stunden; bei Bedarf mehr
Tipp/Hinweise	Unterrichtsvorschläge in diesem Buch zu folgenden Themen der Stellungnahmen: genetische Diagnostik vor und während der Schwangerschaft → 10.6; prädiktive Gesundheitsinformationen bei Einstellungsuntersuchungen → 10.4; Selbstbestimmung und Fürsorge am Lebensende → 10.7.

Deutscher Ethikrat (seit 2008)/Nationaler Ethikrat (2001–2007)

Der Deutsche Ethikrat ist ein vom Bundestag vorgeschlagenes unabhängiges Gremium aus Vertretern von verschiedenen Wissenschaftsbereichen und anerkannten Personen, die mit ethischen Fragen vertraut sind. Er „verfolgt die ethischen, gesellschaftlichen, naturwissenschaftlichen, medizinischen und rechtlichen Fragen sowie die voraussichtlichen Folgen für Individuum und Gesellschaft, die sich im Zusammenhang mit der Forschung und den Entwicklungen insbesondere auf dem Gebiet der Lebenswissenschaften und ihrer Anwendung auf den Menschen ergeben".
Zu seinen Aufgaben gehören unter anderem die Erarbeitung von Stellungnahmen, die Information der Öffentlichkeit und die Förderung der Diskussion in der Gesellschaft unter Einbeziehung der verschiedenen gesellschaftlichen Gruppen. Seit 2011 gibt es ein „Online-Diskursprojekt", mit dem „auf eine zeitgemäße Weise eine Debatte auf breiter gesellschaftlicher Ebene möglich gemacht werden soll". Zu folgenden Themen hat der Ethikrat von 2001 bis 2011 Stellungnahmen verfasst:

- Stellungnahme zum Import menschlicher embryonaler Stammzellen (Dezember 2001)
- Genetische Diagnostik vor und während der Schwangerschaft (Januar 2003)
- Biobanken für die Forschung (März 2004)
- Polkörperdiagnostik (Juni 2004)
- Klonen zu Fortpflanzungszwecken und Klonen zu biomedizinischen Forschungszwecken (September 2004)
- Zur Patentierung biotechnologischer Erfindungen unter Verwendung biologischen Materials menschlichen Ursprungs (Oktober 2004)
- Patientenverfügung. Ein Instrument der Selbstbestimmung (Juni 2005)
- Prädiktive Gesundheitsinformationen bei Einstellungsuntersuchungen (August 2005)

- Selbstbestimmung und Fürsorge am Lebensende (Juli 2006)
- Prädiktive Gesundheitsinformationen beim Abschluss von Versicherungen (Februar 2007)
- Die Zahl der Organspenden erhöhen: Zu einem drängenden Problem der Transplantationsmedizin in Deutschland (April 2007)
- Zur Frage einer Änderung des Stammzellengesetzes (Juli 2007)
- Das Problem der anonymen Kindesabgabe (November 2009)
- Humanbiobanken für die Forschung (Juni 2010)
- Präimplantationsdiagnostik (März 2011)

Zum Thema „Intersexualität" soll nach dem Ende der ersten Online-Diskussion eine Stellungnahme verfasst werden.

Webcode: FR233366-015

- **Schritt 1:** Die Schüler erhalten die Informationen über den Ethikrat (siehe oben) in Kopie. Die Themen, mit denen sich der Ethikrat befasst, sind meistens aktuell in der Öffentlichkeit im Gespräch und werden in den Medien aufgegriffen. Sie sind aber manchmal sehr wissenschaftlich formuliert und für Laien nicht sofort verständlich. Deshalb müssen die Schüler zunächst versuchen, Verständnisfragen zu klären: Notiere alle Begriffe, die du nicht verstehst. Versuche, eine Erklärung von einem Mitschüler zu erhalten, der den Begriff kennt, und schreibe die Erklärung daneben. – Die Schüler können bei dieser Übung im Klassenraum umhergehen und nacheinander Mitschüler befragen. Anschließend werden die Erklärungen im Plenum besprochen. Die Begriffe, die keiner kennt, werden besonders gekennzeichnet und den Schülern als Erkundungsauftrag mitgegeben. Wenn ein Internetanschluss im Klassenraum vorhanden ist, kann die Bedeutung der Begriffe auch sofort geklärt werden.

- **Schritt 2:** Es folgt Gruppenarbeit mit folgender Aufgabenstellung: Suche dir ein Thema aus, das dich am meisten interessiert, und versuche, zusammen mit den Mitschülern, die dasselbe Thema gewählt haben, Informationen und Meinungen zum Thema zu finden. Formuliert dazu einen Kurzvortrag und tragt ihn in der Klasse vor. Er sollte folgende Informationen enthalten: Erklärung des Themas (Worum geht es?) – Welche Hauptpositionen gibt es? – Welche Ansichten oder Erfahrungen gibt es in eurer Gruppe dazu? *(AL)*

Die kompletten Stellungnahmen des Ethikrates sind im Internet abrufbar (www.ethikrat.org/publikationen/stellungnahmen), aber für den Unterricht zu umfangreich. Eventuell können sich die Schüler aus dem Inhaltsverzeichnis einen Abschnitt auswählen.

10.6 Kinder nach Wunsch? – Chancen und Grenzen der Medizin

Intentionen/Kompetenzen	medizinischer Fortschritt und verantwortliches Handeln in der heutigen Gesellschaft; Verantwortung in der Schöpfung; ethische und religiöse Antwortversuche auf individuelle Fragestellungen zur Lebensplanung finden und begründen können (Gewissensentscheidungen); die Unantastbarkeit der Würde des Menschen als Voraussetzung für das Handeln und Entscheiden in Grenzsituationen erkennen
Klassenstufe	ab Klasse 9
Material	Zeitungen (bei Bedarf)
Zeitaufwand	3–4 Stunden
Tipp/Hinweise	zum Ethikrat → 10.5

Mit fortschreitender medizinischer Forschung werden die Grenzbereiche, in denen entschieden werden muss, immer sensibler und schwieriger. Es geht um Entscheidungen, die dem Einzelnen niemand abnehmen und vor denen man sich im Ernstfall nicht „drücken" kann. Ein „Richtig" oder „Falsch" wird hier nicht möglich sein, aber ein sensibler Umgang mit eigenen Gefühlen, Bedenken und Zweifeln und mit denen der Menschen, die einem nahestehen, kann hier zum Thema gemacht werden.

Wunschkinder und Kinder nach Maß

Werdende Eltern wünschen sich ein gesundes Kind. Die moderne Medizin hält viele Möglichkeiten bereit, diesen Wusch zu erfüllen:
- Damit ein Kind möglichst gesund zur Welt kommt, gibt es während der Schwangerschaft regelmäßige ärztliche Untersuchungen, die den Gesundheitszustand von Mutter und Kind kontrollieren.
- Damit schwerwiegende Genanomalien rechtzeitig erkannt werden können, gibt es schon seit einigen Jahren die sogenannte Pränataldiagnostik. Sie wird Eltern empfohlen, in deren Familien bereits ein erhöhtes Risiko für Erbkrankheiten vorliegt oder die das 35. Lebensjahr überschritten haben.
- Bei unerfülltem Kinderwunsch ist es durch medikamentöse Behandlung der Eltern und/oder durch eine künstliche Befruchtung möglich, ein eigenes Kind zu bekommen.
- Mit der Präimplantationsdiagnostik (PID) können Gendefekte und Erbkrankheiten bereits festgestellt werden, bevor der außerhalb des Mutterleibes entstandene Embryo in die Gebärmutter implantiert wird.

Neben großen Fortschritten werden die Menschen durch die Entwicklung in der Medizin vor immer neue Grenzfragen gestellt. Kritiker werfen der Forschung vor, mit den heutigen Möglichkeiten auf dem Weg zum „Menschen nach Maß", zum Designermenschen ohne Makel zu sein. Befürworter gibt es auch. Sie sehen in erster Linie die Schwierigkeiten, die ein Leben mit einem behinderten Menschen in der Familie mit sich bringt.

Weil es sich immer um Fragen zwischen Leben und Tod handelt, muss es Gesetze geben, die einen Missbrauch weitgehend ausschließen. Aber wie soll entschieden werden? Um die Politik in diesen Entscheidungen zu unterstützen, wurde der Ethikrat gegründet.

Eltern, die sich für die Durchführung einer dieser Untersuchungen entscheiden, stehen bei einem positiven Untersuchungsergebnis vor einer schwerwiegenden Entscheidung: Soll das Kind behindert oder krank zur Welt kommen? Soll das Baby lebend zur Welt kommen? Oder soll ein Schwangerschaftsabbruch (der in diesem Fall auch zu einem späteren Zeitpunkt legal wäre) vorgenommen werden? Soll der Embryo trotz festgestellter Krankheit implantiert werden?

Webcode: FR233366-016

Fragen und Aufgaben

- Welche Gründe könnten schwangere Frauen haben, sich für eine vorgeburtliche Untersuchung zu entscheiden? Kannst du dir vorstellen, dass es Schwangere gibt, die sich bewusst gegen eine solche Untersuchung entscheiden?
- Was hältst du von einer künstlichen Befruchtung?
- Wie beurteilst du eine „Auswahl" gesunder Embryos?
- Stelle die Argumente, die für und gegen eine Entscheidung in den einzelnen Fragen sprechen, in einer Tabelle einander gegenüber.

Um sich dem Thema auch emotional zu nähern, ist der folgende biografische Text geeignet.

Eine schwierige Entscheidung

Ich heiße Susanne, bin 40 Jahre alt, verheiratet und habe meinen Traumberuf: Lehrerin. Ich habe zwei Kinder, einen siebenjährigen Sohn und eine vierjährige Tochter. Ich gehöre zu der Gruppe von Menschen, die mit einer Behinderung leben müssen. Ich wurde mit einem Spalt in der Wirbelsäule geboren. Trotz aller ärztlichen Bemühungen sitze ich heute im Rollstuhl. Meine Kinder sind beide gesund; wir sind eine glückliche Familie.

Jetzt bin ich wieder schwanger und stehe zum dritten Mal vor dem Problem, mich für oder gegen die sogenannte „pränatale Diagnostik" entscheiden zu müssen. Bei den beiden älteren Kindern habe ich es geschafft, mich gegen die Möglichkeiten der modernen Medizin zu entscheiden, obwohl ich wegen meiner Behinderung als „Risikoschwangere" galt. Natürlich habe ich mir – wie wohl alle werdenden Eltern – gesunde Kinder gewünscht. Aber ich hätte auch ein behindertes Kind zur Welt gebracht. Ich wollte eben in beiden Fällen genau das Kind, das gerade unterwegs war. So geht es mir dieses Mal auch. Ich möchte das Kind mit Vorfreude und Liebe, nicht mit Angst und Verunsicherung zur Welt bringen. Andererseits sind mein Mann und ich älter geworden; das Risiko für eine chromosomenbedingte Fehlbildung ist gestiegen. Ist es zu verantworten, als nicht mehr ganz junges Elternpaar ein behindertes Kind zur Welt zu bringen? Was wird aus ihm, wenn wir es eines Tages nicht mehr versorgen können? Wir haben bereits zwei gesunde Kinder, die manchmal recht anstrengend sind. Sie freuen sich auf ein Geschwisterchen, sie wünschen es sich sogar. Aber könnten sie es verkraften, wenn dieses Kind für immer den größten Teil unserer Zeit und Fürsorge fordern würde? Könnte ich meinen Beruf, der mir sehr viel bedeutet, weiter ausüben?

Als meine Mutter mich erwartete, gab es diese medizinischen Möglichkeiten nicht. Ich bin mit meiner Behinderung zur Welt gekommen und habe gelernt, ein selbstständiger, glücklicher Mensch zu sein. Wären meine Eltern damals vor meiner Geburt vor die Entscheidung gestellt worden, ob sie sich ein behindertes Kind „zutrauen" würden, wer weiß, wie sie entschieden hätten ...

Webcode: FR233366-016

Aufgabe
Susanne fühlt sich verunsichert. Welchen Rat würdest du ihr geben? Schreibe Susanne einen Brief. *(UM)*

10.7 Das Leben verlängern? – Entscheidung am Ende des Lebens

Intentionen/Kompetenzen	ethische Entscheidungen im individuellen und gesellschaftlichen Kontext wahrnehmen und ansatzweise erörtern
Klassenstufe	ab Klasse 9
Material	Papier, Stifte, Internet (für Recherchen)
Zeitaufwand	1–2 Stunden
Tipp/Hinweise	Als vorbereitende Hausaufgabe können die Schüler durch Internetrecherche klären, was eine Patientenverfügung ist.

Das Thema ist sehr umfangreich (ethische, medizinische, rechtliche, gesellschaftspolitische Aspekte) und besonders für Nichtfachleute schwer zu durchschauen. Da es aber jeden betreffen kann, ist es wichtig, sich wenigstens annäherungsweise damit zu beschäftigen. Der folgende kurze Überblick über ein paar Aspekte des Themas, geschrieben von einem Krankenhausarzt, kann Ausgangspunkt für den Unterricht sein.

Entscheidung am Ende des Lebens

Der technische Fortschritt war in den letzten Jahrzehnten enorm. Für die Medizin gilt das besonders. Durch Forschung kommt es zu einem besseren Verständnis der Erkrankungen und zur Entwicklung neuer Medikamente oder technischer Hilfsmittel. Spürbare Auswirkungen dieses Fortschritts sind deutlich höhere Überlebensraten von Patienten mit schweren Erkrankungen. Allgemeiner Ausdruck hierfür ist auch die Zunahme der Lebenserwartung: Wer heute in Deutschland geboren wird, hat eine um über 30 Jahre höhere Lebenserwartung als derjenige, der vor 100 Jahren geboren wurde.

Der Fortschritt wirft jedoch auch Fragen und Probleme auf, die sich in früheren Zeiten so nicht gestellt haben. Durch die höhere Lebenserwartung, u. a. durch überlebte Erkrankungen, an denen man gegebenenfalls vor Jahren noch gestorben wäre, nimmt die Zahl der Demenzkranken deutlich zu. Keiner möchte jedoch im Alter dement werden, und einige würden lieber davor sterben. Es ergeben sich Fragen für jeden einzelnen Betroffenen, aber auch für die ganze Gesellschaft oder für den Gesetzgeber, die nicht leicht zu beantworten sind.

- Sollte alles Machbare, wie z. B. künstliche Beatmung, Krebstherapien, Operationen beim alten und gegebenenfalls dementen oder unheilbar kranken Menschen, durchgeführt werden?
- Sollte vor dem Hintergrund begrenzter Ressourcen, v. a. begrenzten Geldes im Gesundheitssystem, eine Auswahl erfolgen: z. B. teure Eingriffe nur für Menschen, die jünger sind als 80 Jahre, die eine Lebenserwartung von mehr als fünf Jahren haben oder ein vermeintlich lebenswertes Leben führen?

- Sollten einem alten oder schwer kranken Menschen Schmerzen in Form z. B. von Operationswunden zugefügt werden, damit er gegebenenfalls einige Monate länger leben kann?
- Hätte der Patient eine anstrengende Behandlung außerhalb seiner gewohnten Umgebung gewollt?

Im Folgenden werden zwei Fälle beschrieben, wie sie täglich in unseren Krankenhäusern vorkommen.

Fall 1
Die 87-jährige Frau S., Witwe des ehemaligen Bürgermeisters, wird mit dem Notarzt wegen Brustschmerzen in die Notaufnahme eingeliefert. Sie lebt seit neun Jahren im Pflegeheim. Der einzige Sohn wohnt 400 Kilometer entfernt, die meisten Freunde sind schon verstorben. Frau S. ist zunehmend vergesslich, verirrt sich öfters mit dem Rollstuhl im Pflegeheim und zittert beim Essen, sodass sie sich jedes Mal bekleckert. Sie muss wegen ungewollten Urinabgangs eine Windel tragen.
Schnell ist die Diagnose eines Herzinfarktes gestellt. Beste Therapie ist eine spezielle Herzuntersuchung, Herzkatheter genannt. Es kommt dabei jedoch gelegentlich zu Komplikationen mit verlängertem Krankenhausaufenthalt und zusätzlichen Operationen. Auch müssen danach unbedingt Medikamente auf Dauer gegeben werden, die ebenfalls Nebenwirkungen haben und teuer sind. Die Kosten für die Untersuchung werden mit 2 500 Euro veranschlagt. Die Alternative ist die Gabe von drei bewährten und billigen Medikamenten. Man weiß, dass diese Behandlung im Vergleich zum Herzkatheter deutlich schlechter ist, sodass mit einer schwereren Schädigung des Herzens, einer eingeschränkten Belastbarkeit und höherer Sterberate zu rechnen ist. *Herzkatheter – ja oder nein?*

Fall 2
Der 65-jährige Herr R., Vorsitzender des Tennisvereins, wird wegen eines Schlaganfalls ins Krankenhaus gebracht. Er konnte plötzlich nicht mehr sprechen und seinen rechten Arm und sein rechtes Bein nicht mehr bewegen. Das Ganze passierte, während er mit seinen zwei Enkelkindern, auf die er zusammen mit seiner Frau zwei Mal die Woche aufpasst, Schlitten fuhr. Trotz langem Krankenhausaufenthalt in Spezialkliniken kam es zu keiner Besserung der Schlaganfallsymptome, sodass Herr R. weiterhin nicht sprechen und sich nur im Rollstuhl fortbewegen kann. Da Herr R. nicht mehr schlucken kann, muss er außerdem seit dem Schlaganfall künstlich über einen Schlauch in den Magen, Magensonde genannt, ernährt werden. Es besteht eine Patientenverfügung, in der Herr R. keine lebensverlängernden Maßnahmen wünschte, sollte er kein selbstständiges Leben mehr führen können. Kurz vor der geplanten Entlassung verrutschte die Magensonde, sodass eine neue gelegt werden müsste.

Sollte dies nicht erfolgen, würde Herr R. in absehbarer Zeit wegen Unterernährung versterben. *Magensonde – ja oder nein?*
Bei jedem Patienten muss im Team aus Angehörigen, Ärzten, Pflegern und eventuell unter Zuhilfenahme eines Ethikteams eine individuelle Entscheidung getroffen werden. Jeder Beteiligte hat dabei seine persönlichen ethisch-moralischen Vorstellungen, die aus seiner Erziehung und Geschichte resultieren. Vielleicht kennst du jemanden aus der eigenen Familie oder dem Bekanntenkreis, der vor solch einer Frage stand.

Dr. Martin Balke

Webcode: FR233366-017

Aufgaben
- Sucht einen der beiden Fälle aus und überlegt euch Aspekte für die Beantwortung der am Schluss gestellten Frage.
- Klärt zunächst wichtige Sachfragen, z. B.: Was ist eine Patientenverfügung?
- Stellt Pro- und Kontra-Argumente (aus dem Text entnommene oder eigene) in einer Tabelle einander gegenüber.
- Versetzt euch in die Lage einer der beteiligten Personen. Jeder übernimmt eine andere Rolle (Patient, Angehöriger, Arzt, Pfleger …) und schreibt ein paar Gedanken dieser Person auf: Wenn ich allein entscheiden könnte/müsste, würde ich …, weil …
- Tauscht eure Überlegungen in der Gruppe aus. Ihr könnt beispielsweise eine Besprechung im Krankenhaus spielen.
- Befasst euch danach mit den Fragen und Problemen, die sich für die Gesellschaft und die Politik ergeben. Welchen Beitrag können Nichtfachleute zur Diskussion leisten? Verfasst einen kurzen Brief an den Bundestag mit der Bitte, sich mit dem Thema auseinanderzusetzen. Nennt Gründe für die Wichtigkeit sowie Aspekte des Themas und Fragen, die besprochen werden sollten. Stellt am Schluss kurz eure eigene Meinung dar. *(AL)*

11 Einsatz für Schöpfung, Gerechtigkeit und Frieden

11.1 Wenn Menschen Tiere wären – die Perspektive wechseln

Intentionen/Kompetenzen	sich mit der Rolle von Tieren in der Gesellschaft befassen; die Rolle von Tieren in den Schöpfungstexten der Bibel bedenken; durch Perspektivwechsel über Gefühle und Rechte von Tieren nachdenken
Klassenstufe	ab Klasse 5
Material	Bibel, Papier, Stifte; für das Projekt (siehe unten) eine Videokamera
Zeitaufwand	1–2 Stunden; für das Projekt zusätzliche Stunden
Tipp/Hinweise	→ 11.4; als Ergänzung *Die Konferenz der Tiere* von Erich Kästner → 2.4

Unter der Überschrift „Auch Tiere haben Mitgefühl" wurde in einer Zeitung über das Buch *Das Prinzip Empathie – Was wir von der Natur über einen bessere Gesellschaft lernen können* des Primatenforschers Frans de Waal berichtet. Das Bild eines nachdenklichen Affen mit der Erklärung „Zwergschimpansen, Bonobos genannt, fühlen mit anderen Tieren" verdeutlichte das Anliegen, sich auch gefühlsmäßig mit den Tieren zu befassen. Kinder sind für diese Betrachtungsweise besonders aufgeschlossen.

- **Schritt 1:** Welche Rolle spielen Tiere im Leben der Menschen? Diese Frage wird als Überschrift an die Tafel geschrieben. Nachdem die Schüler erste Gedanken dazu geäußert haben, werden verschiedene Rubriken an die Tafel geschrieben: Freunde, Feinde, Nutztiere, Anschauungsobjekte, Schimpfwörter usw. Anschließend kann über einzelne Themen diskutiert werden, zum Beispiel:
  - Nutztiere: artgerechte Haltung, Erfahrungen und Meinungen, Gesetze und Verordnungen, Vegetarier und Veganer, Beispiele aus anderen Ländern (Heilige Kühe in Indien, Hunde in China); Frage: Warum essen wir Rindfleisch, aber kein Hunde- oder Katzenfleisch?
  - Tiere im Zoo: Pro und Kontra
  - Vorurteile über bestimmte Tiere in Schimpfwörtern, Märchen und Symbolen: Sind Esel dumm? Sind Tauben nur friedlich? Sind Wölfe böse?

- **Schritt 2:** Danach kann man sich mit der Rolle der Tiere in den biblischen Schöpfungstexten befassen (Genesis 1, 20–31 und Genesis 2, 18–20). Frage: Welche Rolle hat Gott den Tieren zugedacht? Wie wird das Verhältnis zwischen Mensch und Tier dargestellt?

- **Schritt 3:** Die Schüler werden aufgefordert, in Gedanken die Rollen zu tauschen und folgenden Satzanfang mit verschiedenen Beispielen zu ergänzen: Wenn sich Tiere uns Menschen gegenüber so verhalten würden wie umgekehrt ... – Zu den Beispielen können passende Karikaturen gezeichnet werden (Beispiele unter www.veggiswelt.de/buch.htm). Eine weitere Möglichkeit besteht darin, Texte aus der Sicht von Tieren zu schreiben, z. B. „Ein ausgesetztes Tier erzählt", „Hühnerkäfigmeditation", „Tiere unterhalten sich über die Menschen" usw. Ferner möglich: Die Schüler nennen Fernsehsendungen, die sich mit dem Verhalten von Menschen gegenüber Tieren befassen. Sie überlegen, wie eine Fernsehsendung mit vertauschten Rollen aussehen könnte. – Ein Gespräch über die Frage „Was kann man durch den veränderten Blickwinkel lernen?" kann sich daran anschließen.

Projekt: Eine Fernsehsendung gestalten
In einer Projektwoche zum Thema „Revolution" haben Schüler einen Videofilm produziert mit dem Titel „Ein Herz für Menschen". Sie hatten sich überlegt, wie es sein würde, wenn die Tiere die Herrschaft übernähmen und uns Menschen so behandelten, wie wir die Tiere behandeln. Vorlage für ihre Produktion waren verschiedene Sendungen über den Umgang der Menschen mit Tieren. Reporter waren mitgebrachte Haustiere (Kaninchen, Hunde). Sie wurden gefilmt und mit menschlichen Stimmen „synchronisiert". Die Menschen wurden von den Schülern gespielt. Für manche Szenen wurden Bilder gefilmt, z. B. Fotos, die sie auf dem Schulhof zum Thema „Ausgesetzte Menschen" geknipst hatten. Eine Schülerin hatte ein Buch mit Karikaturen mitgebracht, bei denen die Rollen von Menschen und Tieren vertauscht waren. Es entstanden beeindruckende Szenen zu den Themen „Menschen suchen ein Zuhause", „Bericht über Menschentransporte", „Käfighaltung von Menschen" und „Menschenversuche".

In Anlehnung an das oben beschriebene Beispiel entwickeln die Schüler in Gruppen eigene Ideen für ein Projekt: Welches Thema wollt ihr bearbeiten? Zu welcher Tiersendung könntet ihr euch eine entsprechende Menschensendung vorstellen? Ergebnis kann eine Art Drehbuch sein. Die Resultate werden vorgestellt und eventuell umgesetzt. Wenn die Durchführung des Projekts zu aufwändig ist, kann man es bei der Planung belassen oder nur Teile von Szenen erarbeiten. *(AL)*

11.2 Menschen, die sich einsetzen

Intentionen/Kompetenzen	Personen kennenlernen, die sich für Frieden, Gerechtigkeit und die Bewahrung der Schöpfung einsetzen; sich selbstständig mit ihnen und ihren Lebensthemen auseinandersetzen
Klassenstufe	ab Klasse 7
Material	Sammelbände (z. B. *Mutige Menschen*), Lexika und Schulbücher mit Informationen zu bekannten Persönlichkeiten; Papier, Karteikarten, evtl. Plakatkarton, Klebestift, Buntstifte
Zeitaufwand	3–4 Stunden
Tipp/Hinweise	Die benötigten Informationen können auch im Internet recherchiert werden (Gruppenarbeit).

In der Geschichte gab es immer wieder Persönlichkeiten, die sich für andere Menschen, für die Natur oder allgemein für Gerechtigkeit und Frieden eingesetzt haben. Manchmal haben sie diesen Einsatz mit ihrer Freiheit oder sogar mit dem Leben bezahlt. Auch über heutige Menschen, die einen solchen Einsatz wagen, wird manchmal in den Medien berichtet. Ein Beispiel ist folgende Zeitungsmeldung:

Skulptur erinnert an Dominik Brunner
München (kna) Zum ersten Jahrestag des gewaltsamen Todes von Dominik Brunner wurden in dessen Heimatort Ergoldsbach ein Denkmal für Zivilcourage enthüllt und ein Hort nach ihm benannt. Die 2,20 Meter große Bronzeplastik zeigt einen Mann, der sich schützend vor ein Kind stellt. Brunner war am S-Bahnhof München-Solln nach einer Schlägerei mit zwei Jugendlichen ums Leben gekommen. Auch dort wurde gestern ein Erinnerungskreuz aufgestellt.

Rheinische Post, 13.9.2010

- **Schritt 1:** Vorab sollten Sammelbände, Lexika oder Ethik- bzw. Religionsbücher mit Informationen zu bekannten Persönlichkeiten zur Verfügung gestellt werden. Möglich sind auch eine vorbereitende Hausaufgabe und die Nutzung des Internets. Nach meiner Erfahrung interessieren sich Schüler für ausgelegte Bücher und greifen im Unterricht immer wieder darauf zurück.

- **Schritt 2:** Der Zeitungsartikel (siehe oben) wird vorgelesen und besprochen. Warum sind ein Denkmal und ein Hort nach Dominik Brunner benannt worden? Was haltet ihr davon? Kennt ihr andere Beispiele für Zivilcourage? – Wofür sollte man sich in unserer Zeit einsetzen? Die Schüler nennen Themen, die für die heutige Zeit wichtig sind. – Welche bekannten Persönlichkeiten fallen euch ein, die sich für eines oder mehrere dieser Themen eingesetzt haben bzw. einsetzen? Die Namen werden notiert (eventuell mit den entsprechenden Themen). Die Schüler erzählen kurz, was sie schon über die Personen wissen.

- **Schritt 3:** Anschließend informieren sich die Schüler über eine Persönlichkeit genauer und lesen die Lebensgeschichte dieses Menschen. Das folgende Themenblatt wird verteilt; die Aufgaben werden bearbeitet (Einzel-, Partner- oder Gruppenarbeit).

Menschen, die sich einsetzen

Biografische Daten	Lebensstationen	Gefühle
Name	Unvergessliche Erfahrung	Antriebskraft, Zufriedenheit
Geboren: Wann?/Wo?	Wichtiges Gedicht/Gebet	Ängste, Entsetzen
Religion/Konfession	Auslösendes Erlebnis	Glücksgefühl, Mut, Traum
Gestorben: Wann?/Wo?	Aktionen und Ergebnisse	
Eltern/Geschwister	Fünf wichtige Daten	**Religion**
Schule/Ausbildung	Helferinnen und Helfer	getragen durch …
Beruf/Tätigkeiten	Erfolge	gestärkt durch …
verheiratet/Kinder	Misserfolge	ermutigt durch …
…	Haft	Kritik an der Institution
	Einsatz für …/gegen …	Wichtiger Glaubensinhalt

Besonderes	Mittel des Einsatzes (politisch, humanitär …)	Heute
Symbole, Namen		Friedensnobelpreis: Wann?
Zitat, Lebensmotto	**Erfahrungen**	Vergessen, weil …
Vision, Traum	Leid, Terror, Unterdrückung, Ungerechtigkeit	Berühmt, weil …
Besondere Stärke		Ist das Ziel erreicht?
Wichtige Reden	Liebe, Hilfe, Zusammenhalt, Solidarität	Gibt es das Problem heute noch?
Fünf wichtige Sätze	Wunsch, Hoffnung, Standhaftigkeit	Wie stellt es sich heute dar?
Hoffnung auf …/ durch …		
Aufruf zu …		

Aufgaben
- Bereitet Blätter vor bzw. legt Karteikarten bereit. Schreibt alle Oberthemen ab und lasst jeweils genügend Platz für Notizen. Seht euch die Hinweise zu den Themen genau an. Zu welchen Punkten fällt euch in Bezug auf die gewählte Persönlichkeit etwas ein? Wählt ein paar Punkte aus; notiert zu jedem Thema einige Stichpunkte/Sätze oder fertigt eine kleine Zeichnung an, die etwas Wichtiges über die Person zum Ausdruck bringt.
- Ordnet die Blätter/Karteikarten und bringt sie in eine sinnvolle Reihenfolge. Dann könnt ihr sie in einen gezeichneten Lebensweg kleben (auf Plakatkarton). Der „Lebensweg" wird gestaltet: Umrahmung durch eine bestimmte Form, Verbindungen durch Linien, Hervorhebung durch Farben und Symbole, Ergänzungen mit Fotos oder Überschriften aus Zeitungen; eigene Meinungen in kurzen Sätzen mit einer anderen Farbe ergänzen.

Webcode: FR233366-018

Variante
Die Schüler können ein Buch herstellen, indem sie zu den Persönlichkeiten passende DIN-A4-Seiten gestalten und sie anschließend zusammenheften. *(AL)*

11.3 Toleranz und Integration in Schlagzeilen

Intentionen/Kompetenzen	interkulturelle Kompetenz und Dialogfähigkeit fördern; mediale Kompetenz durch Beschäftigung mit Zeitung und Internet; Bedeutsamkeit des Themas „Integration und Toleranz" in der Öffentlichkeit erkennen
Klassenstufe	ab Klasse 7
Material	Kopiervorlage und/oder eigene Zusammenstellung von Schlagzeilen
Zeitaufwand	2–3 Stunden; bei Gestaltung der „Friedenszeitung" mehr
Tipp/Hinweise	Positive Aspekte des Internets diskutieren (Aufrufe zu Demonstrationen, Hinweise auf Menschenrechtsverletzungen).

Zwischen den Religionen und Konfessionen gibt es in der Gegenwart weltweit immer wieder Auseinandersetzungen, Anfeindungen und Kriege. Aber es finden sich auch viele Beispiele dafür, dass Grenzen überwunden, Vorurteile abgebaut und Hände zur Versöhnung gereicht werden. Eine Möglichkeit, die jeweils aktuellen Bestrebungen zu entdecken und sich mit den Hintergründen zu befassen, ist das Sammeln und Auswerten von Schlagzeilen aus Zeitungen oder Internetnachrichten. Da die Öffentlichkeit dazu neigt, die negativen Berichte in den Vordergrund zu stellen, ist es besonders wichtig, den Blick für positive Meldungen zu schulen.

- **Schritt 1:** Die Schüler erhalten eine Auswahl von „Friedensschlagzeilen" mit kurzen Angaben zum Inhalt. Sie bearbeiten dazu die folgenden Aufgaben in Einzelarbeit:
  - Welche Schritte auf dem Weg zum Frieden zwischen Religionen und Konfessionen kannst du in den Schlagzeilen erkennen? Wer geht diesen Weg? Wer könnte sich anschließen? Schreibe zu ausgewählten Schlagzeilen ein paar Überlegungen auf.
  - Suche wichtige Begriffe aus den verschiedenen Schlagzeilen/Untertiteln und erkläre sie jeweils in einem Infokasten (kurze Information zu einem Zeitungsbericht), z. B. „Religionsvertreter", „Migrationshintergrund", „Klischee" usw.
  - Welcher Bericht würde dich am meisten interessieren? Warum?

- **Schritt 2:** In Gruppen- oder Partnerarbeit sowie als Hausaufgabe bearbeiten die Schüler folgende Aufgaben:
  - Finde Mitschüler, die sich für denselben Bericht interessieren. Versucht gemeinsam, Informationen zum Thema zu finden. Sie müssen sich nicht auf dasselbe Ereignis beziehen, sondern nur das angesprochene Thema verdeutlichen.
  - Achtet in der nächsten Zeit auf ähnliche Berichte in Zeitungen, im Fernsehen oder im Internet und stellt sie euch gegenseitig in der Klasse vor. Ihr könnt aus verschiedenen Berichten eine eigene „Friedenszeitung" zusammenstellen. *(AL)*

Friedensschlagzeilen

Jugendliche wünschen den Dialog der Religionen
Jüdische, muslimische, katholische und evangelische Religionsvertreter diskutieren mit Schülern über den Sinn von Religion und Möglichkeiten des gegenseitigen Kennenlernens.

Polizei wirbt um Bewerber mit Migrationshintergrund
Polizeianwärter mit nichtdeutschen Wurzeln haben aufgrund ihrer Sprachkenntnisse und kulturellen Hintergründe „Kompetenzen, die im Polizeialltag immer wichtiger werden".

Bericht über Muslime widerlegt Klischees
Nach Ergebnissen einer Studie über muslimisches Leben in NRW gibt es keine Parallelgesellschaft der Muslime in Deutschland.

EU-Kommission fordert bessere Integration der Roma in Europa
Angesichts von Armut, hoher Kindersterblichkeit, schlechten Bildungschancen und Übergriffen auf Roma erhöht die EU den Druck auf die Mitgliedsländer, die Minderheit besser zu integrieren. Die Erfolge sollen jährlich überprüft werden.

Schüleraustausch mit Tiefgang
Seit 40 Jahren besuchen sich Schüler des Fliedner-Gymnasiums und einer High School in Israel gegenseitig. Über die Vergangenheit reden, vor allem aber Freundschaften für die Zukunft schließen – das ist das Ziel dieses deutsch-israelischen Schüleraustausches.

Demonstration gegen Verfolgung von Kopten
Unter dem Motto „Kein Christenmord am Nil!" haben Menschen gegen die Ermordung von Christen in Ägypten demonstriert. An der Aktion nahmen neben koptischen Christen auch Muslime, Juden sowie evangelische und katholische Christen teil.

Zu Besuch in der Moschee
Eine Seniorengruppe besichtigte das Gebetshaus der Muslime. Dabei stellten die Teilnehmer dem Gastgeber auch kritische Fragen.

Kicken für die Integration
Mannschaften mit Spielern aus sechs verschiedenen Nationen kämpfen für den Wanderpokal. Dabei stehen das Miteinander und der Spaß klar im Vordergrund.

Webcode: FR233366-019

11.4 Ehrfurcht vor dem Leben – Albert Schweitzer heute

Intentionen/Kompetenzen	sich ausführlich mit Albert Schweitzers Ethik der „Ehrfurcht vor dem Leben" befassen und es auf die heutige Zeit übertragen
Klassenstufe	ab Klasse 8
Material	verschiedene Zitate und Texte (siehe unten); für die Collage Plakatkarton, Illustrierte, Schere, Klebestift
Zeitaufwand	2–3 Stunden
Tipp/Hinweise	Sehr empfehlenswert ist der Spielfilm von 2009 *Albert Schweitzer – Ein Leben für Afrika* (siehe auch www.albertschweitzer-derfilm.de). Auf der Webseite kann man Materialien für den Unterricht ab Klasse 7 herunterladen.

Die Unterrichtsvorschläge eignen sich als Hinführung zum Spielfilm *Albert Schweitzer – Ein Leben für Afrika*, als Ergänzung oder allgemein zur Beschäftigung mit Albert Schweitzers Leben und Wirken. Sie können aber auch als gesonderte Einheit (z. B. zum Thema Schöpfung) eingesetzt werden.

Zum zentralen Begriff „Ehrfurcht vor dem Leben" gibt es viele Texte von Albert Schweitzer. Hier sind Texte zu verschiedenen Themenbereichen ausgewählt, die nacheinander oder einzeln bearbeitet werden können. Bei allen Themenbereichen wird ein aktueller Bezug angesprochen.

Erarbeitung des Kernsatzes
Ich bin Leben,
das leben will,
inmitten von Leben,
das leben will.

- **Meditative Annäherung:** Die Schüler entwickeln die einzelnen Teile des Satzes, indem sie ihre Gedanken und Empfindungen nacheinander dazu aufschreiben: Zunächst wird nur der erste Teil an die Tafel geschrieben (eventuell noch unterteilen: „Ich" – „Ich bin" – „Ich bin Leben"). Die Schüler notieren ihre Assoziationen. Dann folgen die anderen Teile: „das leben will" – „inmitten von Leben" – „das leben will". Anschließend wird der Satz als Ganzes noch einmal aufgeschrieben und eingerahmt.

- **Erörterung des Satzes:** Nachdem Albert Schweitzer als Urheber des Satzes genannt worden ist, tragen die Schüler zunächst zusammen, was sie über Albert Schweitzer schon wissen. Der Satz ist Ausgangspunkt und Grundlage der Ethik Albert Schweitzers. Er sagt dazu: „Dies ist nicht ein ausgeklügelter Satz. Tag für Tag, Stunde für Stunde wandle ich in ihm." – Was meint er mit dieser Erklärung? Welche Erfahrungen liegen dem Satz zugrunde? Welche Aufforderung enthält er?

- **Erstellen einer Collage in Gruppenarbeit:** Der Satz wird groß in die Mitte eines Plakats geschrieben. Die Schüler suchen aus Illustrierten Fotomaterial und kleben es um das Bild. Die Collagen werden aufgehängt und von allen betrachtet. Jeder denkt sich zu allen Collagen passende Überschriften aus und notiert sie. Die Überschriften der Collagen werden vorgelesen und mit dem Motto verglichen, das Albert Schweitzer seiner gesamten Ethik gibt: Ehrfurcht vor dem Leben.

Die Ethik der Ehrfurcht vor dem Leben
Ehrfurcht vor dem Leben ist ins Grenzenlose erweiterte Verantwortung für alles, was lebt.
Ehrfurcht vor dem Leben umfasst Pflanzen, Tiere und Menschen.

- **Aufgabe:** Erkläre mit eigenen Worten, was für dich Ehrfurcht vor dem Leben in Bezug auf Pflanzen, Tiere und Menschen ist.

Zum Thema „Tierversuche"

Was sagt die Ehrfurcht vor dem Leben über die Beziehungen zwischen Mensch und Kreatur? Wo ich irgendwelches Leben schädige, muss ich mir darüber klar sein, ob es notwendig ist. Über das Unvermeidliche darf ich in nichts hinausgehen, auch nicht in scheinbar Unbedeutendem. (…)

Diejenigen, die an Tieren Operationen oder Medikamente versuchen oder ihnen Krankheiten einimpfen, um mit den gewonnenen Resultaten Menschen Hilfe bringen zu können, dürfen sich nie allgemein dabei beruhigen, dass ihr grausames Tun einen wertvollen Zweck verfolge. In jedem einzelnen Falle müssen sie erwogen haben, ob wirklich Notwendigkeit vorliegt, einem Tiere dieses Opfer für die Menschheit aufzuerlegen. Und ängstlich müssen sie darum besorgt sein, das Weh, so viel sie nur können, zu mildern. (…) Gerade dadurch, dass das Tier als Versuchstier in seinem Schmerz so Wertvolles für den leidenden Menschen erworben hat, ist ein neues, einzigartiges Solidaritätsverhältnis zwischen ihm und uns geschaffen worden. Ein Zwang, aller Kreatur alles irgend mögliche Gute anzutun, ergibt sich daraus für jeden von uns. (…) Keiner darf die Augen schließen und das Leiden, dessen Anblick er sich erspart, als nicht geschehen ansehen. Keiner mache sich die Last der Verantwortung leicht. Wenn so viel Misshandlung der Kreatur vorkommt, wenn der Schrei der auf dem Eisenbahntransport verendenden Tiere ungehört verhallt, wenn in unseren Schlachthäusern so viel Rohheit waltet, (…) wenn Tiere durch unbarmherzige Menschen Unmögliches erdulden oder dem grausamen Spiele von Kindern ausgeliefert sind, tragen wir alle Schuld daran.

Albert Schweitzer: Kultur + Ethik, ISBN 978-3-406-34946-1, C.H. Beck Verlag

Webcode: FR233366-020

- **Aufgabe:** Die Schüler suchen Argumente für und gegen Tierversuche aus Schweitzers Text heraus und vergleichen sie mit heutigen Argumenten. Zu den Zeitungs-

Zahl der Tierversuche deutlich gestiegen
Das geht aus dem Tierschutzbericht der Bundesregierung hervor. Der Anstieg wird unter anderem mit dem „Ausbau des Forschungsstandortes Deutschland sowie dem verstärkten Einsatz von transgenen Tieren in der Forschung" begründet.

Mahnmal gegen Tierversuche an der Uni
50 Holzkreuze, die die Studentengruppe „Veganer Fortschritt" auf dem Campus der Heine-Uni errichtet hat, sollen „daran erinnern, dass seit Jahren tausende Tiere für das Zoologiepraktikum im Fachbereich Biologie gezüchtet, gequält und getötet werden.

Webcode: FR233366-020

meldungen können sie Leserbriefe verfassen und damit ihre eigene Auffassung darstellen. → 11.1, 11.3, 17.6
Als Abschluss kann ein Foto von Albert Schweitzers Grab betrachtet oder der Schülertext auf Seite 139 vorgelesen und besprochen werden. *(AL)*

Zum Thema „Fortschritt"

Trunken von den Fortschritten des Wissens und Könnens, die über unsere Zeit hereinbrachen, vergaßen wir, uns um den Fortschritt in der Geistigkeit der Menschen zu sorgen. Gedankenlos glitten wir unversehens in den Pessimismus, an alle Fortschritte zu glauben, nur nicht mehr an den geistigen Fortschritt des Menschen und der Menschheit. (…)
Mit dem Mute der Verzweiflung müssen wir uns zu ihm zwingen. Alle miteinander wieder den geistigen Fortschritt des Menschen und der Menschheit wollen und wieder auf ihn hoffen: Dies ist das Herumwerfen des Steuers, das uns gelingen muss, wenn unser Fahrzeug im letzten Augenblick noch vor den Wind gebracht werden soll. Fähig zu dieser Leistung werden wir nur in denkender Ehrfurcht vor dem Leben. Fängt Ehrfurcht vor dem Leben an, irgendwo am Denken und an der Gesinnung zu arbeiten, dann ist das Wunder möglich.

Albert Schweitzer: Kultur + Ethik, ISBN 978-3-406-34946-1, C.H. Beck Verlag

Aufgaben

- Was bedeutet geistiger Fortschritt? Vervollständigt den Satz: „Die Menschen sind dann geistig fortgeschritten, wenn …"
- Stellt in einer Tabelle gegenüber: technischer Fortschritt – geistiger Fortschritt.
- Kann beides identisch sein? Nennt Beispiele.

Zum Thema „Kinder und Zukunft"

Aus einer Ansprache vor Schulkindern und Lehrern 1954

Wenn ich heute hier in Europa zu euch Kindern spreche, so denke ich dabei an die vielen Kinder in Äquatorial-Afrika und in meinem Spital in Lambarene. (…) Wenn diese Kinder krank sind – und das ist so oft in dem feuchtheißen Klima der Urwaldniederung – dann kann die Mutter nicht schnell mit ihnen zum nächsten Arzt laufen, der ihnen ihre Schmerzen nimmt und sie wieder gesund macht. Oft müssen sie mehrere Tage oder gar wochenlang reisen, bis sie bei uns im Spital ankommen. Wir aber sind froh, dass wir ihnen immer wieder helfen können. Das können wir aber nur, weil in Europa so viele Menschen sind, die mir durch ihre großen und kleinen Gaben die Mittel dazu geben. Menschen, denen selber durch ärztliche Kunst geholfen wurde und die deshalb aus Dankbarkeit da helfen, wo sonst keine Hilfe wäre. Auch jedes kranke und mutterlose Tier, das in mein Spital gebracht wird, findet hier

Aufnahme und Pflege. Das Spital soll allem Leben, das in Not ist, helfen, und damit soll es zugleich ein Beispiel sein für alle Menschen, wie sie – da, wo das Leben sie hingestellt hat – den Gedanken der „Ehrfurcht vor dem Leben" befolgen können und sollen.

Aus einer Broschüre der Albert-Schweitzer-Stiftung

Aufgaben
- Was können Jugendliche heute tun, um den Gedanken der Ehrfurcht vor dem Leben zu verbreiten?
- Was können die Lehrer tun?

Zum Thema „Atomspaltung"

Die erste Atombombenexplosion mit ihren verheerenden Folgen veranlasst Albert Schweitzer, sich noch als fast Achtzigjähriger in die Atomwissenschaft zu vertiefen. In einem Briefwechsel mit Albert Einstein bittet er diesen, ihm die Grundlagen der Kernphysik zu erklären. Mit Grauen wird ihm klar, dass die Atomforschung die „Apokalypse für die Menschheit" bedeuten kann. Alle ihm noch verbliebene Kraft und die ganze Autorität seiner Persönlichkeit setzt er ein, um dieser bedrohlichen Entwicklung Einhalt zu gebieten. Sein berühmt gewordener „Appell an die Menschheit" wurde am 23. April 1957 von 140 Radiostationen in aller Welt übertragen.
„Nur Leute, die nie dabei waren, wenn eine Missgeburt ins Dasein trat, nie ihr Wimmern hörten, nie Zeugen des Entsetzens der armen Mutter waren, Leute, die kein Herz haben, vermögen den Wahnsinn der Atomspaltung zu befürworten."

Albert Schweitzer

Aufgaben
- Dieses Zitat führt mit drastischen Worten die Gefahr der Atomspaltung vor Augen. Sie war schon damals umstritten. Warum?
- Nach der Atom-Katastrophe von Fukushima im Jahr 2011 ist die kritische Haltung Schweitzers zur Kernspaltung wieder aktuell geworden. Informiert euch im Internet über das Unglück und die Folgen.
- Welche konkreten politischen Veränderungen hat die Katastrophe in Deutschland und in anderen Ländern bewirkt?
- Entwerft einen Appell an die Menschheit, der die gegenwärtige Entwicklung berücksichtigt.

Webcode: FR233366-020

Ein Schüler schreibt nach der Beschäftigung mit Albert Schweitzers Leben:
Auf dem Bild ist das Grab von Albert Schweitzer in Lambarene zu sehen. Auf dem Grab stehen Tiere – wie auf einem Feld. Sie laufen auf ihm herum, suchen nach Körnern, fressen oder schlafen. Es sind dieselben Tiere, die Albert Schweitzer vorher gefüttert und gestreichelt hat. Er hat die Tiere als Lebewesen geachtet, nicht als minderwertige Kreaturen, die der Mensch zu seinen Zwecken ausnutzen kann. Die Szene wirkt so, als ob die Tiere ihm Ehre und Dankbarkeit erweisen wollen. Nimmt man Albert Schweitzer als Vorbild, kann man sich wohl am besten selbst mit den Tieren vergleichen, die auf seinem Grab stehen und dort leben. Irgendwann wird man selber begraben – und vielleicht ist man dann ja Grundlage oder Hilfe für ein neues Leben.

11.5 Gandhi – Hinduismus, Bergpredigt, gewaltloser Widerstand

Intentionen/Kompetenzen	Beschäftigung mit dem Hinduismus und mit Aussagen der Bergpredigt; Einordnung der Person Gandhis; Auseinandersetzung mit dem Prinzip der Gewaltlosigkeit; Wissensüberprüfung durch einen Test
Klassenstufe	ab Klasse 8
Material	RICHARD ATTENBOROUGHS Film *Gandhi* von 1982 (auf DVD erhältlich); Materialien zum Hinduismus; Bibel oder Text der Bergpredigt
Zeitaufwand	10 Stunden je nach Intention; für den Film 5 Stunden
Tipp/Hinweise	Als Hinführung eignet sich Gandhis Glaubensbekenntnis → 13.4

Den Film *Gandhi* leite ich durch zwei längere Unterrichtsreihen ein (Hinduismus, Bergpredigt) und lasse nach dem Film einen Test schreiben, der den Film mit Themen der beiden Reihen verbindet. Dadurch ist sowohl das Thema „Hinduismus" als auch die Beschäftigung mit der Bergpredigt in einen Zusammenhang eingebettet. Der Hinduismus ist als Grundlage für die Herkunft und den Glauben Gandhis wichtig. Die Bergpredigt wird an einigen Stellen zitiert und zeigt die christliche Version der Gewaltlosigkeit, die Martin Luther King später aufgegriffen hat. Außerdem ist sie die Zusammenfassung der Lehre Jesu. Auch Gandhi hat Jesus verehrt.

Hinduismus

- **Schritt 1:** Man kann mit einer allgemeinen Information über Indien und den hinduistischen Glauben beginnen, z. B. anhand einer Dia-Reihe → 17.1, 17.2. Eine Zusammenfassung des Hinduismus und gleichzeitig eine Hinführung zum Film ist das Glaubensbekenntnis Gandhis. → 13.4 Das hinduistische Prinzip der Gewaltlosigkeit gegen alle Lebewesen *(ahimsa)* sollte angesprochen werden. → 17.6

Bergpredigt

- **Schritt 2:** Nach einer Information über die Bergpredigt (historisch-kritische Einordnung) und ihre Bedeutung ist es sinnvoll, den Schülern den gesamten Text – z. B. in einer modernen Übersetzung – vorzulesen. Danach kann man auf unverständliche Stellen eingehen oder auf Aussagen, die unrealistisch scheinen. Anschließend sucht sich jeder einen Abschnitt aus, der ihn interessiert, und schreibt ein paar Gedanken dazu auf. Nach der Vorstellung der ausgesuchten Textstellen wird über das jeweilige Thema diskutiert. Je nach Interesse können für die nächste Stunde noch Zusatzinformationen oder aktuelle Beispiele gesammelt werden. Auf Sätze, die sich auf das Thema „Gewaltlosigkeit" oder „Feindesliebe" beziehen, wird besonders eingegangen (Matth. 5, 1–12 und 5, 38–48). Über die Umsetzung der Feindesliebe politischen Alltag wird diskutiert: Kann man mit der Bergpredigt regieren? Menschen, die die Bergpredigt als Maßstab für ihr Leben gesehen haben, können vorgestellt werden (z. B. Franz von Assisi und Martin Luther King).

Der Film

- **Schritt 3:** Bevor der Film gezeigt wird, wird eine kurze Information über die politische Situation zur Zeit Gandhis gegeben (Entkolonialisierung, britisches Mandat). Auch über den Islam sollten die Schüler etwas wissen → 16. Ein kurzer Überblick über Gandhis Leben ist sinnvoll, aber zum Verständnis des Films nicht unbedingt nötig. – Der Film wird fortlaufend gezeigt; ca. zehn Minuten vor Ende des Unterrichts wird er jeweils unterbrochen, um die Möglichkeit für Rückfragen zu geben. Aufgearbeitet wird der Film nach dem Ende des letzten Teils. Danach wird über einzelne Szenen gesprochen.

- **Schritt 4:** Je nach Interesse werden Zusatzinformationen gegeben, z. B. anhand einer Biografie Gandhis. Die Frage „Was ist gewaltloser Widerstand?" wird besprochen und anhand einiger Filmszenen erklärt. Über die Wirkung Gandhis, z. B. auf Martin Luther King („Von Christus habe ich den Geist, von Gandhi die Methode"), wird informiert. Zitate von und über Gandhi werden aufgeschrieben und gedeutet.

> „Es gibt keinen Weg zum Frieden, Frieden ist der Weg."
> Inwiefern passt das Zitat zu Gandhi? Stelle den Satz grafisch dar (z. B. durch einen gezeichneten Weg) und schreibe Wichtiges aus Gandhis Leben und Denken dazu.

> „Ich habe nicht den Schatten eines Zweifels, dass jeder Mann oder jede Frau das erreichen kann, was ich erreicht habe, wenn sie oder er die gleiche Anstrengung unternimmt und die gleiche Hoffnung und den gleichen Glauben nährt."
> Mit diesem Zitat können sich die Schüler in Bezug auf ihr eigenes Leben auseinandersetzen: Was würdest du Gandhi darauf antworten? Kläre es in einem Brief.

Test

Da die Leistung der Schüler während der Filmzeit nicht bewertet werden kann, muss sie anschließend überprüft werden. Der Test (ca. 20 bis 40 Minuten) ist eine Verknüpfung der beiden Unterrichtsreihen mit dem Film und gleichzeitig eine Überprüfung dessen, was von den Themen und vom Film in Erinnerung geblieben ist. Die Aufgaben lauten:
- An welchen Stellen des Films wird etwas über den Hinduismus deutlich? Was?
- Nenne Sätze aus der Bergpredigt, die zum Film passen, beschreibe die entsprechende Szene und begründe die Zuordnung. Die Bibel kann dabei benutzt werden.
- Was ist gewaltloser Widerstand? Erkläre den Begriff und bringe Beispiele aus dem Film.

Die Schüler können Schwerpunkte selbst wählen. Mindestanforderung ist ein Beispiel für jeden Punkt. Bewertet werden nur die richtigen Aussagen (ein Punkt für jede richtige Aussage). Ich habe mit diesem Test positive Erfahrungen gemacht. Fast alle Schüler haben passende Beispiele gefunden und zu den Themen etwas beitragen können. *(AL)*

11.6 Erzbischof Romero – gefährlicher Einsatz für die Armen

Intentionen/Kompetenzen	einen Märtyrer des 20. Jahrhunderts kennenlernen; seine Bedeutung für heutige Menschen entdecken; sich mit Selig- und Heiligsprechung auseinandersetzen; den gewaltlosen Einsatz gegen Armut und Unterdrückung würdigen
Klassenstufe	ab Klasse 9
Material	John Duigans Film *Romero* von 1989; Kopiervorlagen dieses Kapitels (siehe unten)
Zeitaufwand	4 Stunden; für den Film zusätzlich 3 Stunden
Tipp/Hinweise	Weitere Materialien und Unterrichtsvorschläge gibt es bei der „Christlichen Initiative Romero e. V." (www.ci-romero.de) und bei „Adveniat" (www.adveniat.de). → 11.2, 15.2

Die Hilfsorganisation „Adveniat" veröffentlichte zu Beginn der Fastenzeit 2011 folgenden Text:

Dieser Tage gedenken wir eines Mannes, Christs und Bischofs, der sich für das Anliegen eingesetzt hat, das sich wie ein roter Faden durch die ganze Bibel zieht – das Eintreten für Gerechtigkeit und den Schutz der Unterdrückten und Rechtlosen: Erzbischof Oscar Arnulfo Romero.
Er wurde vor 31 Jahren, am 24. März 1980, während eines Gottesdienstes getötet. In einer der blutigsten Kirchenverfolgungen des 20. Jahrhunderts, die seinem Begräbnis folgte, starben im Bürgerkrieg des zentralamerikanischen El Salvador einige tausend Christen und Christinnen. Ihr „Verbrechen" war, sich für den Glauben an Jesus

Christus und seine befreiende Botschaft für die Armen eingesetzt und für mehr soziale Gerechtigkeit gekämpft zu haben.
Später wurde von Oscar Romero gesagt, dass mit ihm Gott selbst durch El Salvador gegangen sei (Ignacio Ellacuría). Als „San Romero de las Américas", der Hl. Romero von Amerika, verehrt, wurde er de facto vom Volk von El Salvador und von vielen Menschen auf der ganzen Erde bereits heiliggesprochen.

www.adveniat.de/aktionen-kampagnen/oscarromero.html

Webcode: FR233366-021

Der Film

Sehr eindrucksvoll ist der Film *Romero* des australischen Regisseurs John Duigan von 1989. Er zeigt die zum Teil brutale Wirklichkeit der Unterdrückung in El Salvador und geht auf die politischen Hintergründe ein. Es gibt aber auch hoffnungsvolle Szenen, die Romero und die Arbeit in den Basisgemeinden zeigen. Bevor der Film gezeigt wird, sollte über die Befreiungsbewegung in Lateinamerika informiert und damit zusammenhängende Begriffe (Befreiungstheologie, Basisgemeinden) geklärt werden.

Besonders wichtig und auch für Schüler interessant ist Romeros radikale Wandlung vom konservativen und angepassten Priester zum unerschrockenen Kämpfer für die Armen. Die Schüler können Romeros Leben vor und nach seiner Wandlung gegenüberstellen. Der folgende Text gibt einen kurzen Überblick über Romeros Leben und berichtet über Romeros eigene Sicht.

Romeros gefährliche Umkehr

Am 24. März 1980 wurde Oscar Arnulfo Romero, der Erzbischof von San Salvador, am Altar erschossen. Es war ein politischer Mord: Die Auftraggeber wollten damit eine Stimme zum Schweigen bringen, die sich immer entschiedener für die vielen Armen des Landes gegenüber der reichen Oberschicht eingesetzt hatte.
Bei seiner Ernennung zum Erzbischof im Februar 1977 war es noch ganz anders gewesen: Romero sollte ein gutes Einvernehmen mit der Regierung garantieren, denn er mischte sich nicht in die Politik ein, er war traditionell und konservativ, der persönliche Glaube war ihm am wichtigsten. Den engagierten Gemeinden und ihren Priestern warf er Einmischung in die Politik und den Verlust ihrer christlichen Religiosität vor.
Als Neunundfünfzigjähriger erlebte Romero die entscheidende Wende in seinem Leben. Am 12. März 1977 wurde ein guter Freund, der Jesuit Rutilio Grande, Pfarrer der Gemeinde Aguilares, auf einer Dienstfahrt ermordet, weil er sich energisch für

die Verbesserung der Lebensverhältnisse der Landarbeiter und Kleinbauern eingesetzt und damit die Großgrundbesitzer gegen sich aufgebracht hatte. Die Nacht nach der Ermordung seines Freundes verbrachte Romero mit der trauernden Gemeinde von Aguilares am Ort des Attentats. Es war die Nacht seiner Umkehr. Der gewaltsame Tod seines Mitpriesters öffnete Romero die Augen.

Weil Romero in einer engagierten Messe für den ermordeten Rutilio Grande öffentlich Partei ergriff, wurde er nach Rom zitiert. Der Jesuit Cesar Jerez, der ihn begleitete, berichtet:

(...) Wir gingen zu zweit gemächlich dahin. Plötzlich blieb Romero stehen. Er schien zu grübeln. „Padre Jerez, glauben Sie, dass man mich als Erzbischof von San Salvador absetzen wird?" (...) „Sie können schon mal sicher sein, dass Sie kein Kardinal der heiligen Mutter Kirche werden!" Er lachte in sich hinein. Dann aber wurde sein Gesicht wieder ernst. „Gegebenenfalls lasse ich mich lieber als Erzbischof absetzen und gehe mit hoch erhobenem Haupt, als dass ich die Kirche den Mächtigen dieser Welt überlasse." (...) „Monsenor, Sie haben sich geändert, das merkt man an allem ... Was ist geschehen?" „Schauen Sie, Padre Jerez, ich selbst habe mir diese Frage schon im Gebet gestellt. (...) Ein Mensch hat gewisse Wurzeln. (...) Ich bin in einer sehr armen Familie geboren. Ich habe Hunger gelitten. Ich weiß, was es heißt, von klein auf zu arbeiten. (...) Als ich ins Seminar eintrat und meine Studien begann, (...) habe ich meine Herkunft ganz vergessen. Ich habe mir eine andere Welt geschaffen. Danach bin ich nach El Salvador zurückgekommen, und man hat mich zum Sekretär des Bischofs von San Miguel gemacht. 23 Jahre lang war ich Pfarrer dort und wieder in Papierkram versunken. Und als ich dann Weihbischof von San Salvador wurde, fiel ich dem Opus Dei in die Hände. (...) Dann schickten sie mich nach Santiago de Maria, und dort stieß ich wieder auf das Elend. Bei den Kindern, die allein schon an dem Wasser starben, das sie getrunken haben, bei den Campesinos, die sich bei der Ernte zugrunde richten. (...) Sie wissen ja, Padre, Kohle, die einmal Glut gewesen ist, fängt beim kleinsten Windhauch wieder Feuer. Und es war nicht gerade wenig, was da mit Pater Grande passiert ist. Sie wissen, dass ich ihn sehr gemocht habe. Als ich den toten Rutilio ansah, dachte ich: Wenn sie ihn für das umgebracht haben, was er getan hat, dann muss ich denselben Weg gehen wie er. (...) Ich habe mich geändert, ja, aber ich bin auch zurückgekehrt."

Von diesem Zeitpunkt an ergriff er immer stärker die Partei der Armen, was ihn zum gefährlichen Gegner der Reichen und Mächtigen El Salvadors machte. Unermüdlich und unerschrocken prangerte er die Unterdrückung, Gewalt und Ausbeutung an, zuletzt am 23. März 1980, als er in einer Sonntagspredigt über den Rundfunk Polizei und Nationalgarde landesweit aufforderte, das Töten einzustellen: „Kein Soldat ist verpflichtet, einem Befehl zu gehorchen, der wider das Gesetz Gottes gerichtet ist." Am darauffolgenden Tag fiel er selbst dem Mordanschlag zum Opfer.

© *Christliche Initiative Romero e. V. (Hrsg.): Romero-Zeitung, 2000*

Fragen zum Text
- Warum hat Romero sich geändert?
- Wie sieht er selbst seine Umkehr?
- Für wen und warum ist Romeros Umkehr gefährlich?

Webcode: FR233366-021

Zitate und Fragen

Zitate von Oscar Romero
- „Wer durch Almosen geben will, was er der Gerechtigkeit schuldet, spottet der Nächstenliebe."
- „Falsche Propheten gibt es genug."
- „Fern sei uns Rache, lasst uns beten mit Jesus: Vater, vergib ihnen, denn sie wissen nicht, was sie tun."
- „Ein Mörder ist auch der, der foltert. Niemand darf Hand anlegen an einen anderen Menschen, denn der Mensch ist Ebenbild Gottes."
- „Im Namen Gottes und im Namen dieses gepeinigten Volkes bitte ich euch, befehle ich euch: Hört auf mit der Unterdrückung!"
- „Mich kann man töten, aber nicht die Stimme der Gerechtigkeit."

Webcode: FR233366-021

Die Zitate können einzeln bearbeitet werden (jeder sucht sich eines aus und gestaltet ein Blatt mit Gedanken und Fragen dazu), oder alle beschäftigen sich damit unter folgenden Fragestellungen:
- Was kritisiert Romero?
- Welche Menschen sind für euch falsche Propheten?
- Wie reagiert Romero auf die Mörder und Unterdrücker?
- Womit begründet er seinen Aufruf?

Vorbild, Heiliger, Märtyrer – Romeros Bedeutung heute

Romeros Bedeutung heute

Kurz vor seinem Tod hat Romero sich selbst über die Zeit danach geäußert: „Ich bin oft mit dem Tod bedroht worden. Ich muss Ihnen sagen, als Christ glaube ich nicht an den Tod ohne Auferstehung: Wenn sie mich töten, werde ich im Volk von San Salvador auferstehen. Ich sage das ohne jeden Stolz, vielmehr mit der größten Demut. (...) Mein Tod sei, wenn er von Gott angenommen wird, für die Befreiung meines Volkes, und er sei ein Zeugnis für die Hoffnung auf die Zukunft."

- 1998 wurde am Westportal der Westminster Abbey in London ein Fries von zehn repräsentativen Märtyrer-Gestalten des 20. Jahrhunderts eingeweiht. Darunter – zwischen Martin Luther King und Dietrich Bonhoeffer – auch Oscar Romero.
- Im Jahr 2010 wurde anlässlich des 30. Jahrestages der Ermordung Romeros der 24. März von der UNO als „Internationaler Tag für das Recht auf Wahrheit über schwere Menschenrechtsverletzungen und für die Würde der Opfer" erklärt.
- US-Präsident Obama besuchte im März 2011 die Grabstätte von Erzbischof Romero in der Krypta der Kathedrale von San Salvador. El Salvadors heutiger Erzbischof José Luis Escobar gab seiner Hoffnung Ausdruck, dass durch Obamas Geste die Seligsprechung Romeros beschleunigt werde. Sie wird seit Mitte der 1990er Jahre vom Vatikan geprüft. Escobar verglich Romero mit dem US-amerikanischen Bürgerrechtler Martin Luther King.
- Viele Menschen in El Salvador und auf der ganzen Welt sehen Romero inzwischen als Heiligen: „Wir glauben, dass Romero im Himmel an der Seite Gottes ist und auf uns schaut, dass er jetzt bei uns ist", sagt Ricardo Urioste. Der greise Priester, den Oscar Romero zu seinem Generalvikar machte und der lange Zeit die Romero-Stiftung in El Salvador leitete, ist überzeugt: „Wenn dieser Mann kein Heiliger war, dann weiß ich nicht, wer heilig sein sollte!"

Am 1. Mai 2011, dem Tag der Seligsprechung von Papst Johannes Paul II. durch Papst Benedikt XVI., erschien ein ökumenischer Aufruf, den mehr als 350 Persönlichkeiten und Initiativen aus über 16 Ländern unterzeichneten:

„Liebe Schwestern und Brüder in der Ökumene, mit diesem Aufruf bitten wir euch, am 1. Mai 2011 der Heiligsprechung des Märtyrers San Oscar Romero durch die Armen Lateinamerikas und durch Freundinnen und Freunde Jesu auf dem ganzen Erdkreis zu gedenken. Dieses Gedenken soll uns Ermutigung auf dem Weg des Evangeliums sein und zugleich als Umkehrruf in den Kirchen der Reichen gehört werden. (...) Das Beispiel unseres Bruders San Oscar Romero zeigt uns, wie schön und mutig wir Menschen werden können, wenn wir beginnen, der Botschaft Jesu zuzuhören." Den gesamten Text mit den Namen der Unterzeichner des Aufrufs findet man unter www.ci-romero.de.

Die Zusammenstellung zeigt die heutige Bedeutung Romeros. Die Schüler können die Würdigungen Romeros einzeln bearbeiten (z. B. im Internet recherchieren) und/oder wichtige Begriffe aus den Informationen heraussuchen, sich über die Bedeutung informieren, den Zusammenhang mit Romero erklären und die eigene Auffassung erläutern:

- Was bedeutet für Romero Auferstehung?
- Was ist ein Märtyrer? Was haltet ihr von Märtyrern? Was ist der Unterschied zwischen Märtyrern und Selbstmordattentätern?
- Inwiefern kann der internationale Tag das „Recht auf Wahrheit" und die „Würde der Opfer" verdeutlichen? Warum hat die UNO den 24. März dafür ausgesucht?
- Was ist eine Selig- oder Heiligsprechung? Warum wurde Papst Johannes Paul II. seliggesprochen? Von wem und warum wird Romero als Heiliger verehrt?
- Präsident Obamas Besuch an Romeros Grab wird auch als „politische Heiligsprechung" bezeichnet. Was bedeutet das? Warum wird Romero mit Martin Luther King verglichen?
- Wer sind die Armen Lateinamerikas? Wen würdet ihr als Freundinnen und Freunde Jesu bezeichnen? Warum wird Romero auch manchmal „Prophet der Gerechtigkeit" genannt?

Abschließend können sich die Schüler mit dem Emblem der „Christlichen Initiative Romero" befassen, indem sie die einzelnen Teile deuten (Kreuz aus landwirtschaftlichen Geräten, Campesino-Hut) und auf Romero beziehen: Warum passt das Symbol zu Romero, obwohl er selbst kein Campesino war? Schreibt einen Aufruf oder eine Ansprache/Predigt zur Erinnerung an Romero. Erklärt darin auch das Campesino-Kreuz. *(AL)*

Die Organisation „Christliche Initiative Romero e. V." setzt sich für das Anliegen Romeros ein und will die Erinnerung an ihn wachhalten. Sie unterstützt indianische Gruppen, Frauenorganisationen und Menschenrechtsvereine in Nicaragua, El Salvador und Guatemala. Als Emblem für ihren Briefkopf hat sie das Campesino-Kreuz, das Symbol der Befreiungsbewegung in Lateinamerika, gewählt.

11.7 Sophie Scholl – ein engagiertes, kurzes Leben

Intentionen/Kompetenzen	eine Widerstandskämpferin aus der Zeit des Nationalsozialismus kennenlernen; sich mit verschiedenen Themen, die für heutige Jugendliche von Bedeutung sind, beschäftigen
Klassenstufe	ab Klasse 9
Material	Jugendsachbuch *Das kurze Leben der Sophie Scholl* von Hermann Vinke (die Seitenangaben in diesem Kapitel beziehen sich auf die Taschenbuchausgabe des Ravensburger Buchverlags von 1997); eventuell Film *Sophie Scholl – Die letzten Tage* von Marc Rotermund und Interview mit der Schauspielerin Julia Jentsch (siehe Kopiervorlage unten)
Zeitaufwand	10–12 Stunden als Unterrichtsreihe; man kann auch einzelne Themen aussuchen (pro Thema im Buch 1 Stunde)
Tipp/Hinweise	Das Buch kann auch nur vorgelesen werden; zwischendurch einzelne Seiten kopieren und bearbeiten (siehe unten). Das Buch zum Film *Sophie Scholl – Die letzten Tage*, herausgegeben von Fred Breinersdorfer, ist im Fischer Taschenbuch Verlag erschienen.

Als das Jugendbuch *Das kurze Leben der Sophie Scholl* von Hermann Vinke 1980 erschien und sofort den deutschen Jugendsachbuchpreis bekam, wurde ich darauf aufmerksam. Dieses Buch hat mich bewegt wie kaum ein anderes. Hier wurde mir etwas über eine junge Frau aus der Nazizeit ohne erhobenen Zeigefinger und ohne stumm machende Darstellung von Grausamkeiten nahegebracht – obwohl ihr brutales Ende durch das Fallbeil „unter die Haut geht". Sophie Scholl erscheint in den Berichten und Briefen wie eine moderne junge Frau. Besonders die Fotos im Buch haben mich in dieser Hinsicht überrascht. Ich habe das Werk inzwischen einige Male mit Schülern gelesen und die Erfahrung gemacht, dass auch die heutigen jungen Menschen „ergriffen" sind von dieser Persönlichkeit.

Im Jahr 2005 bewegte ein neues Werk über diese junge Frau die Menschen: der Film *Sophie Scholl – Die letzten Tage*. Der Regisseur Marc Rotermund erklärte in einem Vortrag die Entstehung des Films und seine aufwändige Recherche – der Film hält sich streng an historische Dokumente, die Dialoge richten sich „zu 90 Prozent" nach Originalbriefen, Protokollen und Interviews. „Mich fasziniert die Nachdenklichkeit in den Gesichtern", sagt er über seine jungen Zuhörer, „die Jugendlichen sind einfach offen." Die Schauspielerin Julia Jentsch, die für ihre Leistung mehrere Preise bekam, spielt Sophie Scholl so überzeugend, dass einige Jugendliche bei der Vorführung weinen. „So ein einzelnes Schicksal nimmt einen schon mehr mit, als wenn in einem Film hunderte Menschen umfallen", sagte ein Schüler nach der Vorführung.

Einstieg

Als Einstieg eignen sich zwei Fotos aus dem Buch, die man auf Folie nebeneinander präsentiert: Sophie Scholl 1938 als fröhliches junges Mädchen und 1942 als ernsthafte, nachdenklich wirkende junge Frau. Dazu passt ein Zitat aus ihrem letzten Brief vom 16. Februar 1943:

Die 150 Kilometer, die zwischen Ulm und München liegen, verändern mich dann so rasch, dass ich selbst erstaunt bin. Ich werde von einem harmlosen ausgelassenen Kind zu einem auf sich gestellten Menschen.

Die Schüler können ihre Gedanken, Empfindungen oder Fragen dazu äußern. Nach der Beschäftigung mit der Biografie Sophie Scholls können sie nochmals darauf zurückgreifen: Welche Erfahrungen passen zu den unterschiedlichen Fotos? Wodurch wurde die Veränderung hervorgerufen? Kannst du sie verstehen?

Das Buch

Tipp: Das Führen eines Lesetagebuchs/Begleitbuchs bietet sich an, weil die Schüler hierfür Zusatzmaterial sammeln sowie ihre eigenen Gedanken, Meinungen und Erfahrungen zu den einzelnen Themen der Kapitel formulieren können.

Aufgaben und Fragen zu einzelnen Abschnitten des Buches
- „Jetzt ist Hitler an die Regierung gekommen." (S. 40 ff.): Wofür begeisterten sich die jungen Leute? Wie ist die Meinung des Vaters? Warum ist er dagegen? Wovor warnt er? Welcher Wert steht für ihn an oberster Stelle? Was erachtest du als Wert, für den man sich einsetzen sollte? – Die Schüler können ein Plädoyer für diesen Wert schreiben: Welche Voraussetzungen sind wichtig, dass dieser Wert erhalten bleibt? Was kannst du selbst dazu tun? Wodurch ist er heute gefährdet?
- „Sag nicht, es ist fürs Vaterland." – Brief an Fritz Hartnagel vom 22. Juni 1940 (S. 73 ff.): Welche Aussagen findest du wichtig? Was hält Sophie Scholl für christlich? Versuche, das mit eigenen Worten auszudrücken. Was sagt sie über ihr eigenes Verhalten? Was hältst du von folgender Aussage: „Ich kann es mir nicht vorstellen, dass man etwa zusammenleben kann, wenn man in solchen Fragen verschiedener Ansicht oder doch zumindest verschiedenen Wirkens ist."
- Die Frage nach Gott (S. 94 ff.): Suche die Begriffe heraus, die etwas über Gott aussagen. Was deutet nach Sophie Scholls Meinung in der Welt auf Gott hin? Warum sind religiöse Themen eng mit politischen verknüpft?
- Das erste Flugblatt (S. 117 f.): Was wollen die Verfasser den Lesern verdeutlichen? Was prangern sie an? Was setzen sie dagegen?
- Das letzte Flugblatt (S. 159 ff.): An welche Menschen richtet sich das Flugblatt? Welche Informationen werden gegeben? Wozu fordern die Verfasser auf? Wie stellen sie sich die Zukunft vor? Was ist ihnen wichtig?
- „Dem Andenken an Sophie Scholl" – Brief einer Mitgefangenen (S. 173 ff.): Die Gefühle, die dieser Brief beim Lesen auslöst, können die Schüler in einem persönlichen Brief an die Mitgefangene Else Gebel zum Ausdruck bringen.
- „Das wird Wellen schlagen." – Das letzte Treffen mit den Eltern (S. 191 ff.): Was meint die Mutter mit ihrem Hinweis auf Jesus: „Gelt Sophie, Jesus"? Was könnte Sophie mit ihrer Antwort meinen: „Ja, aber du auch"?
- Die Todesmeldung in der Zeitung (S. 195): Die Zeitungen waren, wie alle Medien der Zeit, von den Nazis beherrscht; so erfuhr die Öffentlichkeit nie die Wahrheit.

Was für einen Zeitungsartikel hättest du geschrieben, wenn du deine Meinung öffentlich hättest schreiben können?
- Gespräch mit der Schriftstellerin und Zeitzeugin Ilse Aichinger: Was können heutige Jugendliche nach Meinung der Schriftstellerin lernen?

Der Film
Wenn man das Buch erarbeitet hat, kann der Film *Sophie Scholl – Die letzten Tage* als Ganzes angesehen werden. Zusätzliche Fragen werden im Anschluss geklärt. Als Abschluss bietet sich die Lektüre des Interviews mit der Schauspielerin Julia Jentsch an. Gemeinsam denken die Schüler über die Bedeutung von Sophie Scholl für heutige Jugendliche nach. *(AL)*

Aus einem Interview mit der Schauspielerin Julia Jentsch
PROVO: In „Sophie Scholl" spielen Sie eine Heldin des Widerstands gegen das Naziregime. Färbt die Stärke dieser Rolle gar nicht auf Sie ab?

JULIA JENTSCH: Das wäre schön, wenn man sich alles Positive von den Figuren einfach so aneignen könnte. Aber so ist das nicht. Es ist eben nur eine Geschichte, die man erzählt, und eine Rolle, die man spielt. Aber es ist schon so, dass gerade Personen, die man bewundert für das, was sie getan haben, dass die Vorbildfunktion haben, dass die dann schon die eigenen Gedanken verändern oder auch prägen.

PROVO: Wollen Sie jetzt Politaktivistin werden?

JULIA JENTSCH: Es ist erst mal ein Nachdenken über bestimmte Dinge. Sich selbst klarzumachen, was eigentlich wichtig ist im Leben. Oder welche Werte das Leben bestimmen sollten, Werte, für die Sophie Scholl eingetreten ist: Gerechtigkeit, Menschlichkeit, Mitgefühl, Freiheit. Und nach seinem Gewissen zu handeln, obwohl vielleicht die Gesetzeslage eine andere ist. (…)

PROVO: Was würden Sie tun, wenn ein Diktator an die Macht käme? Koffer packen oder kämpfen?

JULIA JENTSCH: Boh, also das ist schwierig. Ich glaub', dass man nicht gleich alles hinter sich lassen möchte, was man hier hat, die ganzen Menschen, die einem hier etwas bedeuten, da kann ich mir nicht vorstellen, einfach zu flüchten. Die Frage ist, was man dann dagegen tun könnte.

PROVO: Wären Sie eine Sophie Scholl?

JULIA JENTSCH: Ob ich an ihrer Stelle dazu bereit gewesen wäre, das zu opfern, was sie geopfert hat? Das weiß man nicht. Man hofft, man wünscht es sich, stark zu sein. Ich wünsch' mir sowieso, immer mutiger zu werden. Man kennt eigene Ängste und hat auch davor Angst, dass man in bestimmten Situationen zu ängstlich ist. Ich würde hoffen, eine solche Stärke zu haben in solch einer Situation.

Aus: Publik-Forum, Nr. 8, 2005; Jugendmagazin Provo, Nr. 2, April 2005

12 Religiöses wahrnehmen und deuten

12.1 Was ist da auf dem Turm zu sehen?

Intentionen/Kompetenzen	Symbole auf Kirchtürmen und anderen religiösen Gebäuden wahrnehmen und deuten; die Vielfalt der religiösen Symbolik entdecken und darstellen
Klassenstufe	ab Klasse 5
Material	Symbollexikon, Papier, Stifte
Zeitaufwand	1–2 Stunden
Tipp/Hinweise	Vorbereitend sollte man die Schüler beauftragen, auf Symbole an religiösen Gebäuden zu achten. → 6.2, 12.2, 13.1, 14.7, 15.6

Wenn man die Gebäude der Religionen von außen betrachtet, kann man viele verschiedene religiöse Symbole entdecken. Die Schüler können diese deuten und einiges über die Religionen erfahren. Am auffälligsten sind in unserer Kultur meistens die Kirchturmspitzen. Inzwischen sind aber auch einige Moscheen und Synagogen deutlich von außen zu erkennen. Je nach Gegend fallen hinduistische oder buddhistische Tempel auf, oder man entdeckt Gebäude von kleineren religiösen Gemeinschaften. Die verschiedenen Symbole findet man auf Dächern, an den Wänden oder über den Türen der Gebäude.

- **Schritt 1:** Die Schüler bringen Beispiele von Gebäuden der Religionen: Achtet auf Türme, Dächer, Wände und Eingänge. Welche Symbole entdeckt ihr? Die Symbole werden aufgeschrieben und den Religionen und religiösen Gemeinschaften zugeordnet.

- **Schritt 2:** Über die Bedeutung wird mithilfe eines Symbollexikons gesprochen. Ursprünge und Hintergründe werden erarbeitet (siehe das Beispiel unten). Die Schüler zeichnen die Symbole und schreiben die Erklärungen dazu. Anschließend wird über die Formen (Türme …) und eventuell Farben (z. B. Gold) → 15.5 gesprochen.

- **Schritt 3:** Zum Abschluss malen die Schüler das Gebäude einer Religion nach ihren eigenen Vorstellungen und verzieren die Türme, Dächer, Wände und Eingangstüren mit passenden Symbolen – oder sie malen verschiedene Gebäude, um die Unterschiede darzustellen. Wenn man die Bilder in der Klasse aufhängt, hat man einen interessanten Einblick in die Vielfalt der Religionen.

Beispiel Kirchturmspitzen

- **Schritt 1:** Die Schüler werden beauftragt, auf Kirchturmspitzen in ihrer Region zu achten und zu notieren, was sie gesehen haben. Im Unterricht wird die Bedeutung der verschiedenen Symbole erklärt: Zum Symbol „Hahn" wird die Petrusgeschichte erzählt. Über das Symbol „Kreuz" wird im Zusammenhang mit der Leidensgeschichte Jesu gesprochen. Das Symbol „Weltkugel" können die meisten ohne Informationen verstehen.

- **Schritt 2:** Die Schüler zeichnen Kirchturmspitzen mit den verschiedenen Symbolen und schreiben darunter oder daneben, was sie über die Symbole wissen. Folgende Satzanfänge können hilfreich sein: Der Hahn/Das Kreuz geht zurück auf die Geschichte ... – Der Hahn/Das Kreuz erinnert die Christen daran, dass ... – Der Hahn/Das Kreuz bedeutet für mich/sagt mir ...

- **Schritt 3:** Zum Schluss zeichnen die Schüler eine Kirchturmspitze, kombiniert mit den drei Symbolen (Hahn auf Kreuz auf Weltkugel) und schreiben eine mögliche Bedeutung dazu: Eine Kirchturmspitze mit diesen drei Symbolen übereinander macht deutlich ... *(AL)*

12.2 Engel überall – Themen und Zugänge

Intentionen/Kompetenzen	Engel als verbreitete Darstellung der religiösen Dimension des Lebens wahrnehmen und deuten
Klassenstufe	ab Klasse 5
Material	vom jeweiligen Thema abhängig
Zeitaufwand	1 Stunde pro Thema
Tipp/Hinweise	Das Thema „Engel" kann als eigene Unterrichtseinheit behandelt oder als Element zu verschiedenen Themenbereichen eingesetzt werden.

Mit Engeln werden wir ständig konfrontiert: in der Werbung, zu Weihnachten, auf Friedhöfen, in der Innenstadt (Schaufenster, Denkmäler) und in der Sprache (Schutzengel, „Du bist ein Engel", engelhaftes Aussehen). Für viele verkörpern Engel die Sehnsucht nach der religiösen Dimension. Schüler sind diesem Thema gegenüber aufgeschlossen.

- **Schritt 1:** Als Hinführung zum Thema „Engel" hat sich das Malen der eigenen Vorstellungen als interessant erwiesen: Male einen Engel, wie du ihn dir vorstellst (alles ist erlaubt, auch ein abstraktes Bild). Anschließend gibt jeder Schüler seinem Engel einen Namen (z. B. „Mein Schutzengel", „Blaues Licht"). Wer möchte, darf seinen Engel vorstellen.

- **Schritt 2:** Alle Bilder werden aufgehängt oder in die Mitte gelegt und betrachtet. Kurzes Gespräch: Welche Attribute (z. B. Flügel, Kleid) kommen vor? Welche Farben? Was wird damit ausgedrückt? – Als Alternative oder Weiterführung eignet sich das Engel-ABC: Zu jedem Buchstaben wird ein Wort geschrieben, das etwas zum Thema „Engel" aussagt.

- **Schritt 3:** In arbeitsteiliger Partner- oder Gruppenarbeit wird ein Engelkalender gebastelt: Zu jedem Monat wird eine Engeldarstellung (Bild und/oder Text) gesucht, gemalt oder geschrieben. Man kann sich dabei am christlichen Kalender orientieren (Weihnachtsengel, Auferstehungsengel ...) oder an den Jahreszeiten bzw. Ereignissen (Frühlingsbote, Todesengel ...).

Religiöses im Alltag entdecken und deuten

Die Schüler bringen Postkarten oder Figuren mit und stellen sie in der Klasse vor. Diese Aufgabe eignet sich besonders für die Weihnachtszeit. Zusätzlich können passende Texte (Bibel, Gedichte, Lieder) gesucht werden. Kritischer Impuls für ältere Schüler: Ist die Engelfigur als Schmuck geeignet, die christliche Botschaft zu vermitteln, oder lenkt sie eher davon ab bzw. widerspricht ihr? – Engeldarstellungen in der Werbung werden untersucht: Wie ist der Engel dargestellt? Was verkörpert er? Welche Sehnsucht der Menschen wird angesprochen? Trägt das Angepriesene zur Erfüllung dieser Sehnsucht bei? Ferner können Musikvideoclips und umgangssprachliche Formulierungen gedeutet werden.

Webcode: FR233366-023

Engel als Lebensbegleiter

- Was bedeutet der Begriff „Schutzengel" für mich? Glaube ich daran? Warum ist ein Schutzengel ein beliebtes Geschenk? Warum schenkt man einem Baby zur Geburt einen Schutzengel? Aufgabe: Gestalte eine Postkarte mit Text und/oder Bild eines Schutzengels.

Religiöses wahrnehmen und deuten | 153

Webcode: FR233366-023

- Warum lässt sich jemand ein dauerhaftes Engeltattoo in die Haut brennen? Welche Arten von Engeltattoos gibt es? Suche im Internet.
- Das Gedicht *Von guten Mächten* von DIETRICH BONHOEFFER, das er im Gefängnis geschrieben hat, drückt seinen tiefen Glauben aus, ohne vorgegebene Vorstellungen oder Klischees von Engeln aufzugreifen. Auch die Engelzeichnungen von PAUL KLEE sind Ausdruck von Lebenserfahrungen und haben oft Titel, die zum Nachdenken herausfordern, z. B. *Vergesslicher Engel, Zweifelnder Engel*. Solche und ähnliche Texte/Kunstwerke können zusammen mit den Schülern interpretiert werden.

Über Tod und Auferstehung nachdenken
- Engeldarstellungen auf dem Friedhof können auf Fotos oder vor Ort bei einer Exkursion betrachtet und gedeutet werden → 7.3. Welche Engel bringen mehr das Leid und die Trauer zum Ausdruck? Welche Figuren vermitteln Hoffnung? Wodurch wird das deutlich? Welche Botschaft wird zum Ausdruck gebracht?
- Die Schüler können eine Engelfigur abzeichnen (eventuell nur den Umriss) und einen meditativen Text ergänzen. Ähnlich kann man vorgehen, wenn man Engeldarstellungen in Todesanzeigen betrachtet. → 7.4

Engeldarstellung für besondere Anliegen
- Im Holzschnitt *Für Martin Luther King* von HAP GRIESHABER sind in besonderer Weise Leben, Sterben, Hoffnung, gewaltloser Widerstand und die Verehrung dieses außergewöhnlichen Menschen symbolisch verdichtet. Darum kann man dieses Kunstwerk gut nach der Beschäftigung mit dem Leben von Martin Luther King betrachten und deuten, z. B. Gedanken dazu um das Bild herum notieren.

Webcode: FR233366-023

- Der Engel mit dem gebrochenen Flügel von „Missio" macht in eindringlicher Weise auf den Missbrauch von Kindern durch Sextourismus aufmerksam. Den Schülern fallen die Besonderheiten auf: Kinderzeichnung, kein Mund, Träne, gebrochener Flügel. Ein Gespräch über die Deutung der Auffälligkeiten kann aufschlussreich sein.

Webcode: FR233366-023

Engeldarstellungen in den Religionen

- Der Lehrer erklärt die Bedeutung der Namen der Erzengel. Mit den Schülern werden Geschichten aus der Bibel gelesen und mit Geschichten aus dem Koran oder der Prophetenbiografie des Ibn Ishaq verglichen. Ein Beispiel ist der Engel Gabriel (= Held Gottes); in verschiedenen Erzählungen aus Judentum, Christentum und Islam bringt der Engel Gabriel jeweils eine wichtige Botschaft: Gottes Zusage an Hagar, sie und ihren Sohn Ismael zu schützen (Genesis 16, 1–16), Gottes Erwählung Marias als Mutter des Gottessohnes Jesus (Lukas 1, 26–37), Mohammeds Erwählung als Überbringer des Korans. Interessant kann ein Vergleich von Bildern zu den jeweiligen Geschichten sein (im Internet unter den Suchbegriffen „Hagar in der Wüste", „Verkündigung an Maria" und „Engel Gabriel und Mohammed"); die Körperhaltung und Gestik des Engels und der anderen Personen können nachgestellt und gedeutet werden.
- Schüler interessieren sich sehr für die verschiedenen Darstellungen des Teufels. Ein Arbeitsblatt mit Abbildungen wird zusammengestellt (von Schülern oder vom Lehrer), die verschiedenen Attribute werden herausgesucht und gedeutet. Hier ist besonders der Mythos vom gefallenen Engel Luzifer (= Lichtträger) aufschlussreich. Anschließend geht es um das Thema „Gut und Böse". *(AL)*

12.3 Annäherungen an das Thema „Feste"

Intentionen/Kompetenzen	Feste als Bestandteil des gesellschaftlichen und eigenen Lebens wahrnehmen; Feste in verschiedene Kategorien einteilen; typische Elemente von Festen erkennen; sich mit ausgewählten Festen ausführlich befassen; ein eigenes Fest erfinden
Klassenstufe	ab Klasse 5
Material	Karteikarten, Papier, Stifte
Zeitaufwand	1–2 Stunden
Tipp/Hinweise	→ 5.7, 12.4, 14.1 bis 14.5

Ein wichtiger Teil gelebter Religion sind Feste. Jede Religion hat ihre eigenen Feste, und selbst in einer säkularisierten Gesellschaft bleibt der Festkalender Teil des Lebens. Schon kleine Kinder begreifen die immer wiederkehrenden Feiertage als wichtige Fixpunkte, die die Zeit ordnen. Das Thema „Feste" eignet sich daher besonders als Zugang zum eigenen Glauben und zu fremden Religionen.

- **Schritt 1:** Die Schüler schreiben auf Karteikarten oder Papier Bezeichnungen von Festen (pro Karte ein Fest, bis zu drei Karten pro Schüler). Die Ergebnisse werden an die Tafel geheftet. Dabei sollten die Schüler auf Vielfalt achten, damit nicht 25 Karten mit der Aufschrift „Weihnachten" entstehen. Im Plenum überlegen die Schüler anschließend, welchen Kategorien man die genannten Feste zuordnen kann (z. B. „persönliche Feste", „religiöse Feste"). Der Lehrer schreibt die Kategorien als Überschriften an die Tafel.

- **Schritt 2:** Einige Schüler kommen nach vorn und ordnen die Karten entsprechend zu. Dabei kann es Überschneidungen geben (z. B. bei „Taufe"). Wenn das Ergebnis sehr einseitig ist (z. B. fast nur persönliche Feste), lässt sich eine zweite Kartenabfrage durchführen, bei der die Schüler aufgefordert werden, einige Feste zu ergänzen; eventuell können auch weitere Kategorien ergänzt werden. Je nach Vielfalt der Ideen lassen sich bestimmte Kategorien noch weiter unterteilen (z. B. „religiöse Feste" in „christliche Feste"; „jüdische Feste", „islamische Feste").

- **Schritt 3:** Anschließend sucht sich jeder Schüler eine Karte aus, die er nicht selbst geschrieben hat, und notiert unter dem Namen des Festes in Stichworten, was er darüber weiß. Leitfragen können sein: Welche Elemente gehören zu diesem Fest? Was wird gefeiert? Wann wird es gefeiert? Wo?

- **Schritt 4:** In Einzel- oder Partnerarbeit überlegen die Schüler anschließend, welche typischen Festelemente immer wieder genannt wurden (z. B. Festessen, Gäste, feierliche Kleidung, Geschenke) und notieren diese in ihr Heft. Als Anregung kann der Lehrer folgenden Satzanfang an die Tafel schreiben und durch die Schüler ergänzen lassen: Typisch für ein Fest ist, dass …, Wenn Menschen ein Fest feiern, dann …

- **Schritt 5:** Als Weiterarbeit können die Schüler ein Fest zu einem bestimmten Anlass erfinden, z. B. zur Genesung nach einer langen Krankheit oder zum Erwachsenwerden. Sie schreiben den Ablauf und die Elemente auf, gestalten eine Einladung und entwerfen ein Programm. *(GJ)*

Tipp: In unteren Jahrgangsstufen kann der Lehrer die Feste auf die Karten malen lassen. Die einzelnen Festelemente lassen sich dann aus den Bildern herauslesen. – Symbolrätsel: Ein Schüler kommt nach vorn, malt ein Symbol zu einem der genannten Feste an die Tafel. Die anderen müssen raten, welches Fest gemeint ist. Wer das Fest errät, darf nun selbst an die Tafel und ein Symbol malen.

12.4 Feste im Jahreslauf

Intentionen/Kompetenzen	Feste im Jahreslauf wahrnehmen und deuten; Lichterfeste darstellen und vergleichen; selbstständig recherchieren und Arbeitsblätter entwickeln; Ideen gestalterisch umsetzen (Collage, Symbole, Einladung)
Klassenstufe	ab Klasse 5
Material	Zeitschriften (besonders eignen sich Mode- und Wohnzeitschriften), Plakatkarton, Scheren, Kleber, Stifte
Zeitaufwand	2–3 Stunden
Tipp/Hinweise	→ 6.7, 7.2, 14.3, 17.1

Ursprünglich waren die meisten Feste durch die Jahreszeiten bestimmt, viele sind es heute noch. Ähnlich wie bei heiligen Orten findet sich bei Festterminen das Phänomen der Kontinuität: Was einmal ein Fest geworden ist, bleibt eines – lediglich die Bedeutung kann sich wandeln. So finden sich in fast allen bei uns gefeierten christlichen Festen vorchristliche Elemente. Es ist spannend, sich mit der Geschichte dieser Feste zu beschäftigen. Im interreligiösen Unterricht ist es zudem interessant, verschiedene Festkalender miteinander zu vergleichen sowie Gemeinsamkeiten und Unterschiede aufzudecken. Das kann anhand des vollständigen Kalenders geschehen oder am Beispiel einzelner Feste, die sich für den Vergleich besonders eignen. In diesem Kapitel dienen Lichterfeste als Beispiele.

Ob Halloween (30. Oktober), Martinstag (11. November) bzw. Martinifest (10. November), Advent, Weihnachten, das jüdische Chanukka, die skandinavischen Wintersonnenwendfeiern, Silvester mit seinem Feuerwerk oder Lichtmess (2. Februar) – alle diese Feste haben eines gemeinsam: Sie werden in unseren Breiten im Winterhalbjahr gefeiert und haben etwas mit Licht zu tun. Um die Lichtsymbolik dieser Feste besser zu verstehen, ist es sinnvoll, sich mit dem zu beschäftigen, was die Menschen dazu bewegt, Lichter anzuzünden: mit der Dunkelheit. Daher sollten sich die Schüler zunächst mit der „dunklen Jahreszeit" und den sie begleitenden Assoziationen auseinandersetzen. Daran kann sich eine Reihe zum Thema „Lichterfeste" anschließen, in der die Gemeinsamkeiten und Unterschiede der oben genannten Feste untersucht werden. Der Einstieg passt ebenfalls zum Thema „Symbole" als Hinführung zum Symbol „Licht". Der ideale Zeitpunkt für eine solche Unterrichtseinheit liegt natürlich im Winterhalbjahr.

- **Schritt 1:** Zunächst stellen die Schüler in Gruppen Collagen her. Der Arbeitsauftrag lautet: Versucht, mit den Collagen auszudrücken, was für die dunkle Jahreszeit typisch ist. – Die Collagen werden aufgehängt und miteinander verglichen.

- **Schritt 2:** Anschließend sammeln die Schüler alle Feste, bei denen das Licht eine wichtige Rolle spielt. Als Ergänzung erhalten sie ein Arbeitsblatt (siehe Seite 158) mit Erklärungen zu einigen Festen. Sie ergänzen die fehlenden Texte zunächst nach eigenem Wissen. Später werden die Erklärungen nach Recherche (Lexikon, Internet) vervollständigt bzw. überarbeitet. Das ausgefüllte Arbeitsblatt wird mit Zeichnungen der entsprechenden Lichtsymbole ergänzt.

- **Schritt 3:** Welche Feste kennst du? Welche feierst du selbst? Was bedeutet das Licht bei den jeweiligen Festen? Welcher Art ist es? Wie wirkt es? Welche Gefühle löst es aus? Was gefällt dir an diesen Festen? – In arbeitsteiliger Gruppenarbeit wählen die Schüler ein Fest aus und versuchen, auf einem Plakat das Typische dieses Festes zum Ausdruck zu bringen (mit Bildern und Erklärungen). Das Plakat soll eine Einladung zu einer Feier anlässlich dieses Festes sein. Die Plakate werden neben die Collagen gehängt. In einem Gespräch kann man über Ängste, Bedürfnisse, Wünsche, Hoffnungen und Erfahrungen der Menschen mit Licht und Dunkelheit sprechen sowie auf die Bedeutung von Feiern und Festen allgemein eingehen. *(GJ)*

Tipp: Ein ähnlicher Einstieg eignet sich für die Einstimmung auf das Thema „Frühlingsfeste". Hier stehen Stichwörter wie „Fruchtbarkeit", „Leben", „Erwachen" im Mittelpunkt. Frühlingsfeste, die in eine solche Reihe passen, sind Ostern (vorchristlich: Fruchtbarkeit, Wiedererwachen der Natur; christlich: Auferstehung; beiden gemeinsam: Hoffnung, neues Leben), Pessach usw. Die Schüler entwickeln ein entsprechendes Arbeitsblatt (siehe oben) selbst. Weitere Feste im Jahreslauf können ähnlich erarbeitet werden (z. B. Sommerfeste, Erntefeste, stille Feste). → 7.2

Lichterfeste

Symbol	Erklärung
	Sankt Martin am 11. November/Martinifest am 10. November Das Martinsfest am 11. November wird in vielen Gegenden mit Laternenumzügen und Martinsfeuern gefeiert. Der christlichen Tradition nach erinnert dieses Fest an den Heiligen Martin – in protestantischen Gegenden wurde daraus ein Fest zu Ehren Martin Luthers (anlässlich dessen Geburtstags am 10. November). Wie Halloween geht das Martinsfest wahrscheinlich auf ein vorchristliches Fest zurück, das dem Beginn der dunklen Jahreszeit galt. Dies erklärt auch das Anzünden der Laternen und Feuer.
	Silvester am 31. Dezember Der 31. Dezember hat ursprünglich keine religiöse Bedeutung. Dieser Tag wird mit verschiedenen Bräuchen zum Jahreswechsel gefeiert. Dabei spielen Orakel (Zukunftsdeutungen) und Glücksbringer eine besondere Rolle. Durchgesetzt hat sich das Silvesterfeuerwerk (ursprünglich zur Vertreibung böser Geister). Der Name geht auf den Tagesheiligen Papst Silvester I. zurück.
	Wintersonnenwende am 21. Dezember Die Wintersonnenwende ist der Zeitpunkt der längsten Nacht des Jahres. Danach werden die Tage wieder länger – das Licht besiegt die Dunkelheit. In vielen Religionen wurde zu dieser Zeit des Jahres die Sonne (bzw. der Sonnengott) besonders gefeiert, so z. B. in Rom („Sol invictus"), in Ägypten und im Mithraskult.
	Halloween – Allerheiligen – Advent – Weihnachten – Chanukka …

Webcode: FR233366-024

12.5 Die eigene Stadt erkunden

Intentionen/Kompetenzen	die religiöse Vielfalt des eigenen Ortes entdecken; Beispiele selbstständig erkunden, bearbeiten und vorstellen
Klassenstufe	ab Klasse 6
Material	Arbeitsbogen für die Erkundung (siehe Kopiervorlage unten)
Zeitaufwand	1 Stunde für den Einstieg; für die Vorstellung je nach Beispielen und Interesse mehrere Stunden
Tipp/Hinweise	Diese Idee hat sich als gutes Modell für selbstständiges Lernen erwiesen. → 1.5, 4.1, 4.3, 7.3, 11.2, 12.1, 12.2, 12.7, 12.9, 15.3

- **Schritt 1:** Die Überschrift „Religion in meiner Stadt" wird an die Tafel geschrieben. Die Schüler äußern sich zunächst spontan dazu. Anschließend wird gesammelt: Wo gibt es in meinem Wohnort Hinweise auf Religion oder Religionen? Zuerst werden meistens die Kirchen genannt. Der Lehrer gibt noch weitere Tipps. Alle Möglichkeiten werden notiert. – Beispiele: Straßenschilder (z. B. „Am Gottesacker"), Gebäude (Kirche, Moschee, Synagoge usw.), diakonische Einrichtungen (z. B. Bahnhofsmission), Hinweisschilder (z. B. Gottesdiensthinweise am Ortseingang), Denkmäler, Werbeplakate (z. B. Einladung zur Meditation, Werbung mit religiösem Inhalt), Mahnmale (z. B. Opfer der Gewaltherrschaft), Menschen (z. B. Nonne, Mönch, Priester).

- **Schritt 2:** Die Schüler notieren zu allen Punkten Beispiele aus ihrem Ort. Danach ordnen sie die Eindrücke: Wo handelt es sich nur um Worte oder Bilder ohne echte religiöse gegenwärtige Bedeutung? Wo wird Geschichte gezeigt, die auch für die Gegenwart von Bedeutung ist? Wo wird gelebte Religion deutlich? Welche Religionen sind vertreten? Welche existenziellen Erfahrungen werden thematisiert?

Bearbeitungsbogen

Mein Bereich heißt: _____

Folgende Beispiele habe ich dazu gefunden: _____
_____

Mit folgendem Beispiel habe ich mich näher beschäftigt:_____
_____

„Fundort": _____
_____

Ich habe das Beispiel ausgesucht, weil _____
_____

Ich habe herausgefunden: _____
_____

Meine Gedanken dazu: _____
_____

Male ein Bild bzw. bring ein Foto mit oder beschreibe dein Beispiel.

Webcode: FR233366-025

- **Schritt 3:** Die Schüler werden beauftragt, ihren Ort in Bezug auf dieses Thema zu erkunden und in der nächsten Stunde davon zu berichten. Sie suchen sich einen Bereich aus (siehe oben) und beschäftigen sich mit einem Beispiel näher.

Die Ergebnisse sind Unterrichtsstoff für die nächsten Stunden. Die Schüler können die religiöse Vielfalt der Stadt erkennen und aus der Zusammenstellung oder aus einzelnen Beispielen viel lernen. *(AL)*

12.6 Was ist Religion? – Annäherungen

Intentionen/Kompetenzen	Annäherung an den Religionsbegriff durch ein Bild, durch bildliche Texte und Fragen; Beschäftigung mit der religiösen Dimension im eigenen Leben
Klassenstufe	ab Klasse 7
Material	Bild der Leiter (siehe Kopiervorlage unten), Papier, Stifte
Zeitaufwand	1–2 Stunden
Tipp/Hinweise	Weitere geeignete Bilder sind *Leiter zum Mond* von Georgia O'Keeffe oder *Hund, den Mond anbellend* von Joan Miró.

Die goldene Leiter

Webcode: FR233366-026

- **Schritt 1:** Das Bild wird auf Folie präsentiert. Der Lehrer bietet eine der folgenden Möglichkeiten zur Beschäftigung mit dem Bild an (oder lässt die Schüler auswählen):
  - Einen Satz ergänzen: Ich sehe …/Ich fühle (mich) …/Ich bin …
  - Den Bezug zum eigenen Leben aufschreiben: Wenn ich das Bild betrachte und an mein Leben denke, dann fällt mir ein …
  - Adjektive, Verben, Nomen aufschreiben und einen Text dazu entwerfen (z. B. Gedicht)
  - Die Struktur abzeichnen und Gedanken, Fragen, Gefühle in die einzelnen Elemente schreiben
  - Wo ist mein Lieblingsplatz? Die Schüler schneiden kleine Figuren aus, die sie später auf die Folie legen, wählen einen Platz im Bild aus und schreiben eine Begründung für ihre Platzwahl auf: Ich habe mir diesen Platz ausgesucht, weil …

- **Schritt 2:** Die Ergebnisse werden im Plenum vorgestellt. Es entstehen manchmal intensive Gespräche über die Bedeutung der verschiedenen Elemente des Bildes („Plätze") und die eigenen Vorstellungen (z. B. Erdverbundenheit, Sehnsucht nach dem „Himmlischen").

- **Schritt 3:** Es folgt ein Gespräch über zwei Zitate: „Da hatte Jakob einen Traum: Er sah eine Treppe, die auf der Erde stand und bis zum Himmel reichte." (Genesis 28,12) – „Die Religionen der Welt sind Leitern zu Gott." (Ramakrishna)

Eigene Vergleiche finden

Der Satzanfang „Religionen sind wie …" wird an die Tafel geschrieben. Die Schüler schreiben mögliche Ergänzungen dazu. Als Hilfe kann der Lehrer Zitate vorlesen:

Religionen sind wie Brücken, die von einem Land in ein anderes führen: Von unserer alltäglichen Welt führen sie hinüber an ein anderes Ufer, zu Glück, Heil und Frieden.

Religionen sind wie Wege zum Licht, die das Leben der Menschen hell machen.

Ein Wanderer kommt zu einem Fluss. Das Ufer, an dem er steht, ist voller Gefahren und Leid. Religionen sind wie Flöße, sind wie Boote, mit denen Menschen an das andere Ufer gelangen können.

Anschließend wählt jeder Schüler einen Vergleich aus und malt ein Bild dazu. Die Bilder können unter der Überschrift „Religionen sind wie …" aufgehängt werden.

Fragen als Ursprung der Religion

Menschen in allen Völkern und zu allen Zeiten geben sich nicht zufrieden mit dem, was sie sehen und anfassen können. Sie fragen tiefer. (...) Fragen sind der Ursprung der Religion. Mithilfe von Religion versuchen wir, einen Standort im Leben zu erhalten, einen Grund, auf dem wir stehen können.

Aus: Hermann-Josef Frisch (1999): Himmelsleitern.
Religionen der Welt in Bildern, Düsseldorf: Patmos Verlag, S. 4.

Man kann zusammen mit den Schülern überlegen, welche die wirklich wichtigen Fragen im Leben sind. Beispiele: Woher kommen wir? Wohin gehen wir? Welchen Sinn hat die Welt? Wer ist Gott? Wozu leben wir? Was ist heilig? Wie können wir Glück, Heil und Frieden finden? – Anschließend begeben sich die Schüler auf die Suche nach Antworten: bei sich selbst (überlegen), bei den unterschiedlichen Religionen (lesen) oder bei verschiedenen Menschen (befragen). Man kann die einzelnen Fragen auch groß auf Plakate schreiben (Platz zum Schreiben lassen) und diese für längere Zeit im Klassenraum oder in der Schule (z. B. in der Nähe des Lehrerzimmers) aufhängen. Vielleicht entsteht daraus ein Gespräch, das die Grenzen der eigenen Lerngruppe überschreitet. *(AL)*

12.7 Kirchentagsplakate als aktuelle Denkanstöße

Intentionen/Kompetenzen	christliche/biblische Themen als Themen der Zeit erkennen; religiöse/biblische Sprache und Symbolik verstehen; Kirchentage als gesellschaftliche Ereignisse wahrnehmen; einen eigenen Bezug zu den Themen herstellen; ein Thema nach eigenem Interesse aussuchen und grafisch gestalten
Klassenstufe	ab Klasse 7
Material	aktuelles Kirchentagsplakat auf Folie oder in Kopie (siehe auch → 12.2); Zusammenstellung von Kirchentagsmottos (im Internet zu finden unter www.ekd.de; Katholikentage unter „Wikipedia"); Bibel; Papier und Buntstifte für die Plakatentwürfe
Zeitaufwand	2 Stunden
Tipp/Hinweise	→ 1.1, 6, 15.6

Kirchentage oder Katholikentage spiegeln oft gesellschaftliche Themen der jeweiligen Zeit. Die Plakate sieht man an Straßen, Litfaßsäulen oder in öffentlichen Einrichtungen. Das Motto ist meistens der Bibel entnommen und weist auf ein zeitloses, allgemein menschliches Thema hin.

- **Schritt 1:** Das aktuelle Kirchentagsplakat → 12.2 wird präsentiert (auf Folie oder in Kopie). Das Motto des Kirchentags 2011 beispielsweise lautete: „... da wird auch dein Herz sein" (Matthäus 6,21). Die Schüler äußern sich, stellen Fragen usw. Der Lehrer gibt allgemeine Informationen zum Kirchentag.

- **Schritt 2:** Die Schüler erarbeiten in Einzel- oder Partnerarbeit die Inhalte des Plakats (Bibelspruch, Symbole, Motive). Die Aufgabenstellung lautet: Was fällt dir zum Motto des Kirchentags ein? Schreibe ein paar Gedanken dazu auf. Lies den Text, aus dem das Motto entnommen ist, in der Bibel nach. In welchem Zusammenhang steht hier der Ausspruch? Was ist deiner Meinung nach die Hauptaussage des Bibeltextes? Fasse sie in wenigen Sätzen zusammen. Welchen Bezug hat der Bibeltext zur Gegenwart? Nenne ein Beispiel, in dem seine Aussage heute eine Rolle spielen könnte. – Was bringt die Grafik des Plakats zum Ausdruck? Welche Symbole werden aufgegriffen? Zeichne die Grafik ab und schreibe deine Gedanken um die Grafik herum oder in die entsprechenden Teile des Umrisses. – Warum ist dieser Entwurf deiner Meinung nach von der Jury als offizielles Kirchentagsplakat ausgewählt worden? Schreibe einen kurzen Text mit Begründungen.

- **Schritt 3:** Der Lehrer gibt den Schülern eine Zusammenstellung verschiedener Kirchentagsmottos der vergangenen Jahre. Jeder Schüler wählt ein Motto aus, das ihn besonders anspricht (mit kurzer Begründung der Wahl). Die Schüler beschäftigen sich näher mit dem Motto, indem sie den Zusammenhang in der Bibel nachlesen und einen Bezug zur Gegenwart herstellen.

- **Schritt 4:** Die Schüler entwickeln einen Plakatentwurf zu „ihrem" Kirchentagsmotto: Welche Symbole passen zum Text oder werden im Text genannt? Wie können sie angeordnet werden? Wie soll der Spruch gestaltet werden? Soll ein bestimmtes Wort hervorgehoben werden. Soll der Text selbst als Symbol geschrieben werden (z. B. Textbild)? – Der Lehrer sammelt die Entwürfe ein und hält sie den Schülern verdeckt hin. Jeder zieht ein Blatt, schreibt ein Plädoyer für die Jury, die das Motto für das kommende Jahr auswählt, und stellt den anderen beides vor. Jetzt kann abgestimmt werden: Welches Motto erhält die meisten Stimmen? Es wird im Plenum darüber diskutiert, warum dieses Motto besonders gut zur Gegenwart und näheren Zukunft passt. Eventuell werden auch Vorschläge für ein neues Motto – das es noch nicht gab – gemacht.

- **Schritt 5:** Als Weiterführung entwerfen die Schüler in Gruppenarbeit zu einem aktuellen Motto Programmpunkte für einen Kirchentag oder Katholikentag. Leitfrage: Welche unterschiedlichen Themenbereiche sind eurer Meinung nach für die Gesellschaft und für den Einzelnen wichtig? *(AL)*

12.8 Der Papst als Popstar

Intentionen/Kompetenzen	über Religiosität und öffentliche Darstellung nachdenken; einen persönlichen Brief und Leserbrief formulieren; über Pro und Kontra diskutieren
Klassenstufe	ab Klasse 7
Material	Zeitungsartikel (Kopiervorlage siehe unten)
Zeitaufwand	1 Stunde
Tipp/Hinweise	Die Diskussion (siehe Schritt 2) kann im Unterricht spontan oder nach Vorbereitung der Schüler (als Hausaufgabe zur nächsten Stunde stichhaltige Argumente notieren) durchgeführt werden.

Bei einem Besuch von Papst Benedikt XVI. in Deutschland standen an einem Tag folgende Artikel nebeneinander auf einer Seite:

„Deutschland hat riesige Kirchen"
Die 16-jährige Südafrikanerin Cassandra Ngomane ist Pfadfinderin und mit 16 anderen Pfadfindern aus ihrer Heimat für drei Wochen rund um den Weltjugendtag nach Deutschland gekommen. „Ich freue mich so, den neuen Papst kennenzulernen und all die anderen jungen Leute aus aller Welt, die gekommen sind, um gemeinsam den Weltjugendtag zu feiern." In Deutschland sind ihr bisher besonders die großen Kirchen aufgefallen: „Wenn man diese riesigen Kirchen sieht, bekommt man das Gefühl, dass die Menschen hier sehr religiös sind."

Bravo bringt Papst als Popstar raus
MÜNCHEN (AFP) Zum Weltjugendtag veröffentlicht die Zeitschrift „Bravo" ein Mega-Poster von Benedikt XVI. Es ist das erste Mal, dass sich das Heft, das für seinen offenen Umgang mit Fragen der Sexualität bekannt ist, in seiner fast 50-jährigen Geschichte dem Papst widmet. Chefredakteur Tom Junkersdorf begründete die Aktion damit, dass für viele Jugendliche in Deutschland der neue Papst ein Star sei.

Webcode: FR233366-027

- **Schritt 1:** Die Schüler setzen sich mit beiden Texten auseinander, indem sie Briefe schreiben. Die Aufgabenstellung lautet: Schreibt dem Mädchen aus Südafrika einen Brief, in dem ihr eure Meinung und Erfahrung zu den großen Kirchen und zur Religiosität in Deutschland darlegt. – Schreibt einen Leserbrief an die Zeitschrift „Bravo", in dem ihr eure Meinung zu der Herausgabe des Papstposters darstellt.

- **Schritt 2:** Einige Briefe werden vorgelesen. Anschließend kann zum Thema „Große Kirchen und Papstverehrung – ein Ausdruck der Religiosität?" kontrovers diskutiert werden. *(AL)*

12.9 Werbeanzeigen als Zugang zu religiösen Themen

Intentionen/Kompetenzen	religiöse Elemente und biblische Themen in der Werbung wahrnehmen und deuten; sich mit religiösen Inhalten näher befassen; die Vermarktung von Religion hinterfragen und sich mit öffentlicher Kritik auseinandersetzen
Klassenstufe	ab Klasse 8
Material	Zeitschriften mit Werbeanzeigen, Bibel
Zeitaufwand	1–2 Stunden pro Einheit; 5–6 Stunden für die Unterrichtsreihe
Tipp/Hinweise	Die Unterrichtsvorschläge können auch einzeln eingesetzt werden. → 7.2, 12.2, 12.7

Wer einmal angefangen hat, auf das Thema „Religion in der Werbung" zu achten, begegnet ihm immer wieder. Es wird geworben mit Inhalten und Symbolen des Christentums und anderer Religionen, aber auch mithilfe von allgemein religiösen Symbolen, Mythen oder Begriffen. Religiöse Inhalte werden direkt eingesetzt, sodass sie provozierend wirken, oder es wird mit versteckten religiösen Botschaften geworben, z. B. mit einem Bild der Arche Noah für eine Versicherung, mit dem Begriff „Segen" für eine Autoreifenfirma, mit dem Spruch „Immer da. Immer nah." Das Paradies wird versprochen oder der Himmel auf Erden, ein Schutzengel taucht auf, der Fleckenteufel wird vertrieben. Kinder und Jugendliche haben meistens Spaß an gaghaften Verfremdungen. Sie verstehen oft nicht, dass es Menschen gibt, die sich in ihren religiösen Gefühlen verletzt fühlen. Umso wichtiger ist es, auch die Kritik an solcher Werbung wahrzunehmen. Es ist durchaus sinnvoll, versteckte religiöse Botschaften als Antworten auf geheime Wünsche und Sehnsüchte der Menschen aufzudecken, weil man gemeinsam überlegen kann, was wirklich zur Erfüllung dieser Wünsche beitragen könnte. Dass das angepriesene Produkt nicht einmal annähernd solche Wünsche erfüllen wird, ist auch jungen Menschen klar.

Biblische Themen

Man beginnt mit einer Werbeanzeige, bei der die Schüler den religiösen Bezug direkt erkennen. Dabei sollte zunächst nicht die Kritik an der Vermarktung im Vordergrund stehen, sondern man kann die Anzeige dazu nutzen, sich mit der religiösen Aussage ernsthaft auseinanderzusetzen. Mit dem folgenden Beispiel habe ich gute Erfahrungen gemacht. Überrascht war ich über das Interesse der Schüler, den entsprechenden Bibeltext nach der Beschäftigung mit der Anzeige zu lesen.

- **Schritt 1:** „Warum schuf Gott Tag und Nacht?" – Diese Frage stand lange Zeit groß in Gelb auf rotem Untergrund in einer Werbeanzeige einer Telefongesellschaft in verschiedenen Tageszeitungen. Der Satz wird an die Tafel geschrieben; die Herkunft wird erklärt. Danach notiert jeder Schüler eine Antwort auf diese Frage. Die Antworten werden verglichen. Gibt es Gemeinsamkeiten?

- **Schritt 2:** Im Anschluss wird der zweite Teil der Anzeige präsentiert (bei Bedarf an die Tafel geschrieben). Die Werbeanzeige antwortet in kleiner Schrift mit folgendem

Satz: „Damit der Mensch den Überblick behält." Die Schüler vergleichen mit ihren eigenen Antworten: Gibt es Antworten, die einen ähnlichen Aspekt beinhalten? Danach wird der Bibeltext gelesen, auf den sich der Spruch bezieht (Genesis 1, 1–2,4a). Welche Antwort gibt dieser Text auf die oben gestellte Frage?

- **Schritt 3:** Man kann einige Gemeinsamkeiten mit der Werbeantwort entdecken, z. B.: Gott schenkt den Menschen eine gute Ordnung, Abwechslung von Arbeit und Ruhe usw. Der Hauptunterschied ist der, dass im Bibeltext Gott „den Überblick behält" und nicht der Mensch. Über Vor- und Nachteile dieser Sichtweisen kann diskutiert werden.

- **Schritt 4:** Die Schüler suchen noch weitere Werbesprüche mit biblischem Bezug, oder der Lehrer gibt ihnen eine Auswahl (siehe unten die Beispiele im Kasten). Jeder sucht sich einen Spruch aus und bearbeitet ihn selbstständig – ähnlich wie oben beschrieben – unter folgenden Fragestellungen: Was denkst du über die Frage oder Aussage in dem Spruch, wenn du sie ernst nimmst? In welchem Zusammenhang wird der Spruch in der Anzeige gesehen? Erkundige dich nach dem religiösen Hintergrund (Bibel, Religionsbuch, Lexikon usw.).

- Wie wirkt die Anzeige auf dich?
- An wen ist sie gerichtet (Zielgruppe)?
- Warum haben die Werbetexter die Sprachform der Zehn Gebote gewählt?

Beispiele
„Wer ohne Verkehrssünde ist, werfe den ersten Stein"; der Untertitel lautet „Nüchtern und fair". Werbung für eine Zeitung; Vergleich mit Johannes 8, 1–11 (Jesus und die Ehebrecherin). Warum haben die Werbetexter diesen Spruch ausgewählt? Was haben die Begriffe „nüchtern und fair" mit der biblischen Geschichte zu tun?
„Die Bibel sagt: Geben ist seliger als nehmen. Wir sagen: Greifen Sie trotzdem zu." Werbung für einen Pay-TV-Sender; Vergleich mit einem von Paulus zitierten Ausspruch Jesu (Apostelgeschichte 20, 35).
„Du sollst nicht langsam sein"; groß gedruckt und nochmals klein auf dem heruntergeklappten Visier vom Helm eines Motorradfahrers: Werbung für einen Internetanschluss; Vergleich mit den Zehn Geboten, besonders mit dem Sabbatgebot (Exodus 20, 8–11).

Religiöse Elemente und versteckte religiöse Botschaften
„Immer da. Immer nah." – Diese Botschaft einer Versicherungsgesellschaft ist in ihrer Unbedingtheit kaum zu übertreffen. Wenn Schüler einmal auf versteckte religiöse Botschaften hingewiesen worden sind, sind sie sensibilisiert für das Auffinden ähnlicher Aussagen in der Werbung.

Tipp: Es ist nicht schwer, solche Anzeigen zu finden; man muss nur daran denken, sie auszuschneiden. Ich habe inzwischen eine umfangreiche Sammlung von Anzeigen mit eindeutigen und versteckten religiösen Motiven. Zum Teil haben mir nach der Unterrichtseinheit Schüler interessante Anzeigen mitgebracht und zur Verfügung gestellt. Wenn man eine solche Sammlung hat, kann man die Anzeigen in der Klasse auf Tischen und/oder Fensterbänken auslegen. Die Schüler gehen daran vorbei und betrachten die Anzeigen. Jeder sucht sich eine Anzeige aus, nimmt sie mit an seinen Platz und stellt sie dann den anderen vor.

- **Schritt 1:** Der Lehrer präsentiert eine passende Anzeige oder erzählt davon. Fragen: Der Slogan einer Versicherungsgesellschaft „Immer da. Immer nah." enthält eine religiöse Botschaft. Welche? Auch die Bilder der Anzeigen enthalten religiöse Elemente, z. B. den Schutzengel oder die ausgestreckte Hand. Sogar die Farben Blau und Gelb erinnern an Religiöses. Inwiefern? – Sucht zu Hause nach weiteren Anzeigen mit religiösen Elementen und bringt sie zur nächsten Stunde mit.

- **Schritt 2:** Im Unterricht werden die Anzeigen in Partnerarbeit analysiert und den Mitschülern vorgestellt. Aufgaben: Untersucht Gestaltung, Bilder und Texte einer Anzeige genau. Gibt es Symbole (z. B. Engel, Hand, Feuer), Begriffe (z. B. Himmel, Segen) oder Sätze, die aus dem Bereich der Religionen stammen oder an Religiöses erinnern? Werden ganze Geschichten oder Mythen dargestellt (z. B. Arche Noah, Geburt Christi)? Welche versteckten religiösen Botschaften enthält die Anzeige im Text oder im Bild? – Stellt die Anzeige euren Mitschülern vor, indem ihr die einzelnen Elemente erklärt. Ihr könnt die Anzeige auf ein Plakat kleben, mit Strichen auf die einzelnen Elemente verweisen und eure Erklärungen ergänzen.

- **Schritt 3:** Im Unterrichtsgespräch wird über jede Anzeige gesprochen. Auf die einzelnen religiösen Elemente kann näher eingegangen werden. Weiterführende Fragen: Was verspricht die Anzeige? Können die Versprechen eingelöst werden? Wenn ja, wie? Auf welche Sehnsüchte und Hoffnungen, die in der Werbung angesprochen werden, gibt es christliche Antworten? Welche?

Vermarktung von Religion und Kritik an der Werbung

Direkte Vermarktung von Religion wird besonders vor Weihnachten deutlich. Religiöse Symbole (Engel, Sterne, Krippen) werden verkauft, es wird damit geworben: „Der Autoadvent" stand über einem gezeichneten Weihnachtsbaum mit aktuellen Angeboten und Zinsvorteilen einer Autofirma. Auch zu anderen Feiertagen gibt es ähnliche Werbung. Während der entsprechenden Jahreszeiten können die Schüler Beispiele von direkter Vermarktung von Religion suchen und überlegen, ob sie der angesprochenen Religion gerecht werden oder ob sie im Widerspruch dazu stehen. Beispiele: Eine Krippe als Schmuck in der Weihnachtszeit zeigt die christliche Botschaft/widerspricht der christlichen Botschaft, weil … Ein Kreuz als Halskette …

Beispiele

- Februar: Valentinstag (Blumen, Geschenkartikel, Reisen)
- März/April: Ostern (Süßigkeiten, Spielwaren, Dekoration); Konfirmation und Kommunion (Bücher, Kleidung, Kreuze als Schmuck)
- Oktober/November: Allerheiligen und Totensonntag, Halloween → 7.2, Martinsfest (Restaurants, Laternen, Süßigkeiten)
- Dezember: Nikolaustag, Advent und Weihnachten

Kritik an der Werbung

Kurz vor Weihnachten erschien eine ganzseitige Anzeige eines Telefonanbieters, auf der ein Telefon mit Heiligenschein in einer Krippe zu sehen war. Gleich am nächsten Tag war ein Artikel mit dem Bericht über die Kritik der Bischöfe zu lesen.

BONN. Die Deutsche Bischofskonferenz hat gegen eine Werbung des Telefonanbieters TelDaFax protestiert. Die in vielen Zeitschriften veröffentlichte Anzeige verwende „einen ganz zentralen religiösen Text zu kommerziellen Zwecken", beklagte die Bischofskonferenz gestern in Bonn. Sie verletze damit das religiöse Empfinden vieler Menschen. In der Werbung heißt es unter Anspielung auf das Weihnachtsevangelium: „Es begab sich aber zu der Zeit, dass ein Gebot ausging von TelDaFax …"

Ähnlich kritische Äußerungen gab es zu verschiedenen Anzeigen einer Zigarettenfirma („Pfarrer raucht im Beichtstuhl" „Da strahlt die Gemeinde" usw.). Zu Ostern

2010 erschien eine Meldung darüber, dass die beiden großen christlichen Kirchen die Werbung einer Buchhandelskette zu den bevorstehenden Osterfeiertagen kritisierten. Angesichts der Werbebanner zum „Hasenfest" und der „Aller-Ei"-Reklame würden die Menschen betroffen und entsetzt reagieren und sich in ihrem Glauben verletzt fühlen. Das Problem entstehe dann, wenn das Symbol den Inhalt verdränge und ersetze, sagte ein Vertreter der evangelischen Kirche. Auch in anderen Ländern und zu nichtchristlichen Religionen gibt es ähnlich kritische Äußerungen, wie folgende Meldung aus dem Jahr 2011 zeigt:

CANBERRA. Zur Zufriedenheit indischer Politiker hat ein australischer Bademodenhersteller eine Kollektion von Einteilern und Bikinis mit dem Bildnis der Göttin Lakshmi zurückgezogen. „Lakshmi ist eine Gottheit, die von den Hindus verehrt wird und deren Darstellung auf Badekleidung ihr sittliches und religiöses Empfinden verletzt hat", erklärte Handelsminister Anand Sharma. Das Unternehmen habe recht daran getan, die Kollektion zurückzuziehen.

Webcode: FR233366-028

Die Schüler sollten kritische Reaktionen auf Werbung dieser Art kennenlernen, um ihre eigene Meinung zu hinterfragen.

- **Schritt 1:** Wenn möglich, sollte eine Originalanzeige dieser Art präsentiert werden (oder der Lehrer beschreibt die Anzeige). Die Schüler erklären die religiösen Inhalte bzw. Symbole und äußern eine erste Meinung zur Anzeige. Die kritische Betrachtung wird anschließend eingeleitet mit der Frage: Könnt ihr euch vorstellen, warum sich manche Menschen über diese Anzeige ärgern? Nehmt die Position der Kritiker ein. Was kritisieren sie? Vervollständigt folgende Sätze aus ihrer Sicht: Die Anzeige verletzt das religiöse/sittliche Empfinden, weil …/Man sollte religiöse Inhalte nicht zu kommerziellen Zwecken einsetzen, weil …

- **Schritt 2:** Als ergänzende Aufgabe verfassen die Schüler einen Leserbrief, in dem sie ihre Meinung in Bezug auf die Anzeige und die Reaktion der Kritiker darstellen.

Zum Abschluss können die Schüler der Frage nachgehen: Wie werben die Kirchen für ihre eigenen Anliegen? → 12.2, 12.7 Sie können ferner eine eigene Anzeige entwickeln, die für zentrale Anliegen der christlichen Botschaft wirbt. *(AL)*

13 Unterschiede sehen – Gemeinsames entdecken

13.1 Ein Haus der Begegnung für die Religionen entwerfen

Intentionen/Kompetenzen	interkulturelle Kompetenz und Dialogfähigkeit; Kennenlernen der Grundzüge der Religionen; Gemeinsamkeiten und Unterschiede entdecken; Ideen gestalterisch umsetzen
Klassenstufe	ab Klasse 5
Material	Bücher oder Lexika zu den Religionen; Plakatkarton, Stifte, Arbeitsblatt (Kopiervorlage siehe unten)
Zeitaufwand	4 Stunden
Tipp/Hinweise	Die Schüler können vorab Elemente und Symbole verschiedener Religionen/Konfessionen im Internet recherchieren.

Die Schüler entwerfen ein Haus der Religionen, in dem es einen Gemeinschaftsraum und für jede Religion einen Extraraum gibt.

- **Schritt 1:** Jede Gruppe beschäftigt sich mit einer Religion oder Konfession. Eine Gruppe kann auch einen Raum für Nichtgläubige gestalten; das Arbeitsblatt (siehe unten) müsste diese Gruppe entsprechend umformulieren. Das Arbeitsblatt wird von der Gruppe ausgefüllt. Anschließend werden Vorschläge für die Gestaltung des Raumes in der Gruppe besprochen, sortiert und ausgewählt.

- **Schritt 2:** Ein Grundriss (möglichst groß) wird gezeichnet; die Möbel und Gegenstände werden an den entsprechenden Stellen platziert. Unter die Zeichnung werden Erklärungen und Hinweise geschrieben. Die Grundrisse werden an die Wand gehängt.

- **Schritt 3:** Jede Gruppe beschäftigt sich nacheinander mit den Vorschlägen der anderen Gruppen und macht sich Notizen: Welche Gemeinsamkeiten oder Ähnlichkeiten gibt es? Welche Unterschiede werden deutlich? Die Stichworte werden im Plenum besprochen.

- **Schritt 4:** Über den Sinn eines Raumes der Begegnung wird nachgedacht. Wozu könnte ein gemeinsamer Raum genutzt werden? Welche Elemente sind wichtig? Was könnte für einen Raum der Begegnung von den einzelnen Religionen übernommen werden? Was sollte nicht übernommen werden, weil es Angehörige einer anderen Religion oder Konfession (oder Nichtgläubige) eventuell stören könnte? – Anschließend wird gemeinsam ein Grundriss für einen Raum der Begegnung entworfen.

- **Schritt 5:** Als Weiterführung können die Schüler andere Räume oder Außenanlagen für ein Begegnungszentrum entwerfen (Sportstätte, Meditationsgarten, Skulpturen usw.). *(AL)*

Arbeitsblatt für einen Raum der Religion

Symbol   Ein wichtiger Text:

_____

_____

_____

_____

Grundlagen (Wer oder was ist wichtig für diese Religion oder Konfession?):

_____

_____

_____

Wichtigstes Buch:

_____

Rituale und Feste:

_____

_____

_____

Weitere Symbole:

_____

_____

Sonstiges:

_____

_____

_____

Namen und wichtige Merkmale der Gebäude oder Räume dieser Religion:

_____

_____

_____

Skizze vom Grundriss und Ideen zur Gestaltung auf ein Extrablatt zeichnen.

Webcode: FR233366-029

13.2 Abraham – ein Mann, drei Religionen

Intentionen/Kompetenzen	sich mit dem biblischen Abraham beschäftigen; die Bedeutung Abrahams im Judentum, Christentum und Islam erkennen; Gemeinsamkeiten und Unterschiede entdecken; über die heutige Bedeutung Abrahams nachdenken
Klassenstufe	ab Klasse 5
Material	Film *Die Bibel: Abraham* (Dauer ca. 180 Minuten)
Zeitaufwand	10 Stunden für die gesamte Unterrichtsreihe
Tipp/Hinweise	Die einzelnen Elemente können auch ohne Film erarbeitet werden.

- Die Schüler beschäftigen sich zunächst mit dem Beginn der Abraham-Erzählung in der Bibel (Genesis 12, 1–9). Sie können die Erzählung gliedern und eventuell einen Comic dazu zeichnen. → 3.1
- Auf einige Hintergründe kann man näher eingehen: Nomadenleben, die ursprüngliche Heimat Abrahams (Ur in Chaldäa), das Leben in den großen Städten Babyloniens (Turmbau, Tempel, Herrscherpaläste, Sklavenarbeiter usw.), Glaube an Gott und Götter, Bedeutung von Opfern.
- Folgende Aspekte können auf heutige Situationen bezogen werden:
  - Aufbruchssituationen: Wann geben Menschen ihr bisheriges Leben auf, um etwas Neues zu beginnen? Warum? Die Schüler erzählen beispielsweise von Umzug oder Schulwechsel. Was bedeutet der Abschied? Welche Chancen bietet der Neuanfang? → 4.4
  - Segen: Bevor Abraham sich auf den Weg macht, denkt er darüber nach, was Gott gesagt hat. Er fragt sich: Was meint Gott mit „Sei ein Segen"? Schreibt einige Gedanken Abrahams auf. → 6.2

Der Film
In der Zeitschrift für Medienpädagogik „Medien praktisch" (2/96) fand sich ein Bericht über eine Tagung von Medienexperten zu Leo Kirchs Bibelfilm-Reihe. „Erzväter audiovisuell – Zwischen neuer Unbefangenheit und alter Kulturkritik" lautete die Überschrift.

Ich habe mich für die „neue Unbefangenheit" entschieden und den zweiteiligen *Abraham*-Film in einer Klasse 5 eingesetzt. Nach einer Einführung (siehe oben) habe ich den Film in ausgewählten Sequenzen mit Unterbrechungen für Gespräche und Notizen über mehrere Stunden hinweg gezeigt. Alle Schüler waren bei der Sache, haben sich auf die nächste Stunde gefreut und jeweils am Ende einer Sequenz bereitwillig die entsprechenden Aufgaben erledigt.
- Der Film wird in Sequenzen gezeigt. Man kann ihn immer dann unterbrechen, wenn eine neue Situation beginnt. Die Schüler sollen besonders auf die Person des Abraham achten. Nach jeder Sequenz schreiben sie einen Satz auf, der etwas über ihn aussagt. Außerdem können sie Fragen stellen.

Beispiel aus dem Heft einer Schülerin der Klasse 5
Abraham schenkt einem Sklaven die Freiheit. – Er verzichtet auf das Land und vermeidet damit einen Krieg. – In der Verzweiflung bittet er Gott. – Er gibt die Hoffnung nicht auf, trotzdem, Sarah bestärkt ihn in seinem Glauben. – Er liebt Sarah, sie ist ihm wichtiger als sein Leben. – Er ist großzügig, er teilt das Wasser mit den anderen. – Lot geht weg, weil nicht genug Wasser da ist, Abraham lässt auch Lot die Freiheit. – Lot macht seine eigene Erfahrung, in Sodom. – Abraham verspricht dem Elieser sein Vertrauen. – Abraham ist sehr mutig. – Er verzichtet auf Beute und auch auf Gefangene. – Gott schließt mit Abraham einen Bund. Gott gibt ein Versprechen an Abraham: So viele Sterne am Himmel stehen, so ein großes Volk wirst du haben. Du wirst auch Kinder haben. Obwohl sie schon so alt sind, glaubt er Gott doch. – Die Magd Hagar bekommt den Sohn Ismael. Abraham lehrt seinen Sohn, besonders lehrt er ihn Gott. – Der Bund wird erneuert: Abraham und Sarah sollen einen Sohn bekommen, Isaak soll er heißen. – Abraham lässt nicht locker, sich für die Gerechten einzusetzen. – Abraham ist Gottes Freund. – Sarah lacht zuerst: Wie soll denn das gehen? Danach glaubt sie aber. – Isaak = lachen – Abraham hat Ismael und Hagar weggeschickt. Aber Ismael und Hagar stehen im Glauben zu Gott. Wasser fließt in der Wüste. – Abraham vertraut Gott absolut. – Gott will nicht, dass Menschen geopfert werden. – Ende

- Man kann bestimmte Sequenzen auswählen und sich näher mit ihnen befassen. Die Schüler können sich auch mit anderen Personen des Films beschäftigen, z. B. Sarah, Lot, Hagar, Isaak, Ismael (eventuell die entsprechenden Bibelstellen dazu lesen). Auch die Beziehungen zwischen den einzelnen Personen können Thema sein.
- Zwei Bilder vom Schluss des Films können Anlass sein, sich über die Bedeutung Abrahams Gedanken zu machen:
  - Vor der „Opferung" Isaaks reckt Abraham die Arme hoch und ruft: „Warum?" Die Bindung Isaaks zeigt Abrahams absolutes Vertrauen. Gibt es heute Situationen, in denen von Menschen solches Vertrauen gefordert wird? Die Schüler nennen Beispiele von Menschen, die trotz Leiderfahrung den Glauben nicht verlieren.
  - Über dem Grab von Abraham reichen sich Ismael und Isaak die Hände. Dieses Bild kann Anlass sein, über die Bedeutung Abrahams für die Muslime (siehe un-

ten) zu sprechen. Auch auf das gegenwärtige Verhältnis zwischen Juden und Muslimen kann eingegangen werden.
- Die Schüler können diese beiden „Bilder" aus dem Film beschreiben, malen oder nachstellen, Gedanken dazu aufschreiben und über die Bedeutung sprechen.

Ein Mann, drei Religionen
Abraham spielt nicht nur im Judentum, sondern auch im Christentum und Islam eine Rolle. In den wichtigsten Quellen dieser drei Religionen – dem Tenach (jüdische Bibel, im Christentum „Altes Testament" genannt), dem Neuen Testament und dem Koran – findet man Aussagen zu seiner Bedeutung. Hier sind einige Beispiele:
- Darum sollst du nicht mehr Abram heißen, sondern Abraham soll dein Name sein; denn ich habe dich gemacht zum Vater vieler Völker. Und ich will dich sehr fruchtbar machen und will aus dir Völker machen, und auch Könige sollen aus dir kommen. Und ich will aufrichten meinen Bund zwischen mir und dir und deinen Nachkommen (…), dass es ein ewiger Bund sei, sodass ich dein und deiner Nachkommen Gott bin. 1. Mose 17, 5–7
- Da rief der Engel des Herrn vom Himmel und sprach: „Abraham! (…) Nun weiß ich, dass du Gott fürchtest (…). 1. Mose 22, 11–12
- Derhalben muss die Gerechtigkeit durch den Glauben kommen, auf dass sie sei aus Gnaden und die Verheißung fest bleibe allen Nachkommen, nicht denen allein, die unter dem Gesetz sind, sondern auch denen, die des Glaubens Abrahams sind. Der ist unser aller Vater (…). Und er hat geglaubt auf Hoffnung, da nichts zu hoffen war, auf dass er würde ein Vater vieler Völker (…). Und er ward nicht schwach im Glauben, (…) er zweifelte nicht durch Unglauben an der Verheißung Gottes, sondern ward stark im Glauben und gab Gott die Ehre (…). Römer 4, 16–20
- Durch den Glauben ward gehorsam Abraham, als er berufen ward, auszugehen in ein Land, das er erben sollte (…). Hebräer 11, 8
- Als der Herr den Abraham durch mancherlei Gebote auf die Probe gestellt hatte und dieser sich als treuer Diener bewährte, da sagte er: „Ich setze dich als Hohepriester für die Menschen ein." (…) Als Abraham und Ismael den Grund zu diesem Hause [der Kaaba in Mekka] legten, da flehten sie: „Oh Herr, mache uns zu dir ergebenen Muslimen und unsere Nachkommen zu einem dir ergebenen Volk." (…) Wer kann wohl den Glauben Abrahams verwerfen? (…) Wir erhoben Abraham auf dieser Welt, und auch in jener gehört er zu den erwählten Gerechten. Koran, aus der 2. Sure
- Erwähne auch, was im Koran über Abraham steht, denn er war ein gerechter Mann und ein Prophet. Koran, aus der 19. Sure

Aufgaben

- Lest die Textstellen und unterstreicht alle Eigenschaften und Titel, mit denen Abraham beschrieben wird.
- Wie wird Abraham in den drei Religionen gesehen? Erstellt eine Tabelle nach dem folgenden Modell und ordnet die Eigenschaften und Titel den drei Religionen zu.

Juden	Christen	Muslime
Stammvater der Juden	Vorbild der Gläubigen	Erster Muslim
…	…	Erbauer der Kaaba
		…

- Welche Eigenschaften oder Titel Abrahams treffen auf alle drei Religionen zu?

Webcode: FR233366-030

Weiterführende Anregung: Ein Begegnungszentrum für Juden, Christen und Muslime wird „Haus Abrahams" genannt (www.haus-abraham.de). Warum? Wie könnte ein solches Haus gestaltet werden? → 13.1

Abraham als Vorbild

- Auf die Bedeutung Abrahams für Christen kann man mit einem Text aus dem Neuen Testament näher eingehen: Hebräer 11, 8–10. Die Fragestellung lautet: Was wird über Abraham gesagt? Was ist mit „Stadt Gottes" gemeint? Was ist wichtig für diese Stadt? – Malt einen Stadtplan oder Häuser oder eine Stadtmauer und schreibt eure Gedanken dazu. Ihr könnt dem Fluss, den Straßen, den Brücken, Plätzen und Gebäuden passende Namen geben oder eure Überlegungen in die Steine der Stadtmauer oder an die Türen der Häuser schreiben.
- Mit einer Todesanzeige aus der Zeitung (siehe unten) kann deutlich gemacht werden, dass Abraham auch heute noch von manchen Menschen als Vorbild gesehen wird. Es steht nicht dabei, welcher Religion die Hinterbliebenen anhören. Das kann ein Anlass sein, sich die Gemeinsamkeiten der Religionen in ihren Ansichten über Abraham noch einmal vor Augen zu führen. – Die Schüler bekommen den Text der Anzeige: Wer könnte die Anzeige aufgegeben haben? Wer könnte der Verstorbene sein? Was wird über ihn gesagt? In welcher Beziehung stehen die Angehörigen zu ihm? Der Spruch ist ein Zitat aus der Bibel und bezieht sich auf Abraham (Genesis 12, 1). Warum haben deiner Meinung nach die Angehörigen diesen Spruch ausgewählt? Welche Symbole passen zum gewählten Spruch? Zeichne in die Todesanzeige ein passendes Symbol.

> **Gehe aus deinem Vaterland
> und aus deines Vaters Haus in ein Land,
> das ich dir zeigen will.**
>
> (Name, Geburtsdatum, Todesdatum und -ort)
>
> Gott schenkte ihm einen großen Willen
> und eine unerschöpfliche Kraft,
> mit der er sein Lebenswerk aufgebaut hat.
> Mit seinem Stolz war er uns immer ein großes Vorbild.
> Er war bis zur letzten Stunde seines Lebens
> unser Mittelpunkt – und wird es immer bleiben.
>
> (Namen der Hinterbliebenen und Beerdigungsdaten)

Webcode: FR233366-030

Überlegungen zum Abschluss der Unterrichtsreihe: Inwiefern kann Abraham für heutige Menschen ein Vorbild sein? Welcher „Name" passt eurer Meinung nach am besten zu Abraham? Jeder kann Abraham einen persönlichen Namen geben (Ich nenne Abraham den ...). Auch auf den Begriff „Segen" kann man nochmals eingehen: Was meint man, wenn man heute zu jemandem sagt: „Es ist ein Segen, dass es dich gibt"? *(AL)*

13.3 Juden, Christen, Muslime – drei Kreise

Intentionen/Kompetenzen	sich mit wesentlichen Inhalten und Begriffen der drei Religionen befassen; Unterschiede und Gemeinsamkeiten feststellen; über umstrittene Zuordnungen diskutieren (z. B. Bedeutung Jesu); zu einem ausgewählten Thema recherchieren und die Ergebnisse in einem Referat vortragen
Klassenstufe	ab Klasse 8
Material	Papier, Stifte, eventuell Internet für Recherchen, Tafel
Zeitaufwand	1 Stunde für die Einführung, danach mehrere Stunden für die einzelnen Themen (Referate der Schüler)
Tipp/Hinweise	Diese Methode eignet sich auch für die Beschäftigung mit anderen Religionen, z. B. Hinduismus und Buddhismus (zwei sich überschneidende Kreise).

- **Schritt 1:** Der Lehrer zeichnet drei große, sich überschneidende Kreise mit den Begriffen „Judentum", „Christentum" und „Islam" an die Tafel. Die Schüler überlegen, warum diese Grafik zu den drei Religionen passt. Der Lehrer ergänzt ihr Wissen mit einer kurzen Information:

Das Judentum ist die älteste der drei Religionen. Das Christentum ist aus dem Judentum hervorgegangen. Der Islam bezieht sich auf die beiden älteren Religionen. Deshalb haben die drei Religionen manches gemeinsam, einiges verbindet zwei Religionen, vieles ist nur typisch für jede einzelne Religion.

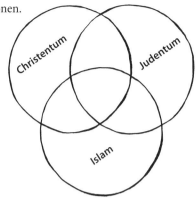

- **Schritt 2:** Es wird gemeinsam darüber nachgedacht, welche Begriffe man in die entstandenen Felder schreiben könnte. Es können auch einige Begriffe vorgegeben werden (ungeordnet an die Tafel schreiben), z. B. Gott, Jesus, Abraham, Altes Testament, Neues Testament, Talmud, Koran, Beschneidung, Taufe, kein Schweinefleisch, Engel Gabriel, Himmel, Erschaffung der Welt durch Gott, Thora, Zehn Gebote. Die Begriffe, die eindeutig zuzuordnen sind, werden an die passenden Stellen der Zeichnung geschrieben. Bei manchen Begriffen gibt es verschiedene Auffassungen, manche sind nur teilweise gleich. Das kann bei den Eintragungen ergänzt werden (z. B. „einzelne Inhalte des Neuen Testaments" oder „Jesus als Gesandter" in die Überschneidung von Christentum und Islam, „Jesus als Sohn Gottes" bei Christentum). Die besonders wichtigen und die besonders umstrittenen Begriffe werden neben das Schema geschrieben.
- **Schritt 3:** Anschließend kann sich jeder (am besten in Partnerarbeit) mit einem Thema näher befassen, Erkundigungen einholen und die Ergebnisse im Plenum vorstellen. Dabei sollte darauf geachtet werden, dass mehrere verschiedene Begriffe erarbeitet werden. *(AL)*

13.4 Hinduistische und christliche Glaubensinhalte

Intentionen/Kompetenzen	wesentliche Elemente und Begriffe des hinduistischen Glaubens kennenlernen; über den eigenen Glauben nachdenken; hinduistische Glaubensinhalte mit christlichen vergleichen
Klassenstufe	ab Klasse 8
Material	Texte der Kopiervorlage (siehe unten), Papier, Stifte
Zeitaufwand	1 Stunde; für die Vertiefung einzelner Glaubensinhalte zusätzliche Stunden
Tipp/Hinweise	→ 11.5

Gandhis Glaubensbekenntnis ist eine kurze Zusammenfassung von hinduistischen Glaubensinhalten. Die Schüler können es selbst erarbeiten, indem sie die indischen Fachbegriffe anhand von Erklärungen ins Deutsche übertragen. Außerdem bietet sich hierbei ein Vergleich mit christlichen Glaubensinhalten an.

Gandhis Glaubensbekenntnis

Ich nenne mich einen Hindu, weil ich an die Veden, die Upanischaden, die Puranas und alles, was zu den Hinduschriften gehört, glaube, und darum auch an Awataras und an Wiedergeburt. Ich glaube an Varnashrama in einem nach meiner Meinung strikt vedischen Sinne. Ich glaube an den Schutz der Kuh. Ich verwerfe die Bilderverehrung nicht.

Erklärung der Begriffe

- Die Veden sind Sammlungen von heiligen Schriften, die ab 1500 vor Christus entstanden. Sie füllen eine ganze Bibliothek. In den Veden sind vor allem Opfersprüche und -gesänge gesammelt. Die Upanischaden enthalten philosophische Gedanken über das ewige Sein. Die Puranas sind lange Geschichten von Helden der Vorzeit und ihren Erlebnissen mit den Göttern.
- Awatara („Herabkunft eines Gottes auf die Erde"): Der Gott Wischnu soll sich unzählige Male in verschiedenen Erscheinungen auf der Erde gezeigt haben, und zwar in Menschen- oder Tiergestalt. Vor allem seine Erscheinung als Krischna wird verehrt, denn er predigte in dieser Gestalt über das rechte Handeln.
- Die Kuh ist das Symbol für die gesamte Natur, durch die der Mensch lebt. „Die Kuh war in Indien der beste Freund des Menschen. Sie gab nicht nur Milch, sie machte die Landwirtschaft überhaupt erst möglich. Schutz der Kuh heißt Schutz der ganzen stummen Kreatur Gottes." (Gandhi)
- Der Hindu glaubt, dass alle Lebewesen auf der Erde, auch die Götter, eingespannt sind in den ewigen Kreislauf von Geburt, Tod und Wiedergeburt in einem anderen Körper. In welchem Körper die Seele wiedergeboren wird, hängt davon ab, wie gut die Pflichten im Leben erfüllt wurden. Das Rad ist das Symbol für diesen Kreislauf.
- Varnashrama: Gemeint ist die Unterteilung der indischen Gesellschaft in Kasten und die vier Lebensstadien, die jeder Hindu erreichen soll. In die jeweilige Kaste wird der Hindu hineingeboren; die Lebensstadien dagegen sind Ziele, die er zu erreichen versucht: Schüler, Hausvater, Eremit und Weiser.

Webcode: FR233366-031

- **Schritt 1:** Die Schüler erhalten die Texte der Kopiervorlage. Die Aufgabenstellung lautet: Schreibt das Glaubensbekenntnis Gandhis so, dass man versteht, was mit den einzelnen Begriffen gemeint ist. Jeder formuliert in Anlehnung an Gandhi ein eigenes Glaubensbekenntnis bzw. begründet, warum er nicht glaubt (diese Möglichkeit sollte allen zugestanden werden): Ich nenne mich Christ, weil …/Ich nenne mich nicht Christ (Ich glaube nicht), weil …

Beispiel aus Klasse 9
Ich nenne mich eine Christin, weil ich an Gott glaube und an geringe Teile des Alten Testaments. Ich glaube an den Himmel, die Kirche und die Vergebung, aber nicht an die Hölle. Ich bin mir nicht sicher über Jesus, das Neue Testament und viele Teile des Alten Testaments, z. B. glaube ich nicht an Adam und Eva. Ich glaube an die Zehn Gebote und den Schutz der Anwesenheit Gottes.

- **Schritt 2:** Anschließend wird eine Tabelle erstellt. Links werden die übersetzten Begriffe aus Gandhis Glaubensbekenntnis eingetragen. Für die rechte Spalte überlegen sich die Schüler entsprechende Beispiele christlicher Glaubensinhalte.

Beispiel eines Schülers

Hinduismus	Christentum
Bilderverehrung	Verbot der Bilderverehrung
heilige Schriften	Bibel
ewiges Sein	ewiges Leben
Kasten	vor Gott sind alle Menschen gleich
Wiedergeburt	Auferstehung der Toten
Herabkunft eines Gottes	Messias
Schutz der Kuh	Herrschaft über die Tiere
Heldengeschichten	Prophetengeschichten oder Heiligenlegenden

Je nach Interesse der Schüler und zeitlichen Vorgaben kann man auf bestimmte Inhalte des hinduistischen und christlichen Glaubens näher eingehen. *(AL)*

13.5 Jesus und Buddha

Intentionen/Kompetenzen	Typisches aus dem Leben und der Botschaft von Jesus und Buddha kennenlernen; Gemeinsamkeiten und Unterschiede feststellen und zur Sprache bringen
Klassenstufe	ab Klasse 9
Material	Text von Hans Küng (siehe unten); ein Bild vom leidenden Jesus (z. B. Grünewaldaltar); ein Bild vom lächelnden Buddha → 17.3
Zeitaufwand	1 Stunde
Tipp/Hinweise	Vorher sollten sich die Schüler mit dem Leben Buddhas und mit Jesus befasst haben. → 15.1, 15.6, 15.7, 17.5

In einer Zusammenfassung des christlichen Glaubens „für Zeitgenossen des 21. Jahrhunderts" vergleicht der ökumenische Theologe Hans Küng, der sich besonders mit den Gemeinsamkeiten der großen Religionen beschäftigt, den Religionsstifter des Buddhismus Siddharta Gautama (genannt „Buddha") mit Jesus von Nazareth (genannt „Jesus

Christus"). Dieser Text eignet sich wegen seiner klaren Aussagen und Kürze gut für Schüler. Sie können darin Gemeinsamkeiten und Unterschiede der beiden Religionsstifter heraussuchen.

Wie „der Christus", „der Gesalbte", so ist auch „der Buddha", „der Erleuchtete, der Erwachte" ein Würdename, ein Hoheitstitel. Als „Gott" dagegen hat Buddha Gautama sich ebenso wenig bezeichnet wie Jesus, der Christus.

Was Jesus und Gautama verbindet
Beide sind anspruchslose Wanderprediger, die ihre Verkündigung in der Umgangssprache und in Kurzgeschichten und Gleichnissen ausdrücken. Sie appellieren an die Vernunft und die Erkenntnisfähigkeit des Menschen. Als die großen Versuchungen erscheinen ihnen Raffgier, Macht, Verblendung. Durch kein Amt legitimiert und in Opposition zur religiösen Tradition und deren Hütern, hatten beide einen Jüngerkreis um sich versammelt.
Ihre Autorität gründet in der außerordentlichen Erfahrung einer letzten Wirklichkeit. Sie verkünden eine frohe Botschaft (das „Dharma", das „Evangelium"), die von den Menschen ein Umdenken und Vertrauen fordert. Nicht an einer philosophischen Welterklärung interessiert, gehen sie aber von der Vorläufigkeit und Vergänglichkeit der Welt aus, und sie leben einen Weg der Erlösung vor, zu dem keine besonderen Voraussetzungen gehören.
Ihr Weg ist ein Weg der Mitte zwischen den Extremen der Sinnenlust und der Selbstquälerei, der eine neue Zuwendung zum Mitmenschen ermöglicht (Mitleid, Liebe).

Was Jesus und Gautama unterscheidet
Trieb es Gautama zur Flucht aus seiner adligen Großgrundbesitzerfamilie, so stammte Jesus aus bescheidenen Verhältnissen. Jesus wandte sich nicht primär an die von der Zivilisation übersättigten Zeitgenossen, sondern an die Mühseligen und Armen, weil diese für eine andere Wirklichkeit noch eine Offenheit bewahrt haben. Jesus war auch kein Mönch, er war der Meister in einer alternativen Lebensgemeinschaft von Jüngern und Jüngerinnen ohne Ordenskleid und Ordensregeln. Die Welt war für Jesus die gute, wenngleich vom Menschen immer wieder verdorbene Schöpfung. Nie beruft Jesus sich auf ein eigentliches Erleuchtungserlebnis zum Aussteigen aus einem Kreislauf der Geburten.
Der Buddha Gautama ist ein harmonisch in sich ruhender Erleuchteter und Wegweiser aus mystischem Geist und verkörpert ein universales Mitleid und friedvolles Wohlwollen.
Der Christus Jesus aber ist ein leidenschaftlich ergriffener Gesandter und Wegweiser aus prophetischem Geist, eine universale Liebe und aktive Wohltätigkeit verkörpernd. Der entscheidende Unterschied aber ist:
DIE FIGUR DES LÄCHELNDEN BUDDHA AUF EINER LOTUSBLÜTE zeugt von Gautama, der, weil er die Welt in ihrer Nichtigkeit durchschaute, gelassen, harmo-

nisch und erfolgreich, angesehen bei den Mächtigen, friedlich im Alter von 80 Jahren schied.
DER ANS KREUZ GENAGELTE, LEIDENDE JESUS zeugt von einem Verachteten und Verfluchten, einem nach kurzer öffentlicher Tätigkeit im Alter von 30 Jahren in Einsamkeit unter größter Qual Hingerichteten: das Bild des Leidenden schlechthin! Dieses Leiden wurde allerdings schon von den ersten christlichen Gemeinden nicht als schiere Verzweiflung eines Gescheiterten verstanden, sondern als ein Akt höchster Hingabe, letzter Liebe zu Gott und den Menschen.

Hans Küng: Credo für Zeitgenossen des 21. Jahrhunderts, zusammengefasst von Jean-Louis Gindt. In: Publik-Forum Dossier 1999.

Webcode: FR233366-032

- **Schritt 1:** Die Schüler lesen den Text über die Gemeinsamkeiten von Buddha und Jesus: Was Jesus und Buddha verbindet. Dann suchen sie die jeweiligen Aussagen über das Leben und die Botschaft heraus und tragen sie in eine Tabelle ein. Sie überlegen sich Piktogramme, die die Aussage verdeutlichen können, und zeichnen sie jeweils daneben. → 3.1 Die Aufgabenstellung lautet: Was wird über das Leben von Jesus und Buddha ausgesagt? Was erfahren wir über ihre Botschaft? Suche Gemeinsamkeiten heraus, schreibe einzelne Stichwörter dazu auf und verdeutliche sie mit einer kleinen Zeichnung.

Zum Leben von Buddha und Jesus		Zur Botschaft von Buddha und Jesus	
Gemeinsamkeiten	Zeichnung	Gemeinsamkeiten	Zeichnung
anspruchslos		Verkündigung in Umgangssprache	
...		...	

- **Schritt 2:** Danach befassen sich die Schüler mit den Unterschieden. Dazu werden zunächst zwei typische Bilder von Jesus und Buddha präsentiert (nacheinander als Folie oder nebeneinander als Kopien zum Beschriften): der ans Kreuz genagelte, leidende Jesus und die Figur des lächelnden, gelassenen Buddha. → 17.3
Aufgabe: Schau dir die beiden Bilder in Ruhe an. Wie wirken sie auf dich? Schreibe passende Wörter dazu auf.

- **Schritt 3:** Anschließend lesen die Schüler den Text „Was Jesus und Gautama unterscheidet". Mithilfe dieses Textes und der zu den Bildern aufgeschriebenen Wörter schreiben die Schüler jeweils ein passendes Gedicht (zu jeder Person ein Elfergedicht). In einem dritten Elfergedicht soll es dann um die Gemeinsamkeiten von Jesus und Buddha gehen. Alle Gedichte werden vorgelesen. So kommt das Gelernte noch einmal poetisch und mit unterschiedlichen Worten zur Sprache.

Beispiel

Jesus	**Buddha**
er leidet	er lächelt
aus Liebe zu	gelassen und harmonisch
Gott und den Menschen	in sich ruhender Erleuchteter
Hingabe	Wegweiser

Beide
anspruchslose Wanderprediger
zeigen einen Weg
mit Zuwendung zum Mitmenschen
Erlösung

Alternative oder Weiterarbeit
Die Schüler entwickeln in Partnerarbeit ein Gespräch zwischen zwei Jugendlichen, die jeweils Buddha oder Jesus als Vorbild oder Glaubensinhalt vertreten, und tragen es mit verteilten Rollen vor. *(AL)*

14 Kreativer Umgang mit jüdischen Traditionen

14.1 Den jüdischen Festkalender erkunden

Intentionen/Kompetenzen	ausgewählte jüdische Feste kennenlernen und einordnen; Kalenderblätter dazu selbst gestalten
Klassenstufe	ab Klasse 5
Material	Informationstexte zu Sukkot → 14.2, Chanukka → 14.3, Pessach → 14.4 und Purim → 14.5
Zeitaufwand	1 Stunde
Tipp/Hinweise	Der Kalender kann auch nach einer Unterrichtsreihe über einzelne Feste → 14.2 bis 14.5 gestaltet werden. Ein Beispiel für den Festkalender findet man im Internet unter www.hagalil.com/kinder/kidz/kalender/kalender.htm

- **Schritt 1:** Jeder Schüler erhält ein Blatt Papier mit der Aufforderung, etwas aufzuschreiben oder zu malen, was ihm zu jüdischen Festen einfällt. Während die Schüler mit dieser Aufgabe beschäftigt sind, skizziert der Lehrer den jüdischen Festkalender an der Tafel (kann auch als Plakat oder Folie für den OHP schon vorbereitet sein).

Die jüdischen Monatsnamen im Jahreskreis

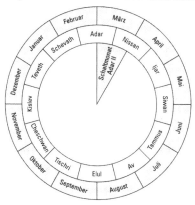

Die Daten der wichtigsten jüdischen Feste		
1./2. Tischri	Rosch ha-Schana	September–Oktober
10. Tischri	Jom Kippur	September–Oktober
15.–23. Tischri	Sukkoth	September–Oktober
25. Kislev – 2. Teveth	Chanukka	Dezember
14. Adar	Purim	Februar/März
15.–22. Nissan	Pessach	März/April
6.–7. Siwan	Schawouth	Mai–Juni

- **Schritt 2:** Die Schüler versuchen, ihre Blätter den entsprechenden Festen zuzuordnen. Eventuell kann im Klassengespräch noch etwas ergänzt werden. So ergibt sich ein anschauliches Bild zum Kenntnisstand der Schüler. – Bevor sich die Schüler nun mit einzelnen Festen eingehender beschäftigen, kann der Aufbau des jüdischen Kalenders besprochen werden (Mondkalender, der durch Schaltmonat an das Sonnenjahr angepasst wird).

- **Schritt 3:** Die Klasse wird in Gruppen eingeteilt. Jede Gruppe erhält einen Informationstext zu einem der Feste. Mithilfe der aus dem Text gewonnenen Informationen soll ein Kalenderblatt für den Festkalender gestaltet werden. Dabei soll besonders hervorgehoben werden, was Kinder beim Feiern des Festes erleben. Im Anschluss werden die Kalenderblätter in der Reihenfolge der Feste kreisförmig an die Tafel oder die Wand gehängt. Der bereits in der Einführung benutzte Kalender kann dabei als Mitte dienen.

- **Schritt 4:** Als Zusammenfassung der Ergebnisse der Gruppen kann jeder Schüler eine Erzählung aus der Sicht eines jüdischen Kindes schreiben: Lea/David erzählt von ihren/seinen Erlebnissen bei den jüdischen Festen im letzten Jahr. *(GJ)*

14.2 Sukkot – Ausstellungsplakate entwerfen

Intentionen/Kompetenzen	Praxis und Hintergrund des jüdischen Laubhüttenfests kennenlernen; wichtige Themen heraussuchen, eigenständig bearbeiten und Plakate dazu entwerfen; eventuell eine Ausstellung planen
Klassenstufe	ab Klasse 5
Material	Plakatkarton, Stifte, bei Bedarf weitere Materialien für eine Ausstellung
Zeitaufwand	2 Stunden
Tipp/Hinweise	Die Methode ist auch für die Beschäftigung mit anderen Festen geeignet.

- **Schritt 1:** Die Klasse liest den Informationstext; auftauchende Fragen werden beantwortet. Die Aufgabenstellung lautet: Ihr werdet vom Jüdischen Museum beauftragt, eine Ausstellung zum Laubhüttenfest zu gestalten. Lest den Text aufmerksam und überlegt, zu welchen Themen man Ausstellungsplakate entwerfen könnte. – Im Unterrichtsgespräch werden die Themen gesammelt und notiert.

- **Schritt 2:** Die Klasse wird in Gruppen eingeteilt. Jede Gruppe bearbeitet ein anderes Thema und gestaltet dazu ein Plakat. Das Plakat soll nicht nur Texte, sondern auch Bilder (z. B. Fotos, Grafiken, Symbole) enthalten. *(GJ)*

Tipp: Nach Möglichkeit sollten weitere Materialien zur Verfügung gestellt werden. Eine sinnvolle Ergänzung ist zum Beispiel der genannte Bibeltext (Lev. 23, 40–42). Die Schüler können die Informationen durch Recherchen im Internet erweitern und Anschauungsmaterial mitbringen, mit dem sie in der folgenden Unterrichtsstunde die Ausstellung vervollständigen (z. B. eine Zitrusfrucht, Palmenzweig, Baumaterial für die Hütte).

Sukkot – Das Laubhüttenfest

Das jüdische Laubhüttenfest wird im Oktober gefeiert, nach dem jüdischen Kalender vom 15. bis 22. Tischri (jüdischer Monat). Auf Hebräisch heißt das Fest „Sukkot", das bedeutet „Hütten". Es erinnert an die Wüstenwanderung des Volkes Israel auf dem Weg von Ägypten ins Gelobte Land. Gleichzeitig ist es ein Fest der Weinlese und der Obsternte.

Unter freiem Himmel wird eine provisorische Hütte aus Zweigen, Blättern, Bambusstangen und geflochtenen Strohmatten gebaut und festlich geschmückt. Sie soll an das Leben in Zelten in der Zeit der Wüstenwanderung erinnern. Während des einwöchigen Fests hält man sich möglichst viel in der Hütte auf, nimmt dort seine Mahlzeiten zu sich und erzählt sich Geschichten. Zu Sukkot wird ein besonderer Feststrauß zusammengestellt, der zum Gottesdienst in die Synagoge mitgenommen wird und anschließend die Hütte schmückt. Er besteht aus den sogenannten „Vier Arten", die die Vielfalt der Pflanzenwelt symbolisieren: der Lulaw (ein Palmenzweig), der Etrog (eine gelbe Zitrusfrucht, die wie eine übergroße Zitrone aussieht), die Hadassim (drei  Myrthenzweige) und die Arawot (drei Bachweidenruten). Das Binden dieses Straußes und der Bau der Hütte sind in der Thora vorgeschrieben (Lev. 23, 40–42).

Das Laubhüttenfest hat einen überwiegend fröhlichen Charakter. Der erste und der achte Tag des Fests sind Ruhetage, die übrigen sechs Tage sind Halbfeiertage mit eingeschränktem Arbeitsverbot. Der achte Tag wird „Schmeni Azeret" genannt und gilt als eigenständiges Fest.

Sukkot gehört zu den drei sogenannten „Wallfahrtsfesten" (Pessach, Schavuot, Sukkot): Vor der Zerstörung des Tempels in Jerusalem (70 n. Chr.) pilgerte man zu diesen Festen nach Jerusalem und brachte im Tempel Opfer dar. Alle drei Feste erinnern an wichtige Ereignisse aus der Geschichte des Volkes Israel und sind gleichzeitig Erntefeste.

Webcode: FR233366-033

14.3 Chanukka – Festbräuche ausprobieren

Intentionen/Kompetenzen	über den Ursprung des jüdischen Chanukka-Fests nachdenken; die Festbräuche kennenlernen und zum Teil selbst ausprobieren
Klassenstufe	ab Klasse 5
Material	Kopiervorlage (siehe unten), Bastelmaterial je nach Projekt
Zeitaufwand	2–3 Stunden
Tipp/Hinweise	Die Elemente können auch ohne den festlichen Abschluss bearbeitet werden.

- **Schritt 1:** Zunächst befassen sich die Schüler mit dem Begriff „Einweihung": Hast du schon etwas eingeweiht oder eine Einweihungsfeier erlebt? Was wurde dabei eingeweiht? Warum feiert man Einweihungen? Gibt es bestimmte Zeichen (Rituale, Geschenke), die zu einer Einweihung gehören? Welche? – Was könnte „Entweihung" bedeuten? Hast du schon erlebt, dass etwas, das dir sehr wichtig war, zerstört wurde? Was ist geschehen? Was hast du dabei empfunden?

- **Schritt 2:** Der Informationstext (siehe Kopiervorlage) wird gelesen. Jeder Schüler kann die sich anschließenden Fragen selbst bearbeiten. Die Ergebnisse werden im Klassengespräch ausgetauscht.

Chanukka

Jüdische Feste beziehen sich in der Regel auf Ereignisse der jüdischen Geschichte, so auch das Chanukka-Fest. Im 2. Jahrhundert vor Christus regierten auf dem Gebiet des heutigen Israel griechisch-syrische Herrscher, die Seleukiden. Sie wollten, dass möglichst viele Menschen die griechische Kultur und Religion annahmen. Deshalb besetzten sie den jüdischen Tempel, verwüsteten ihn und stellten dort Statuen von griechischen Göttern auf. Eine kleine Gruppe von Juden begann, Widerstand zu leisten, und schaffte es schließlich, den Tempel zu befreien. Diese Gruppe nennt man „Makkabäer"; ihr Anführer hieß Jehuda Makkabi. Nachdem die Makkabäer den Tempel zurückerobert hatten, entfernten sie die griechischen Statuen und räumten auf. Die Wiedereinweihung ihres Tempels feierten die Juden mit einem achttägigen Tempelweihfest. An diese Geschichte erinnert heute das Chanukka-Fest. Das hebräische Wort „Chanukka" bedeutet „Weihung".

Das wichtigste Ritual zum achttägigen Chanukka-Fest ist das Anzünden der acht Lichter am Chanukka-Leuchter. Jeden Abend wird ein Licht mehr angezündet, bis am letzten Tag acht Lichter brennen. Zum Anzünden der Lichter erzählt man sich folgende Legende: Im Tempel in Jerusalem stand ein großer siebenarmiger Leuchter, die Menora, dessen Lichter nur mit ganz reinem Öl angezündet werden durften. Nachdem die Makkabäer den Tempel aufgeräumt hatten und für ihr Weihefest die Lichter wieder anzünden wollten, fanden sie nur noch einen einzigen versiegelten Krug mit reinem Öl. Dieser enthielt gerade genug Öl, um die Lichter der Menora für einen Tag brennen zu lassen. Aber es geschah ein Wunder: Nachdem die Lichter an der Menora angezündet waren, brannte das wenige Öl volle acht Tage lang, bis die Priester neues Öl beschaffen konnten. Deswegen hat der Chanukka-Leuchter acht Lichter – und das Chanukka-Fest dauert acht Tage.

Der Leuchter, der beim Chanukka-Fest verwendet wird, heißt Chanukkia. Er kann ganz verschiedene Formen haben. Wichtig ist nur: Eine Chanukkia hat acht Lichter, manchmal ein neuntes. Das neunte Licht ist das Helferlicht. Es wird dazu benutzt, die anderen acht Lichter anzuzünden. Die Lichter können Kerzen oder Öllampen sein.

Chanukka ist ein fröhliches Fest, das vor allem für die Kinder gefeiert wird. Die Familien sitzen zusammen, singen Lieder und lesen Geschichten vor. Es ist Brauch, den Kindern Geld und andere Geschenke zu geben. Zum Chanukka-Fest isst man in Öl gebackene Speisen, wie Berliner Pfannkuchen, Krapfen oder Reibekuchen.

Fragen zum Text

- Warum besetzten die seleukidischen Herrscher den jüdischen Tempel? Was wollten sie damit zeigen? Warum war es für die Makkabäer wichtig, den jüdischen Tempel zu befreien? Warum haben sie nach der Befreiung ein Fest gefeiert?
- Warum dauert das Chanukka-Fest genau acht Tage? Warum hat der Chanukka-Leuchter acht Lichter?
- Einige Lieder und Bräuche beziehen sich auf das sogenannte „Chanukka-Wunder". Immer wieder taucht der Satz auf: „Nes gadol haja scham." Das ist Hebräisch und bedeutet: „Ein großes Wunder ist dort geschehen." Welches Wunder ist gemeint? Was ist mit dem Wort „dort" gemeint? Die Juden in Israel sagen: „Nes gadol haja po" – „Ein großes Wunder ist hier geschehen." Warum?
- Warum isst man zum Chanukka-Fest in Öl gebackene Speisen? Woran erinnert das Öl?
- Chanukka fällt in die Zeit, in der bei den Christen Advent und Weihnachten gefeiert werden. In Deutschland gibt es manchmal gemeinsame Feiern von Juden und Christen. Welche Ähnlichkeiten entdeckst du?

Webcode: FR233366-034

Festbräuche ausprobieren

Die Schüler können verschiedene Festbräuche selbst ausprobieren. Die „Zutaten" bringen sie mit oder stellen sie her: Ölgebäck, Chanukka-Leuchter und den Kreisel zum Dreidelspiel.
- **Chanukka-Leuchter:** Eine Chanukkia können die Schüler sehr leicht basteln. Dafür kleben sie acht Nussschalen nebeneinander auf ein Brett und stellen kleine Kerzen hinein. Statt Nussschalen können auch Teelichter, kleine Blumentöpfe, Eierbecher usw. verwendet werden.
- **Dreidelspiel:** Ein beliebtes Spiel zu Chanukka ist das Dreidelspiel. Der Dreidel ist ein Kreisel mit vier Seiten, die die hebräischen Buchstaben Nun, Gimmel, Hej und Schin (N, G, H und S) zeigen. Sie stehen für den Satz: „Nes gadol haja scham." – „Ein großes Wunder ist dort geschehen." Je nachdem, auf welche Seite der Kreisel fällt, bekommen oder verlieren die Mitspieler Rosinen, Nüsse, Plätzchen usw.

Anleitung zum Basteln des Kreisels

Male oder klebe den Grundriss auf Karton und schneide ihn aus. Klebe ihn zu einem Kreisel zusammen und bohre einen Zahnstocher oder ein Streichholz ohne Kopf durch den Punkt.

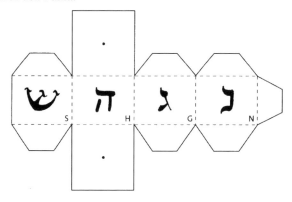

Spielanleitung

Man spielt in kleinen Gruppen von drei bis fünf Spielern. Jeder Spieler hat sechs Nüsse (oder Rosinen, Kekse usw.), die er als Spieleinsatz verwenden kann. In die Mitte kommen drei bis fünf Nüsse, je nach Spielerzahl. Nun wird reihum der Dreidel gedreht. Fällt der Dreidel so, dass auf der oberen Seite der hebräische Buchstabe Nun (N) zu sehen ist, bekommt der Spieler nichts (N für „nichts"). Wenn Gimmel (G) oben liegt, bekommt er alle in der Mitte liegenden Nüsse, denn G steht für „gut". Ist oben das Hej (H) zu sehen, darf der Spieler die Hälfte der in der Mitte liegenden Nüsse nehmen (H für „Hälfte"). Wenn die obere Seite Schin (S) zeigt, hat der Spieler Pech gehabt: S steht für „setzen". Er muss zwei eigene Nüsse setzen, also zu den anderen Nüssen in die Mitte legen. Das Spiel ist zu Ende, wenn einer der Spieler keine Nüsse mehr hat. Zum Schluss werden alle Nüsse gemeinsam gegessen.

Webcode: FR233366-034

Die letzte Stunde dieser Einheit sollte in die Zeit des Chanukka-Fests fallen (Zeitpunkt für das aktuelle Kalenderjahr recherchieren). Gruppentische werden festlich gedeckt: Teller mit Ölgebäck, pro Tisch ein Chanukka-Leuchter und ein Kreisel für das Dreidelspiel. Auch kleine Geschenke können mitgebracht werden (ähnlich wie beim Wichteln). Zunächst wird die dem Tag entsprechende Anzahl der Kerzen angezündet, wobei ein Schüler die Legende dazu erzählt oder vorliest. Dann wird das Dreidelspiel gespielt und gegessen. Zum Schluss werden eventuell Geschenke ausgetauscht. *(GJ)*

14.4 Pessach – ein Begleitbuch zum Sederabend gestalten

Intentionen/Kompetenzen	die Bedeutung des jüdischen Pessach-Fests erkennen; den Ablauf des Sederabends durch eigenes Gestalten nachvollziehen; Fachbegriffe und Riten kennenlernen
Klassenstufe	ab Klasse 5
Material	Papier, Stifte, Bibel, eventuell Folien für die Seiten des Begleitbuches; für die Feier verschiedene Materialien (siehe unten)
Zeitaufwand	2–3 Stunden
Tipp/Hinweise	Wenn man sich im Unterricht mit dem Pessach-Fest beschäftigt, lohnt es sich, eine Pessach-Haggada anzuschaffen (im Buchhandel oder in Bibliotheken erhältlich, z. B. in einer jüdischen Gemeindebibliothek). Wenn man den Schülern eine echte Haggada zeigt, sind sie motiviert, ein eigenes Begleitbuch für den Sederabend zu gestalten mit Texten, Bildern und Verzierungen.

Als Einstieg wird die Geschichte vom Auszug aus Ägypten (Exodus 12) gelesen oder erzählt.

Information über das Pessach-Fest, den Sederabend und die Haggada

Das Pessach-Fest gehört zu den wichtigsten Festen der Juden. Es erinnert an die Befreiung der Israeliten von der Sklaverei in Ägypten. Es wird acht Tage lang gefeiert und beginnt am 15. Nissan (März/April). Der erste Abend des Pessach-Fests wird in der Familie bei einem besonders üppigen Mahl mit bestimmten symbolischen Speisen und nach einem festgelegten Ablauf gefeiert. Man nennt ihn Sederabend, weil er nach einer genau vorgeschriebenen Ordnung begangen wird. Das hebräische Wort „Seder" bedeutet Ordnung. Auf dem festlich gedeckten Tisch steht der Sederteller mit den traditionellen symbolischen Speisen: ungesäuertes Brot (Mazza), ein gebratener Lammknochen, grüne Kräuter, ein Schälchen Salzwasser, Bitterkräuter, süßes Mus, ein gekochtes Ei. Für den Sederabend gibt es ein besonderes Buch, aus dem vor, während und nach der Mahlzeit vorgelesen und gesungen wird: die Pessach-Haggada. Die Haggada enthält den gesamten Festablauf sowie Erklärungen zu den verschiedenen Pessach-Bräuchen und Speisen. Die Texte und Lieder erzählen die Geschichte vom Auszug der Israeliten aus Ägypten.

Die vier Fragen

Während des Sederabends stellt das jüngste Kind am Tisch vier wichtige Fragen, die im Verlauf des Abends beantwortet werden:

- Was ist anders in dieser Nacht? Warum essen wir in allen anderen Nächten gesäuertes und ungesäuertes Brot, aber in dieser Nacht nur ungesäuertes Brot?
- Warum essen wir in allen anderen Nächten angelehnt oder frei sitzend, aber in dieser Nacht nur angelehnt?

- Warum essen wir in allen anderen Nächten andere Kräuter, aber in dieser Nacht Bitterkräuter?
- Warum tunken wir in allen anderen Nächten gar nicht in Salzwasser, aber in dieser Nacht gleich zweimal?

Antworten

- Als die Israeliten aus Ägypten flohen, hatten sie keine Zeit mehr, Sauerteig herzustellen. Deswegen konnten sie nur ungesäuertes Brot mitnehmen.
- Als Sklaven konnten die Israeliten beim Essen nicht bequem sitzen. Aber an Pessach feiert man die Befreiung. Bequemes, angelehntes Sitzen ist ein Zeichen der Freiheit.
- Die Zeit in Ägypten war für die Israeliten bitter. Sie mussten als Sklaven harte Arbeit leisten.
- Da es den Israeliten in Ägypten so schlecht ging, weinten sie viele salzige Tränen.

Webcode: FR233366-035

Das Begleitbuch
- **Schritt 1:** Zunächst beschäftigen sich alle Schüler mit dem Ablauf des Sederabends. Der folgende Text wird präsentiert (Plakat/Folie) oder in Kopie an alle verteilt. Es wird über die einzelnen Stationen gesprochen; Verständnisfragen werden geklärt.

Der Ablauf des Sederabends

Nach dem Anzünden der Kerzen durch die Frau und dem Besuch der Synagoge beginnt das eigentliche Sedermahl nach folgender Ordnung:
1. Überprüfung durch den Sederleiter (meist der Vater der Familie), ob alle nötigen Symbole/Speisen vorhanden sind;
2. Eröffnung mit Segensspruch und Dankesspruch für den Feiertag; Trinken des ersten Bechers Wein;
3. Händewaschen des Sederleiters;
4. Eintauchen der grünen Kräuter in das Salzwasser und Verzehr;
5. Zeigen des ungesäuerten Brots und Erläuterung seiner Bedeutung durch den Sederleiter;
6. Das jüngste Kind stellt die vier Fragen, die mit „Was ist anders in dieser Nacht?" beginnen. So wird der Sinn von vier Pessach-Bräuchen erkundet.

Jüdische Traditionen 191

7. Beantwortung der Fragen durch Lesen aus der Pessach-Haggada. Die vorgelesenen Texte beziehen sich auf den Auszug aus Ägypten.
8. Singen der Psalmen 113 und 114; Dankesspruch für die Erlösung aus der ägyptischen Sklaverei; Trinken des zweiten Bechers Wein;
9. Händewaschen und Segensspruch;
10. Teilen des ungesäuerten Brots durch den Sederleiter; Verzehr durch alle Teilnehmer;
11. Verzehr von Bitterkräutern, süßem Mus und gekochtem Ei;
12. Festmahl;
13. Ein Stück ungesäuerten Brots wird versteckt und von den Kindern gesucht. Wenn sie es finden, bekommen sie Süßigkeiten.
14. Tischdankgebet; Segensspruch; Trinken des dritten Bechers Wein;
15. Singen der Psalmen 115, 116, 117 und 136;
16. Segensspruch zum Abschluss des Sederabends; Trinken des vierten Bechers Wein;
17. Singen verschiedener traditioneller Pessach-Lieder.

Webcode: FR233366-035

- **Schritt 2:** Anschließend wählen jeweils ein oder zwei Schüler eine der siebzehn Stationen aus und gestalten dazu eine Seite für ein Begleitbuch. Zu manchen Stationen können auch mehrere Seiten gestaltet werden. Die Aufgabenstellung lautet: Malt Bilder, die die Geschichte vom Auszug aus Ägypten erzählen, und schreibt Erklärungen dazu. Schreibt die verwendeten Psalmen aus der Bibel ab und kommentiert sie mit euren Gedanken. Gestaltet Liedzettel und formuliert selbst Dankes- und Segenssprüche. Beschreibt oder malt Pessach-Bräuche.

- **Schritt 3:** Schließlich werden alle gestalteten Seiten in der entsprechenden Reihenfolge zu einem Begleitbuch zusammengeheftet.

Einen Sederteller gestalten und einen Sederabend feiern

Mit seinen verschiedenen Speisen und dem festgelegten Ablauf lässt sich der Sederabend gut im Unterricht nachfeiern. Dazu können die Schüler einen Sederteller gestalten. Die benötigten Speisen werden von den Schülern besorgt und zubereitet. Für die grünen Kräuter nimmt man am besten Petersilie. Für das süße Mus mischt man Fruchtmus mit gemahlenen Nüssen und Mandeln. Dafür eignen sich zum Beispiel frische Äpfel und Birnen sowie getrocknete Datteln oder Feigen; das

© DORONIA Versand, Stuttgart

Ganze in einer Küchenmaschine zerkleinern und mit gemahlenen Walnüssen zu einem braunen Brei verrühren. Eventuell gibt man etwas Orangensaft und Zimt hinzu und süßt mit Honig. Als Bitterkräuter wird meistens geriebener Meerrettich verwendet. Als Dekoration werden jüdische Symbole (z. B. eine Menora) mitgebracht oder gemalt. Die vier Jüngsten der Klasse stellen die Fragen, die Älteren übernehmen die verschiedenen Aufgaben des Sederleiters (vorher festlegen). Aus den gestalteten Begleitbüchern lesen die übrigen Schüler abwechselnd verschiedene Texte vor. *(GJ)*

14.5 Purim – die Geschichte der Königin Esther spielen

Intentionen/Kompetenzen	das jüdische Purim-Fest kennenlernen; den Inhalt des Buches Esther erarbeiten und durch eigenes Spielen nachvollziehen
Klassenstufe	ab Klasse 5
Material	Bibel oder eine kindgerechte Nacherzählung der Esther-Geschichte
Zeitaufwand	2–3 Stunden
Tipp/Hinweise	Die Praxis des Purim-Fests wird besonders anschaulich, wenn die Schüler sich verkleiden dürfen. Das macht besonders den jüngeren Schülern Spaß.

Das Purim-Fest

Jedes Jahr im Februar oder März, am 14. Tag des jüdischen Monats Adar, verkleiden sich viele kleine jüdische Mädchen als Königin. Es ist das Purim-Fest, das ausgelassenste Fest des jüdischen Kalenders, das ein wenig an Karneval erinnert. In bunten Kostümen ziehen vor allem die Kinder lärmend durch die Stadt. In Purim-Spielen wird die Geschichte von Esther aufgeführt. Diese Geschichte bildet die Grundlage für das Purim-Fest. Zu finden ist sie im Buch Esther, einem Teil der jüdischen Bibel und des christlichen Alten Testaments.

Kurze Zusammenfassung der Esther-Geschichte

Esther ist die Ehefrau des persischen Königs Achaschwerosch. Esthers Onkel und Ziehvater Mordechai, ein Angestellter des Königshofes, erregt eines Tages den Ärger des Ministers Haman, als er sich weigert, sich vor diesem niederzuwerfen. Der verärgerte Haman erfährt, dass Mordechai Jude ist. Er drängt daraufhin den König, alle Juden umbringen zu lassen. Der König, der nicht ahnt, dass auch seine Frau Esther Jüdin ist, lässt seinen Minister gewähren. Als Esther durch Mordechai von Hamans Plänen erfährt, gelingt es ihr, ihren Mann, den König, umzustimmen und von der Bosheit Hamans zu überzeugen. Haman landet am Galgen, und die Juden werden vor großem Unheil bewahrt.

- **Schritt 1:** Der Lehrer gibt zunächst einige Informationen zum Purim-Fest. Im Gespräch werden Fragen der Schüler geklärt. Anschließend wird die Esther-Geschichte in der Bibel gelesen (Kap. 4, 15 bis Kap. 7, 10). Wenn das Buch für die Schüler zu umfangreich ist, bekommen sie die Zusammenfassung der Erzählung (siehe oben) und lesen in der Bibel nur die für ihre Arbeit wichtigen Stellen nach.
- **Schritt 2:** Die Erzählung wird in Abschnitte aufgeteilt sowie eine Liste der auftretenden Personen und Schauplätze erstellt. Einzelne Spielszenen werden entworfen; das kann in arbeitsteiliger Gruppenarbeit gemacht werden (jede Gruppe entwirft eine andere Szene). Die Schüler spielen die erarbeiteten Szenen im Plenum vor. *(GJ)*

Tipp: Mit dem so entstandenen Purim-Spiel kann man viele kreative Ideen umsetzen. Die Schüler können in verschiedene Rollen schlüpfen und ihre Gedanken/Gefühle formulieren. Sie können Ankündigungsplakate für das Purim-Spiel entwerfen oder das Spiel in die heutige Zeit übertragen.

14.6 Die Thora – eine Schriftrolle basteln

Intentionen/Kompetenzen	über die Herkunft und Bedeutung der wichtigsten Schrift des Judentums nachdenken; ausgewählte Inhalte der Thora durch Abschreiben kennenlernen; die Form einer Schriftrolle durch eigenes Basteln nachempfinden
Klassenstufe	ab Klasse 5
Material	Bibel, Papier, Kleber, Holzstäbchen (z. B. Schaschlikspieße), eventuell Plakatkarton, Farbstifte
Zeitaufwand	1–2 Stunden
Tipp/Hinweise	Diese Methode ist auch beim Thema „Bibel" einsetzbar.

- **Schritt 1:** Nach einem Gespräch über die christlichen Bezeichnungen der Bibelteile (Altes Testament = Hebräische oder Jüdische Bibel; Neues Testament = Jesusbibel) informieren sich die Schüler über die Bedeutung der Thora im Judentum (siehe unten). Als Überleitung zum eigenen Herstellen von Thorarollen wird kurz über den Ursprung von Schriftrollen gesprochen und über die heutige Bedeutung nachgedacht: Früher, als es noch keine gebundenen Bücher gab, schrieb man wichtige Dinge auf Papyrusblätter, die man aneinanderreihte und dann zu Rollen zusammenwickelte. So bestanden die Thora und die anderen Bücher der jüdischen Bibel damals aus großen Schriftrollen. – Warum wird in einem jüdischen Gottesdienst der Bibeltext heute noch aus einer Rolle statt aus einem Buch vorgelesen?
- **Schritt 2:** Anschließend werden eigene Schriftrollen aus verschiedenen Texten der fünf Bücher Mose (jeder schreibt einen ausgewählten Text) in gemeinsamer Arbeit hergestellt. Je nach Schülerzahl entstehen eine oder mehrere Rollen. Die Aufgabenstellung lautet: Nimm eine Bibel und suche die fünf Bücher Mose. Wähle einen Textabschnitt aus, der dir besonders gefällt, und schreibe ihn mit der Hand auf ein Blatt Papier im Querformat. Achte darauf, dass du keine Schreibfehler machst. Klebt die beschriebenen Blätter in eurer Gruppe zusammen, sodass eine lange Papierbahn

entsteht. Jetzt könnt ihr daraus eine Thorarolle basteln. Dafür befestigt ihr die beiden schmalen Seiten der Bahn jeweils der Länge nach an einem Stab und rollt die Bahn vorsichtig auf. *(GJ)*

Die Thora

Die Thora ist die wichtigste Schrift des Judentums. Sie ist der erste Teil der jüdischen Bibel (Tenach) und besteht aus dem 1. bis 5. Buch Mose. Nach jüdischer Vorstellung hat Moses die Thora von Gott erhalten. Sie gilt deshalb als heilig und darf textlich nicht verändert werden. Die Lesung aus der Thora hat einen zentralen Stellenwert im religiösen Leben der Juden. In der Synagoge wird viermal wöchentlich aus der Thora vorgelesen. Für die Lesung werden Thorarollen verwendet, die aus speziellem Pergamentpapier hergestellt sind. Von besonders ausgebildeten Thoraschreibern werden die Texte per Hand auf die Rollen geschrieben. Diese Arbeit erfordert viel Konzentration und Geschick, denn eine Thorarolle darf keine Schreibfehler enthalten. Eine Gemeinde besitzt in der Regel mehrere dieser wertvollen Schriftrollen, die in einem Thoraschrein aufbewahrt werden. Für das Studium der Thora außerhalb der Synagoge werden jedoch auch normale Bücher verwendet.

Webcode: FR233366-037

Tipp: Wenn die Rolle besonders schön gestaltet sein soll, kann der Anfangsbuchstabe jedes Textabschnitts als große Initiale geschrieben und verziert werden. Runde Scheiben aus Karton werden an den Enden der Stäbe angebracht; dadurch sieht die Rolle dem Original noch ähnlicher.

14.7 Menora und Davidsstern – jüdische Symbole deuten

Intentionen/Kompetenzen	wichtige Symbole des Judentums entdecken; die darin enthaltenen Elemente wahrnehmen und deuten; etwas aus der Geschichte und Gegenwart Israels erfahren; sich mit dem Sabbatgebot befassen
Klassenstufe	ab Klasse 5
Material	Menora oder Bild der Menora, Bibel, eventuell Fahne Israels oder Foto davon
Zeitaufwand	1–2 Stunden
Tipp/Hinweise	Als Ergänzung des Themas bietet sich der gemeinsame Besuch eines jüdischen Friedhofs oder einer Synagoge an. Andere Symbole: → 6.2, 9.3, 14.6

Die Menora

Das Wappen des Staates Israel zeigt die Menora, den siebenarmigen Leuchter, dessen Form auf die im Altertum als „Moria" bekannte Pflanze zurückgehen soll. Die Olivenzweige, die die Menora umgeben, symbolisieren die Sehnsucht nach Frieden. Die Menora erinnert an die wechselvolle Geschichte der Juden. Sie ist eine Nachbildung des großen goldenen Leuchters, der im Allerheiligsten des ersten Tempels in Jerusalem stand. Der Tempel ist im Lauf der Geschichte mehrmals zerstört worden, zuletzt durch die Römer im Jahre 70 nach Christus. Die Römer haben den Leuchter nach der völligen Zerstörung Jerusalems in einem großen Triumphzug geraubt. Man weiß bis heute nicht, was damit geschehen ist. Auf dem Titusbogen in Rom ist dieser Triumphzug dargestellt. Heute steht eine große Nachbildung der Menora vor der Knesseth, dem Parlamentsgebäude Israels in Jerusalem. Der Leuchter wird meistens ohne Licht abgebildet, aus Trauer über die Zerstörung Jerusalems und die Vertreibung der Juden durch die Römer.

Webcode: FR233366-038

- **Schritt 1:** Der Lehrer bringt einen siebenarmigen Leuchter mit, malt einen an die Tafel oder zeigt Fotos. Erläutert werden Herkunft (Allerheiligstes im Tempel), Geschichte (Raub durch die Römer nach der Zerstörung Jerusalems, dargestellt auf dem Titusbogen) und gegenwärtige Bedeutung (Staatswappen des heutigen Israel, Menora vor der Knesseth).

- **Schritt 2:** Die Schüler erschließen die Bedeutung, indem sie über die Symbole, die in der Menora enthalten sind, nachdenken: Baum → 6.7, Licht, Zahl 7. Sie malen den Umriss eines Baums und schreiben ihre Gedanken hinein. Ihre Überlegungen zu „Licht" können sie in den Umriss einer Kerze schreiben. Zur Zahl 7 (vollkommene Schöpfung Gottes) lesen sie den Schluss des priesterschriftlichen Schöpfungstextes (Genesis 2, 1–3) und schreiben ein paar Gedanken dazu auf: Ein Feier- und Ruhetag in jeder Woche ist für mich wichtig, weil …/Wenn ich an Gottes Schöpfung denke, dann …

- **Schritt 3:** Als Abschluss malt und verziert jeder Schüler eine eigene Menora und schreibt einen Text über die Bedeutung mit der Überschrift „Die Menora, ein Symbol für den jüdischen Glauben" darunter.

Der Davidsstern

Das Hexagramm war ursprünglich kein jüdisches Symbol. Es ist aber vom Judentum aufgegriffen worden und wird auf König David zurückgeführt. Das Symbol ist im Judentum sehr verbreitet; man findet es etwa auf Grabsteinen und in Synagogen. Die meisten Schüler kennen den Davidsstern als gelben „Judenstern" aus der Zeit des Nationalsozialismus. Einige kennen wiederum die Fahne Israels, auf der ein solcher Stern zu sehen ist. Der Davidsstern hat eine einfache Struktur und kann gut nachgezeichnet werden. Auch hier kann man, ähnlich wie bei der Menora, die Teile einzeln erklären und damit einen Teil der Geschichte Israels verdeutlichen.

- **Schritt 1:** Zunächst werden zwei große Dreiecke nebeneinander an die Tafel gezeichnet (siehe das folgende Beispiel). Die Assoziationen der Schüler werden notiert. Anschließend werden beide Dreiecke kombiniert gezeichnet. Auch dazu werden Gedanken genannt.

> **Beispiel aus Klasse 6:**
>
> △ → Dach, Berg, Pyramide, schützend, standfest, zeigt zum Himmel
> ▽ → nicht stabil, kann nicht alleine stehen, zeigt nach unten zur Erde
> ✡ → Himmel und Erde, Gott und Menschen gehören zusammen

- **Schritt 2:** Danach werden die sechs Dreiecke und das Sechseck gezeichnet und über die Bedeutung spekuliert. Eine Deutung bezieht sich auf die besondere Bedeutung des Sabbats für das Judentum: Sechs Tage arbeiten, am siebten Tag wird die Schöpfung gefeiert. Die zwölf Ecken (sechs innere und sechs äußere) werden manchmal auf die zwölf Stämme Israels bezogen, deren Vertreter um die Bundeslade mit den Zehn Geboten sitzen (freie Mitte des Sterns).

- **Schritt 3:** Abschließend wird über die Fahne Israels und die Bedeutung der Farben und Streifen gesprochen: zwei blaue, waagrechte Streifen und der blaue Davidsstern; der Hintergrund ist weiß. Die Fahne soll an den jüdischen Gebetsschal erinnern. Die Farben erinnern gleichzeitig an das Land: Weiß symbolisiert die Wüste, Blau das Wasser als Zeichen des Lebens. *(AL)*

14.8 Jona – ein besonderes Buch der Bibel

Intentionen/Kompetenzen	einen Propheten aus der jüdischen Bibel (AT) kennenlernen; ein komplettes biblisches Buch kennenlernen; den Text gliedern und wiedergeben; erkennen, wie Propheten in ihrer Zeit Ereignisse als Handeln Gottes deuten; religiöse bzw. biblische Sprache und Symbolik verstehen; einen Text nach eigener Vorstellung als Comic gestalten
Klassenstufe	ab Klasse 5
Material	Bibeltext „Das Buch Jona" (Jona 1, 1–4, 11) Stifte, Papier
Zeitaufwand	4 Stunden
Tipp/Hinweise	Folgende Texte können die Erzählung aus der Bibel sinnvoll ergänzen und den Schülern Jona aus verschiedenen Perspektiven präsentieren: *Die Geschichte von Jona und der schönen Stadt Ninive* von KLAUS-PETER HERTZSCH, *Jona im Gespräch mit Ninive* und *Eine Flucht misslingt*, beide von WILHELM WILLMS.

Das Buch Jona bietet sich als Bibellektüre an. Als eine in sich abgeschlossene, sprachlich und inhaltlich gut verständliche Geschichte vermittelt es das gute Gefühl, ein „ganzes Buch" aus der Bibel gelesen zu haben. Es handelt von einem Propheten, der versucht, vor Gottes Auftrag zu fliehen.

Das Buch Jona ist ein besonderes Buch: Als eines der Prophetenbücher ist es eine Erzählung über den Propheten Jona. Es besteht lediglich aus vier Kapiteln. Die Geschichte wird spannend und zum Teil humorvoll erzählt. Wir lernen diesen Propheten als Menschen kennen, der – wie im wahren Leben – Angst hat, vor einem wichtigen Auftrag flüchtet, in Schwierigkeiten gerät und schließlich doch seinen Auftrag erfüllen muss. Am Ende der Erzählung werden Jona und der Leser mit der Frage nach der Barmherzigkeit Gottes für alle Menschen – auch die, die sündigen – konfrontiert.

Einen Propheten Jona gab es wirklich. Er lebte im 8. Jahrhundert vor Christus. Er stammte aus Galiläa nordöstlich von Jerusalem. Es gibt wenig gesichertes Wissen über den Propheten Jona, viel weniger als über die großen Propheten, wie z. B. Amos oder Jesaja. Man weiß, dass er sich für sein Volk einsetzte und sich mit ihm zusammen gegen die Assyrer stellte, mit denen sein Volk seit langer Zeit in Feindschaft lebte. Jona trat in der Regierungszeit Jerobeams II. (787–747 v. Chr.) auf. Er weissagte dem König die Rückgewinnung verlorener Gebiete und damit die Wiederherstellung der alten Grenzen, was tatsächlich gelang. Viele Propheten der Bibel verkünden Strafe oder Gericht – Jona macht Mut und stärkt das Selbstvertrauen seines Volkes. Man nimmt an, dass es sich bei der Hauptperson des Jona-Buches um diesen Propheten Jona handelt. Die Entstehungszeit wird dem 3./4. Jahrhundert vor Christus zugeordnet.

- **Schritt 1:** Zur Bearbeitung muss den Schülern der komplette Text vorliegen. Mit einer Fotokopie des Textes lässt sich in diesem Fall besser arbeiten: Man kann unterstreichen, farbig hervorheben usw., was für die weitere Vorgehensweise günstig ist. Damit sich der Text als vollständige Geschichte erschließt, ist es sinnvoll, ihn zunächst ganz vorzulesen und ihn erst danach kapitel- oder abschnittweise zu bearbeiten.

- **Schritt 2:** Als Arbeitsaufträge für die Schüler gibt es folgende Möglichkeiten.
  - Jona bekommt den Auftrag, in die Stadt Ninive zu gehen und die Menschen dort vor dem Strafgericht Gottes zu warnen. Er flüchtet vor dieser Aufgabe. Kannst du seine Entscheidung verstehen? Begründe deine Meinung.
  - Schreibt in Partnerarbeit einen Steckbrief des Jona: Woher kommt er? Wohin soll er? Wohin will er? Was kennzeichnet ihn? Wie handelt er? Wie ist sein Verhältnis zum Glauben an Gott?
  - Vielleicht hat Jona ein Tagebuch geführt. Was mag er hineingeschrieben haben, als er den Auftrag bekam, in Ninive zu predigen? Und wie könnte sein Eintrag am Ende der Geschichte aussehen?
  - Zeichne zu den Ereignissen der Geschichte eine Zeitleiste, in die du einträgst, welche Schwierigkeiten Jona zu überwinden hat.

- **Schritt 3:** Eine weitere spannende Möglichkeit ist das Zeichnen eines Comics zum Buch Jona. Es gibt nur eine Hauptperson – Jona selbst –, die von den Schülern anhand des Bibeltextes entwickelt und gestaltet werden muss: Wie stellst du dir Jona vor? Wie könnte er ausgesehen haben? Wie könnten sich sein Gesichtsausdruck und seine Körperhaltung in verschiedenen Situationen verändern? Welche Textabschnitte/Szenen erscheinen dir als besonders wichtig/interessant? → 3.1 *(UM)*

15 Christliche Themen

15.1 Einen Kreuzweg gestalten und meditieren

Intentionen/Kompetenzen	eine Form von „Volksfrömmigkeit" erleben; sich intensiv mit dem Leiden Christi als etwas in der Gegenwart Lebendiges beschäftigen
Klassenstufe	ab Klasse 5
Material	Meditationsmusik, große Tücher, verschiedene Gegenstände (siehe unten)
Zeitaufwand	1 Stunde
Tipp/Hinweise	Voraussetzung ist eine ruhige Atmosphäre; eventuell in einem besonderen Raum (z. B. Kirche) durchführen. Je nach Gruppe kann man den meditativen Text (siehe Kopiervorlage) modifizieren. Einzelne Teilnehmer übernehmen die jeweilige „Rolle", um die Gegenstände auf den Weg zu legen. Der Sprecher trägt den Text mit den notwendigen Pausen ruhig vor. Der Weg kann auch in eine Kirche hineingelegt werden.

Die Meditation über den Kreuzweg Christi ist nicht auf die vorösterliche Zeit beschränkt, wenngleich er hier von der ursprünglichen Intention her seinen Schwerpunkt hat. Der Kreuzweg steht stellvertretend für den Weg des Leidens in der Welt und damit auch für die Rolle, die der Betrachter einnimmt. Der Kreuzweg ist für alle nachvollziehbar. Es bedarf natürlich einer Vorbereitung. Hier kann man arbeitsteilig vorgehen und die Schüler beauftragen, die einzelnen Materialien mitzubringen, nachdem man vorher mit ihnen über den Kreuzweg gesprochen hat. Der hier vorgestellte Kreuzweg eignet sich gut für einen Gottesdienst mit der ganzen Schulgemeinde. Meine Erfahrung geht dahin, dass alle mit Ernst dabei waren. Schon allein der Aufbau der „Kulissen" und das Benutzen der Utensilien machen zunächst neugierig, dann nachdenklich.

Vorbereitend werden Ruheschilder aufgestellt und leise Meditationsmusik eingeschaltet. Ein Weg mit Tüchern ist in den Raum hineingelegt. Stühle für jeden Teilnehmer markieren den Weg nach Golgatha. Die einzelnen Gegenstände, die den Weg begleiten, liegen bereit. Eventuell kann man vorab Liedzettel kopieren.

Wir sehen, dass durch den Raum ein **Weg** führt. Es ist der Weg, den Jesus am Karfreitag gegangen ist. Wir sitzen an diesem Weg entlang.
Am Anfang des Weges steht ein **Stuhl**, ein Richterstuhl. Eigentlich müsste es ein Königsstuhl sein, ein Thron, auf dem Jesus selbst sitzen müsste. Denn Jesus sagt von sich: „Ich bin ein König." Aber das wollen die Leute nicht hören. Sie wollen ihn nicht als König. Deshalb haben sie ihn bei der Behörde angeklagt. Diese fragt ihn: „Bist du der neue König?" Jesus antwortet darauf: „Ja, ich bin es." Jetzt verlachen und verspotten ihn die Menschen. Pontius Pilatus, der Vertreter des Kaisers in Rom, soll ihn zum Tod verurteilen. Denn wenn Jesus behauptet, er sei ein König, dann bedeutet das Aufruhr, angeblich eine Gefahr für den Kaiser. Pilatus sitzt auf dem Richterstuhl.

Auch er fragt Jesus: „Bist du ein König?" Auch jetzt antwortet Jesus: „Ja, ich bin ein König." Pilatus spürt aber, dass Jesus keinen Aufstand anzetteln will. Darum möchte er ihn freilassen. Aber die Leute schreien immer lauter: „Der ist gefährlich! Verurteile ihn zum Tod!" Pilatus hat Angst, er könne seine eigene Macht verlieren, darum gibt er dem Geschrei nach. Er verurteilt Jesus zum Tod am Kreuz. Vorher soll er noch gegeißelt werden. Mit dem, was jetzt kommt, möchte er aber nichts zu tun haben. Er wäscht seine Hände in Unschuld. Darum lässt er sich eine **Wasserschüssel und ein Handtuch** bringen, um allen zu zeigen: Ich habe mit dem Tod von Jesus nichts zu tun.

Nun beginnt für Jesus ein langer Weg durch die Straßen von Jerusalem bis zum Berg Golgatha, wo er hingerichtet werden soll. Viel Böses begegnet ihm auf diesem Weg. Wenig Gutes und Hoffnungsvolles. Wir selbst sind am Wegesrand. Wir sind Beobachter, Zeugen dessen, was damals mit Jesus geschah.

Das Erste, was Jesus passiert: Er wird mit **Stricken** gegeißelt. Das tut weh. Als Zeichen dafür legen wir den Strick auf den Weg. Jesus wird als Nächstes eine **Dornenkrone** auf den Kopf gesetzt. Die Dornen der Krone dringen tief in seinen Kopf ein. Er bekommt einen **roten Mantel** umgelegt. So verspotten ihn die Leute, als sei er ein König mit Krone und Königsmantel. Aber in Wirklichkeit schmerzt die Krone. Und der Spott verletzt sein Herz zutiefst.

Jesus muss sein Kreuz, an dem er sterben wird, selbst den langen Weg tragen, vorbei an den neugierigen und sensationslüsternen Menschen. Die **Balken** werden herbeigeschleppt und zusammengebunden. Das Kreuz ist sehr schwer. Unter der Last des Kreuzes wird der Weg noch beschwerlicher. Jeder Stein verursacht Schmerzen. **Viele Steine** liegen auf dem Weg. Es sind die Steine, welche die Menschen ihm in den Weg gelegt haben. Er stolpert über die Steine. Er fällt. Er holt sich blutige Knie und blutige Hände. Er steht wieder auf. Fällt noch einmal. Immer wieder muss er aufstehen, um den Weg zu Ende zu gehen.

Unter den vielen Menschen, die ihm zusehen, die gaffen, sind auch einige, die Mitleid haben, die ihm helfen möchten, die aus tiefstem Herzen an seine Unschuld glauben: seine Mutter, einige Frauen aus seinem Freundeskreis. Unter ihnen Veronika. Sie durchbricht die Reihe der gaffenden, lachenden und spottenden Menschen und geht auf Jesus zu. Sie wischt mit ihrem **Tuch** den Schweiß aus seinem Gesicht. Das tut gut. Das hilft einen Augenblick lang. Dankbar schaut Jesus auf Veronika. Sein Bild prägt sich ihr ein – für immer. Sie trägt es in dem Tuch ihr ganzes Leben lang bei sich. Jesus hat seine Gesichtszüge in das weiße Tuch hineingedrückt.

[Hinweis: Der Künstler Georges Rouault hat das Tuch der Veronika im Bild festgehalten. Ein Bild von Jesus, umgeben von Rosen. Die Rosen sind ein Zeichen dafür, dass Jesus die Hilfe dieser Frau angenommen hat. Wenn dieses Bild zur Verfügung steht, kann es jetzt auf den Weg gelegt werden. Stellvertretend kann es auch eine Rose sein.]

Jesus ist für jede Hilfe dankbar. Ein Mann hilft ihm, die schweren Kreuzbalken ein Stück den Berg hinaufzutragen: Simon von Cyrene. Auch dieser Mann, der gerade

von der Arbeit kommt, ist bereit, zu helfen. Er lässt seinen **Rucksack** auf der Straße liegen und nimmt das **Kreuz**. Wieder geht es ein Stück voran. Hilfe ist da. Jede Hilfe ist ein kleines Zeichen. Doch sie ändert nichts am Endpunkt des Weges. Das Urteil über Jesus ist endgültig.
Jesus ist am Ort seiner Verurteilung – auf dem Berg Golgatha – angekommen. **Hammer und Nägel** liegen bereit. Mit dem Hammer werden die Nägel durch die Hände und Füße getrieben. So wird Jesus am Kreuz festgehalten. So soll er sterben.
Das Kreuz ist aufgerichtet. Das Ziel ist erreicht. Jesus ist seinen Weg, seinen Kreuzweg zu Ende gegangen. Die vielen Stolpersteine auf dem Weg haben ihn endgültig zu Fall gebracht. Warum ist Jesus diesen Weg gegangen? Aus Liebe zu uns Menschen. Aus Liebe zu uns Menschen stirbt er diesen schlimmen Tod am Kreuz. Um drei Uhr am Karfreitag sagt er: „Es ist vollbracht!" Jesus stirbt.
Wir stellen eine **Kerze** an das Ende des Weges. Wir deuten damit an: Es geht noch weiter. Gott sei Dank ist der Tod am Kreuz nicht das Ende. Aus diesem Grund legen wir kein schwarzes Tuch, sondern ein **gelbes Tuch** um das Kreuz: ein gelbes Tuch als Zeichen der Wärme und des Lichts. Wir zünden die Kerze an als Zeichen dafür, dass Jesus da ist.
Wir haben am Kreuzweg teilgenommen. Er hat uns in unserem Herzen angerührt. Jeder hat Zeit, in Ruhe einen Text (ein Gebet) aufzuschreiben.

Webcode: FR233366-039

Die Teilnehmer schreiben ihre Texte und legen sie unter das Kreuz. Zum Schluss wird ein Lied gesungen oder Meditationsmusik gespielt.

Alternativen

Man lässt in einem Gebetbuch die Kreuzwegandacht nachschlagen. Hier findet man die 14 Stationen benannt (eventuell auch die Auferstehung als 15. Station). Die Schüler suchen passende Gestaltungselemente. Vorher könnte man in der Bibel den Kreuzweg nachlesen lassen und dabei feststellen, dass hier nicht alle Stationen vorkommen. Auch der Besuch einer katholischen Kirche ist denkbar, wo in der Regel die Kreuzwegstationen bildlich dargestellt sind. Es ist so etwas wie die „Reise nach Jerusalem", denn vielen Menschen war und ist das Ziel Jerusalem zu weit – also holt man sich den Wunsch, den Leidensweg Jesu nachzuvollziehen, dahin, wo man leicht hinkommen kann: in die Kirche. *(HM)*

15.2 Heilige und Namenstage

Intentionen/Kompetenzen	den Begriff „heilig" als Teil der Religionen der Welt verstehen und erklären; ausgewählte Heilige des Christentums kennenlernen; Informationen zu Heiligen in Religionen und Kulturen sammeln, kennenlernen, reflektieren und erklären
Klassenstufe	ab Klasse 5
Material	Plakatkarton, Kalender, Zeitschriften, Fotos, Schere, Kleber, Lexika, Internet
Zeitaufwand	4 Stunden
Tipp/Hinweise	Als Einstieg eignet sich die Beschäftigung mit Namen. → 8.3, 11.6

Die Verehrung von heiligen Personen, Orten oder Gegenständen gibt es in fast allen Religionen der Welt. Das „Heilige" steht im Gegensatz zum „Nichtreligiösen", zum „Weltlichen" (Profanen). Worin besteht die Besonderheit des „Heiligen"? Manchen Schülern sind als heilig verehrte Personen, Gegenstände, Orte in fremden Religionen und Kulturen schon eher bewusst begegnet als in ihrer eigenen Kultur, so z. B. in Reiseberichten oder aus eigener Erfahrung die heiligen Kühe in Indien, heilige Städte, Flüsse oder Berge (Mekka, die Pharaonengräber, der Ganges usw.). Aber warum haben wir einen Feiertag, der „Allerheiligen" heißt? Welche Bedeutung haben Heilige, nach denen Kirchen, Plätze oder Städte benannt sind? Was hat es mit Festen, wie z. B. St. Martin, auf sich? Was sind Schutzpatrone? Wer feiert „Namenstag" und warum?

Wer sind eigentlich die Heiligen?
Im Christentum, insbesondere in der römisch-katholischen und in der orthodoxen Kirche, werden Menschen als Heilige verehrt, wenn sie nach christlicher Überzeugung ein besonders vorbildliches Leben geführt haben und dies von der Kirche in einem umfangreichen Prüfverfahren anerkannt sowie mit der sogenannten „Heiligsprechung" durch den Papst offiziell bestätigt wurde. Man betet sie nicht an, aber man verehrt sie als Vorbilder, als Fürsprecher oder Vermittler zwischen Gott und Mensch.
In den ersten Jahrhunderten unserer Zeitrechnung wurden nur solche Menschen als Heilige verehrt, die für ihren Glauben gestorben sind. Man nennt sie Märtyrer. Man nahm an, dass sie durch das Opfern ihres eigenen Lebens für den Glauben direkte Nachfolger Jesu waren. Im Laufe der Zeit wurden auch Menschen heiliggesprochen, bei denen die Kirche von einer besonders vorbildlichen, gottgefälligen Lebensweise überzeugt war.
Von katholischen Christen werden die Heiligen an festgelegten Tagen, den „Namenstagen", verehrt. Christen, die den gleichen oder einen davon abgeleiteten Namen haben, dürfen an diesem Tag ebenfalls ihren Namenstag feiern. Ein Beispiel: Am 29. April ist der Tag der Heiligen Katharina von Siena. Frauen und Mädchen, die Katharina, Kathi, Katja, Käthe, Karina oder Kate heißen, feiern an diesem Tag ihren

Namenstag. Zu einigen Namen gibt es abgeleitete Männer- und Frauennamen. Der Tag des Heiligen Simon ist am 29. Oktober. Ihren Namenstag feiern an diesem Tag alle, die Simon, Simone oder Simeon heißen.
Seit der Reformation gibt es in der evangelischen Kirche eine solche Heiligenverehrung nicht mehr. Nach evangelischer Auffassung braucht der gläubige Christ keinen Fürsprecher bei Gott, sondern kann im Gebet selbst zu Gott sprechen. Trotzdem gibt es Menschen, die auch von evangelischen Christen als Vorbilder im Glauben und in der christlichen Lebensführung angesehen werden. Einige besondere Gedenktage, wie St. Martin am 11. November oder St. Nikolaus am 6. Dezember, gehören auch bei den evangelischen Christen zu den festen Brauchtums- bzw. Feiertagen.
Am 1. November wird alljährlich in der katholischen Christenheit aller Heiligen gedacht, deshalb heißt dieser Feiertag „Allerheiligen".

Webcode: FR233366-040

Gestaltung eines Kalenders mit Namens- und Gedenktagen

Schüler sammeln in Partner- oder Gruppenarbeit (ideal sind zwölf Teams) jeweils für einen Monat Namens- und Gedenktage wichtiger Personen. Dazu benutzen sie am besten verschiedene Kalender und versuchen, Informationen zu den gefundenen Namen und Tagen zusammenzutragen. Anschließend informieren sich die Schüler gegenseitig über ihre Arbeitsergebnisse. Gemeinsam wird entschieden, welche Personen in einen Klassenkalender aufgenommen werden sollen. Auf Plakatkarton wird das Kalendarium sauber eingetragen. Die einzelnen Gedenktage werden mit passenden Zeichnungen, Fotos, Zitaten usw. ergänzt und illustriert.

Habe ich auch einen Namenstag?

Die Aufgabenstellung lautet: Geht die Namensliste in eurer Klasse durch und ermittelt den Ursprung eurer Vornamen. Gibt es Namen, die auf wichtige Personen der Bibel, auf Heilige oder Propheten zurückgehen? Wenn ja, welche? Befragt euch gegenseitig, was ihr über die Bedeutung eurer Vornamen wisst. Gibt es Namen, zu denen es einen „Namenstag" gibt? Fragt dazu eure Eltern oder schaut in einem Kalender nach, in dem die Namenstage vermerkt sind.

Sammeln von Informationen über Heilige

Der Lehrer bereitet eine Tabelle mit einigen Vornamen von Heiligen und Schutzpatronen vor. Motivierend ist es, wenn Namen gewählt werden, die – eventuell auch in abgewandelter Form – in der Klasse vorkommen. Die Tabelle sollte für eigene Recherchen der Schüler freie Zeilen enthalten. Es werden ein oder zwei Beispiele vorgegeben (siehe unten). Im weiteren Verlauf können entweder Namen vorgegeben werden, zu denen die Schüler Informationen sammeln, oder man lässt die Schüler eigene Beispiele suchen.

Name	Datum, Ort	Information
Florian	4. Mai, Linz/Donau Österreich	Römischer Heeresbeamter, Christ; er wird beim Versuch, gefangene Christen zu befreien, im Jahre 304 gefangen und getötet. Er soll ein brennendes Haus durch Gebete gerettet haben und gilt als Beschützer vor Feuer.
Lucie	12. Dezember	...

Heilige, die mich besonders beeindrucken
Aus Religionsbüchern, Geschichtsbüchern, historischen Jugendromanen usw. können die Schüler sich Heilige bzw. Menschen, deren Leben sie besonders interessant finden, aussuchen. Jeder Schüler entscheidet sich für eine Person und recherchiert genaue Informationen über Lebenslauf und Wirken. Anschließend werden Texte mit den wichtigsten Arbeitsergebnissen verfasst und durch Illustrationen ergänzt. Die Ergebnisse werden in Gruppen- oder Gemeinschaftsarbeit zu einer illustrierten Zeitleiste verarbeitet. → 3.1

Alternative
Die Schüler entwickeln, nachdem sie alle Informationen zusammengetragen haben, ein Frage-Antwort-Spiel. Vorteil: Trotz arbeitsteiligen Vorgehens lernen alle Schüler die Arbeitsergebnisse jeder Gruppe in spielerischer Form kennen. → 3.5 *(UM)*

15.3 Wege zu Luther erkunden

Intentionen/Kompetenzen	die Biografie Luthers kennenlernen; sich mit der Lutherrose kreativ beschäftigen; einen kurzen Luthertext in alter Sprache lesen; ein Wappen als Ausdruck der eigenen Persönlichkeit entwerfen und beschreiben; wichtige Personen und Ereignisse der Reformation kennenlernen
Klassenstufe	ab Klasse 6
Material	Papier, Stifte, Kopiervorlagen in diesem Kapitel sowie weitere Materialien je nach Projekt
Zeitaufwand	1–6 Stunden (je nach Projekt)
Tipp/Hinweise	Dieses Kapitel enthält viele unterschiedliche Projekte, die einen Zugang zu Luther ermöglichen. Das Brettspiel „Auf Luthers Spuren" ist erst nach der Beschäftigung mit Luthers Biografie zu empfehlen. Unter www.luther2017.de findet man kurze und gut verständliche Zusammenfassungen zu verschiedenen Themen der Lutherdekade.

Während der Lutherdekade 2008 bis 2017, die jedes Jahr mit einem anderen Schwerpunkt an den Beginn der Reformation vor 500 Jahren erinnert, findet man viele Materialien zum Thema „Luther" und „Reformation" für den Unterricht. Auch für allgemeine philosophische Fragen kann Luther Ausgangspunkt sein (vgl. „DenkWege zu Luther", ein länderübergreifendes Bildungsprojekt zur Lutherdekade). Im Folgenden werden ein paar einfache und kreative Zugänge zu Luther vorgestellt.

Luthers Lebenslauf – Piktogramme und Ratespiel

- **Schritt 1:** Die Schüler erhalten einen Text mit der Biografie Martin Luthers und wandeln ihn in einen tabellarischen Lebenslauf um. Sie gestalten eine Tabelle mit drei Spalten: Die erste Spalte enthält für jede Station ein freies Kästchen, in das später die Piktogramme gezeichnet werden. In die zweite Spalte werden nur die Jahreszahlen geschrieben (eventuell auch „seit …" oder „von … bis"). In die dritte und breiteste Spalte werden in ein bis zwei Sätzen die Zusammenfassungen der Ereignisse oder Lebensabschnitte geschrieben.
- **Schritt 2:** Anschließend zeichnen die Schüler zu jeder Station ein einfaches Zeichen oder Bild, das das Wichtigste verständlich zum Ausdruck bringt → 3.1. Es kann sich eine Ratestunde anschließen. Ein Schüler malt ein beliebiges Zeichen oder Bild aus dem Lebenslauf an die Tafel; die anderen raten, auf welche Station es sich bezieht. Wer richtig geraten hat, darf ein anderes Zeichen an die Tafel malen.
- **Schritt 3:** Anschließend wird eine zeitliche Reihenfolge erstellt, indem die Zeichnungen sortiert und mit Linien verbunden werden; es entsteht ein kurvenreicher Lebensweg. Die Lebensgeschichte kann jetzt anhand der Bilder nacherzählt werden. Die Bilder dienen auch als Ausgangspunkt, um einige Stationen auszuwählen und sich näher damit zu befassen.

Das Lutherwappen: symbolischer Ausdruck des persönlichen Glaubens

„Das erst sollt ein Kreuz sein schwarz im Herzen, das seine natürliche Farbe hätte, damit ich mir selbst Erinnerung gäbe, dass der Glaube an den Gekreuzigten uns selig machet. Denn so man von Herzen gläubt, wird man gerecht. Ob's nu wohl ein schwarz Kreuz ist und soll auch wehtun, noch lässt es das Herz in seiner Farbe, verderbt die Natur nicht, sondern behält lebendig. (…) Solch Herz soll aber inmitten einer weißen Rosen stehen, anzuzeigen, dass der Glaube Freude, Trost und Frieden gibt. (…) denn weiße Farbe ist des Geistes und alles Engel Farbe. Solche Rose stehet im himmelfarbenen Felde, dass solche Freude im Geist und Glauben ein Anfang ist der himmlischen Freude zukünftig, jetzt wohl schon drinnen begriffen und durch Hoffnung gefasset, aber noch nicht offenbar. Und um solch Feld einen güldenen Ring, dass solche Seligkeit im Himmel ewig währet und kein Ende hat, und auch köstlich über alle Freude und Güter, wie das Gold das höhest, köstlichst Erz ist."

Martin Luther in einem Brief an Lazarus Spengler vom 8. Juli 1530

Webcode: FR233366-041

- **Schritt 1:** Der Lehrer schreibt die Begriffe der einzelnen Symbole aus der Lutherrose an die Tafel: Kreuz, Herz, Rose, Ring. Die Schüler äußern sich dazu, zeichnen dann selbst die Symbole und schreiben ihre Gedanken dazu auf.

- **Schritt 2:** Die Malvorlage der Lutherrose mit dem Text (siehe oben) wird ausgeteilt. Ein Schüler liest den Text vor. Verständnisfragen werden geklärt; über die Bedeutung wird gesprochen. Jeder malt das Wappen mit den im Brief angegebenen Farben aus. Anschließend werden die Aussagen Luthers über die einzelnen Symbole mit den eigenen Aussagen verglichen. Die Schüler geben die wichtigsten Gedanken Luthers zu seinem Wappen mit eigenen Worten wieder.

- **Schritt 3:** Mit der Lutherrose ehrt die „Internationale Martin-Luther-Stiftung" deutsche und internationale Persönlichkeiten, die sich beispielhaft mit ihrem Leben und beruflichen Wirken in der reformatorischen Tradition von Freiheit und Verantwortung für das Gemeinwohl eingesetzt haben. – Warum nimmt diese Stiftung die Lutherrose als Symbol für diese Ehrung?

- **Schritt 4:** Entwirf ein Wappen für dich selbst. Lass dich dabei von folgenden Fragen leiten: Was ist mir wichtig? Was macht mich glücklich? Woran glaube ich? Wer oder was gibt mir Halt? Worauf hoffe ich? – Welche Symbole möchtest du in deinem Wappen verwenden? Welche Farben wählst du dazu aus? Du kannst auch Elemente und Farben aus Luthers Wappen übernehmen und so deuten, dass sie zu dir passen. Gib deinem Wappen einen entsprechenden Namen, z. B. „das Meierherz", „der Müllerbaum". Die Schüler erklären ihren Entwurf in einem Brief an eine Person, die ihnen nahesteht. Eventuell können sie ihr Wappen auch mit Mitschülern, denen sie vertrauen, austauschen und sich gegenseitig Antwortbriefe schreiben.

Mit einem Denkmal Luther und seine Zeit erkunden

Das Lutherdenkmal in Worms gilt als das größte Reformationsdenkmal der Welt. Es zeigt neben einer oft imitierten Lutherstatue und wichtigen Szenen aus seinem Leben auch Statuen oder Reliefs von anderen Personen, die für die Reformation wichtig waren, allegorische Figuren von Städten, die für das Schicksal der Reformation eine Rolle gespielt haben, Wappen der Städte, die sich der Reformation angeschlossen haben, und Zitate (genaue Beschreibung unter www.worms.de). Wegen der Fülle an Informationen, die für die Erkundung des ganzen Denkmals wichtig sind, kann man es nicht vollständig im Unterricht erarbeiten. Ausgehend von der entsprechenden Internetseite (siehe oben) können die Schüler in arbeitsteiliger Gruppenarbeit selbstständig Informationen zu ausgewählten Personen oder Ereignissen sammeln und einen Aspekt dem Plenum in ansprechender Form vorstellen, z. B. als Zeitungsbericht zu einem Ereignis, als Brief aus heutiger Zeit mit Fragen an eine Person, als Spielszene schreiben, als Comic usw.

Nach der Beschäftigung mit den auf dem Denkmal dargestellten Stationen aus Luthers Leben (siehe Seite 207) können die Schüler andere wichtige Stationen aus Luthers Leben nachempfinden, beispielsweise sich Haltung/Gestik überlegen und ausprobieren, eine Szene zeichnen und Sprechblasen einfügen, Gefühle und Gedanken Luthers aufschreiben.

Szenen aus Luthers Leben

Thesenanschlag

Reichstag in Worms

Predigt

Bibelübersetzung

Abendmahl

Priesterehe

Aufgaben

- Seht euch die Reliefs an. Was ist auf den einzelnen Bildern dargestellt? Worum geht es? Formuliert die Bildunterschriften in einem ganzen Satz.
- Reformation heißt Erneuerung. Die Reliefs befassen sich mit Änderungen des damaligen religiösen Lebens. Was ist durch Luther anders geworden? Stellt in einer Tabelle die Situationen vorher und nachher gegenüber.
- Betrachtet die Darstellungen der einzelnen Stationen aus Luthers Leben genau. Wie ist Luther dargestellt? Achtet besonders auf seine Körperhaltung und Gestik. Was wird durch Haltung und Gestik zum Ausdruck gebracht? Formuliert zu den einzelnen Szenen Sprech- oder Gedankenblasen.

Webcode: FR233366-041

Auf Luthers Spuren – ein Brettspiel entwerfen
Grundlage ist eine Landkarte, auf der Orte aus Luthers Leben besonders markiert sind (z. B. www.wege-zu-luther.de). Daraus entwickeln die Schüler in Gruppenarbeit ein Spielfeld und denken sich ein passendes Spiel dazu aus. Der Fantasie sind dabei keine Grenzen gesetzt. Die Schüler können sich an ein bekanntes Spiel anlehnen. Auflagen: Das Spiel muss lehrreich, ordentlich gestaltet und für andere spielbar sein. Zum Schluss wird eine übersichtliche und gut verständliche Spielanleitung geschrieben. Die Fertigstellung dauert mehrere Stunden, bedeutet aber für die Schüler eine intensive Beschäftigung mit dem Thema und ist oft eine einprägsame Erfahrung (vgl. „Mensch, fürchte dich nicht", www.epv.de). → 3.5

Weitere Möglichkeiten der Beschäftigung mit Luthers Biografie
- Lebenskurve mit Höhen und Tiefen zeichnen oder den Lebensweg grafisch darstellen. → 4.3
- Wendepunkte in Luthers Leben erarbeiten (z. B. Blitzeinschlag, Turmerlebnis, Überfall). → 4.4
- Über die Änderung seines Nachnamens nachdenken: Warum nannte sich Luther seit dem Turmerlebnis nicht mehr „Martin Luder", sondern „Martin Luther" (vom griechischen Wort *eleutheros* = frei, Befreiter)? → 8.3
- Ein Interview entwickeln oder eine Talkshow spielen. → 4.4
- Einem Lied von Luther („Nun freut euch, liebe Christen g'mein") Erfahrungen aus seinem Leben zuordnen und mit Bildern/Texten ergänzen oder aktualisieren. → 4.4
- Einen Film über Luther ansehen, eine Nebenfigur aussuchen und ihr Verhältnis zu Luther erklären. → 4.2
- Zeitungsartikel oder Schlagzeilen sammeln, erklären und präsentieren, insbesondere im Zusammenhang mit dem Reformationstag. Beispiele: „Interesse an Martin Luther ist gestiegen", „Rom will Straße nach Martin Luther benennen", „Reformation hat Europa geprägt", „Reformation hat Sprengkraft". → 11.3 *(AL)*

15.4 Zeichen für Ökumene

Intentionen/Kompetenzen	sich mit verschiedenen christlichen Symbolen befassen; erster Zugang zu den Anliegen der ökumenischen Bewegung
Klassenstufe	ab Klasse 7
Material	Kärtchen mit verschiedenen Begriffen (siehe unten)
Zeitaufwand	1 Stunde
Tipp/Hinweise	Diese Methode eignet sich auch als Zugang zu anderen kombinierten Symbolen, z. B. Lutherrose → 15.3 und Campesinokreuz → 11.6.

Ökumenische Initiativen verdeutlichen ihre Anliegen manchmal durch Embleme, die verschiedene christliche Symbole enthalten.

Webcode: FR233366-042

- **Schritt 1:** Man beginnt mit der Erklärung des Begriffs „Ökumene". Er kommt aus dem Griechischen und bedeutet „ganzer bewohnter Erdkreis"; heute ist er auf die Gemeinschaft der christlichen Konfessionen oder auf die Gemeinschaft aller Religionen bezogen. Die Schüler bringen eigene Kenntnisse oder Erfahrungen (z. B. ökumenische Gottesdienste) ein.

- **Schritt 2:** Der Lehrer teilt vorbereitete Kärtchen aus, auf denen jeweils nur ein Element dieser Symbole zu sehen ist: Welle, Schiff, Kreuz, Taube, Zweig, Kette, Weltkugel, Zeichen für „weiblich". Die Schüler schreiben eigene Gedanken, die sie zum dargestellten Bild haben, auf die Karte. Währenddessen schreibt der Lehrer die Begriffe für die einzelnen Elemente nebeneinander an die Tafel. Die Karten werden eingesammelt, sortiert, unter den Begriffen an der Tafel befestigt und vorgelesen.

- **Schritt 3:** Dann bekommt jeder eine Kopie mit den kompletten Symbolen. Es folgt eine kurze Information über die Organisationen, die diese Symbole verwenden. Die Schüler malen die Symbole farbig aus und schreiben unter jedes Symbol eine Erklärung mithilfe des folgenden Satzanfangs: Den Menschen, die dieses Symbol gebrauchen, ist wichtig ... *(AL)*

15.5 Die Farben Gottes – Annäherungen ans Glaubensbekenntnis

Intentionen/Kompetenzen	Annäherung an zentrale Inhalte des christlichen Glaubens; das Apostolische Glaubensbekenntnis kennenlernen; über die Dreieinigkeit nachdenken
Klassenstufe	ab Klasse 7
Material	Farbstifte oder Wasserfarben, Zeichenblätter
Zeitaufwand	1 Stunde
Tipp/Hinweise	Die Vorschläge dieses Kapitels können unabhängig voneinander als Schwerpunkt gesetzt werden.

Die Idee zu dieser Unterrichtsreihe geht auf ein Bild des Künstlers YVES KLEIN zurück, das ich in einem Buch mit folgender Erklärung fand:

Die drei großen Farbtafeln des Künstlers Yves Klein können auf den dreifaltigen Gott hin gedeutet werden. Das Gold in der Mitte steht für die Größe und Herrlichkeit Gottes, des Vaters, das leuchtende Rot für den Sohn und seine Liebe zu den Menschen, das an den Himmel erinnernde Blau für Gottes Geist, der alles durchwirkt.

Aus: Frisch, Hermann-Josef (1999): Himmelsleitern. Religionen der Welt in Bildern. Düsseldorf: Patmos, S. 22.

Das Apostolische Glaubensbekenntnis

Das Apostolische Glaubensbekenntnis

Ich glaube an Gott, den Vater, den Allmächtigen, den Schöpfer des Himmels und der Erde.
Und an Jesus Christus, seinen eingeborenen Sohn, unsern Herrn, empfangen durch den Heiligen Geist, geboren von der Jungfrau Maria, gelitten unter Pontius Pilatus, gekreuzigt, gestorben und begraben, hinabgestiegen in das Reich des Todes, am dritten Tage auferstanden von den Toten, aufgefahren in den Himmel; er sitzt zur Rechten Gottes, des allmächtigen Vaters; von dort wird er kommen, zu richten die Lebenden und die Toten.
Ich glaube an den Heiligen Geist, die heilige christliche Kirche, Gemeinschaft der Heiligen, Vergebung der Sünden, Auferstehung der Toten und das ewige Leben. Amen.

Webcode: FR233366-043

Das Apostolische Glaubensbekenntnis enthält wichtige christliche Glaubensinhalte. Es sollte kurz über die Aufteilung (drei Abschnitte) gesprochen und der Begriff „Dreieinigkeit" („Trinität") erklärt werden. Danach können die Schüler das Glaubensbekenntnis auf ein selbst gemaltes Bild beziehen (siehe unten) und die einzelnen Abschnitte durch die entsprechenden Farben deuten.

Bedeutung von Farben

- **Schritt 1:** Die Schüler beschäftigen sich zunächst mit der Bedeutung von Farben allgemein. Farben haben nicht nur in der Malerei eine symbolische Bedeutung. Sie kommen auch in Redensarten vor. In der Psyche der Menschen wirken Farben sehr unterschiedlich. Die Schüler nennen Beispiele für die Bedeutung und Wirkung von Farben. Anschließend malen sie ihre Lieblingsfarbe auf ein Blatt und schreiben dazu, warum sie diese Farbe mögen und was sie angesichts dieser Farbe empfinden.

- **Schritt 2:** Gold spielt in vielen Religionen eine besondere Rolle. Die Schüler nennen Darstellungen, Gegenstände und Gebäude aus verschiedenen Religionen, die mit

Gold verziert sind. Die Begriffe werden an die Tafel geschrieben. Die Schüler wählen zu jeder Kategorie einen Begriff aus, skizzieren den betreffenden Gegenstand und das Gebäude (bzw. einen Teil, z. B. Kuppel oder Kirchturmspitze) und schreiben daneben, welche Bedeutung das Gold bei dieser Darstellung hat.

Drei Farben für Gott
- **Schritt 1:** Der Lehrer beschreibt das Bild von Yves Klein oder zeigt eine Reproduktion: Der Künstler Yves Klein hat auf einer Platte drei große Farbtafeln (Rot, Gold, Blau) gestaltet, die den christlichen Glauben an die Dreieinigkeit symbolisieren können. Inwiefern? – Nach einem kurzen Gespräch werden die Schüler gebeten, die Idee dieses Bildes selbst zu gestalten: Teile eine DIN-A4-Seite quer in drei Flächen auf und male diese „Tafeln" mit den entsprechenden Farben aus.
- **Schritt 2:** Anschließend bekommen die Schüler den Text des Apostolischen Glaubensbekenntnisses (siehe oben) und beziehen ihn auf das Bild: Lies den Text genau. Was sind die Hauptaussagen der drei Abschnitte. Inwiefern passen die Farben des Bildes dazu? – Die Schüler vervollständigen folgende Satzanfänge: Rot steht für Jesus, denn …/Gold symbolisiert Gott, denn …/Blau erinnert an den Heiligen Geist, denn … – Zum Schluss schreiben sie mit einem schwarzen Stift in schöner Schrift die wichtigsten Aussagen auf die entsprechenden Farben ihres Bildes. *(AL)*

15.6 Krippe und Kreuz – Symbole der Stärke und Schwäche

Intentionen/Kompetenzen	sich mit zwei wichtigen Symbolen für Jesus beschäftigen; über die Ambivalenz der Symbole nachdenken; Stärke in der Schwäche und Schwäche in der Stärke entdecken
Klassenstufe	ab Klasse 7
Material	Papier, Stifte
Zeitaufwand	1–2 Stunden
Tipp/Hinweise	Vorab kann der Lehrer Kunstwerke auswählen, auf denen die Ambivalenz der Symbole deutlich wird, z. B. *Die weiße Kreuzigung* von Marc Chagall.

Das Kreuz als allgemeines Symbol für Tod und Leben begegnet uns immer wieder. Als Symbol des gesamten Christentums zeigt es den unauflöslichen Zusammenhang von Leben und Tod im christlichen Glauben. Als Symbol für Jesus verdeutlicht es sein Leiden und seinen Tod sowie gleichzeitig die Überwindung des Todes und den Sieg des Lebens (oft ausgedrückt als Sonne oder mit grünen Zweigen). Man kann Kreuzesdarstellungen im Hinblick auf diese Themen vergleichen: Werden mehr das Leiden und der Tod zum Ausdruck gebracht oder der Sieg des Lebens? Oder werden beide Seiten deutlich? Wodurch? – Ein Vergleich des Leidens und Sterbens Jesu in den vier Evangelien macht die Ambivalenz des Kreuzestodes Jesu deutlich. Bei Markus und Matthäus wird mehr das Leiden und Verzweifeln betont, bei Lukas und Johannes mehr das Vertrauen und die Überwindung des Todes.

Die Krippe verdeutlicht ebenfalls zwei Seiten: einerseits Armut und Hilflosigkeit (ausgedrückt durch das Stroh und das eingewickelte Kind), andererseits die Stärke des neuen Lebens, die Macht Gottes, der sich in diesem Kind zeigt, und die Liebe, die Menschen angesichts eines Neugeborenen empfinden.

- **Schritt 1:** Der Lehrer kann mit zwei einfachen Zeichnungen von Krippe und Kreuz an der Tafel beginnen und zunächst spontane Äußerungen entgegennehmen. Anschließend geht es um die Ambivalenz dieser Symbole mit folgenden Hinweisen und Fragen: Krippe und Kreuz sind Symbole für Jesus. Sie zeigen den Anfang und das Ende seines Lebens (manchmal dargestellt durch die griechischen Buchstaben Alpha und Omega). Sie spiegeln Schwäche und Stärke, Hilflosigkeit und Macht, Niederlage und Sieg. Inwiefern? In der Botschaft von Jesus erhalten diese Begriffe eine andere Bedeutung. Paulus macht das mit dem Satz deutlich: „Gott ist in den Schwachen mächtig" (1. Kor. 1, 25). Was könnte diese Aussage bedeuten?

- **Schritt 2:** Nachdem die Schüler ihre Gedanken geäußert haben, werden sie aufgefordert, sie grafisch zum Ausdruck zu bringen: Malt eine Krippe und ein Kreuz und schreibt eure Gedanken dazu. Versucht, auch zeichnerisch beide Seiten deutlich zu machen, z. B. durch Strahlen. – Folgende Satzanfänge helfen bei der Gegenüberstellung: Die Krippe zeigt Schwäche und Hilflosigkeit, weil …/Sie ist aber auch ein Symbol der Stärke, weil …/Das Kreuz zeigt Schwäche und Hilflosigkeit, weil …/Es ist aber auch ein Symbol der Stärke, weil …

- **Schritt 3:** Im Anschluss kann man Kunstwerke betrachten, auf denen beide Seiten (eventuell auch beide Symbole) in einem Bild zu sehen sind. Als Weiterführung können andere Symbole, Zeichen oder Bilder, die Stärke und Schwäche zugleich ausdrücken, in ähnlicher Weise bedacht und gegenübergestellt werden. Beispiele: Eisenkette – Menschenkette, Flugzeug – Vogel, Beton – Pflanze, Faust – geöffnete Hand. Als Abschluss ist es möglich, eine Fotoreihe oder Collage zum Thema „Die Macht der Menschen und die Macht Gottes" anzufertigen. *(AL)*

15.7 Wie wird Jesus genannt? – Titel, Bezeichnungen, Namen

Intentionen/Kompetenzen	Herkunft und Bedeutung der Titel Jesu kennenlernen; sich mit einem Text aus dem Philipperbrief befassen (Christushymnus); verschiedene Jesusbilder in Bezug auf die Titel Jesu deuten
Klassenstufe	ab Klasse 8
Material	unterschiedliche Jesusdarstellungen (z. B. aus Religionsbüchern, Bildbänden, Bibeln oder aus dem Internet), Papier, Stifte
Zeitaufwand	2–3 Stunden
Tipp/Hinweise	Der Christushymnus aus Philipper 2, 5–11 sollte in Kopie an alle Schüler verteilt werden.

- **Schritt 1:** Welche Bezeichnungen für Jesus kennt ihr? Die genannten Titel werden an die Tafel geschrieben. Anschließend beschäftigen sich die Schüler mit einem Text aus dem Neuen Testament, dem sogenannten „Christushymnus". Er enthält verschiedene Ehrentitel und Bezeichnungen für Jesus. Die Schüler unterstreichen alle Bezeichnungen für Jesus im Text und ergänzen die Liste an der Tafel.

- **Schritt 2:** Der Lehrer informiert über die Herkunft und die Bedeutung einiger Titel (siehe unten). Da die Texte nicht so leicht zu verstehen sind, sollten sie einzeln und nacheinander gelesen/besprochen werden. Danach sucht jeder Schüler zwei Titel aus und begründet seine Auswahl: Der Titel XY passt am meisten zu meiner Vorstellung von Jesus, weil …/Der Titel XY passt am wenigsten zu meiner Vorstellung von Jesus, weil … – Wie würde ich Jesus nennen? Die Schüler überlegen sich eigene Namen für Jesus (z. B. Freund, Vorbild).

Information zu einzelnen Titeln Jesu

- **Sohn Gottes:** Wenn Jesus „Gottes Sohn" genannt wurde, konnte Verschiedenes damit gemeint sein. Im Judentum wurde manchmal das Volk Israel mit „Gottes Sohn" bezeichnet, aber auch der König konnte diesen Titel tragen. In beiden Fällen drückt der Titel eine besonders enge Beziehung zu Gott aus. Gottes Sohn wird jemand nach jüdischem Verständnis durch „Adoption", d. h. dadurch, dass er von Gott auserwählt und als Sohn angenommen wird. In der griechischen Kultur galten Menschen, denen man irgendwie besondere Kräfte zuschrieb oder die besondere Macht hatten (z. B. Wundertäter oder Könige) als Söhne Gottes. Man dachte dabei an eine wunderbare Geburt, etwa dass ein Gott selbst durch seine Macht die Schwangerschaft bewirkt hatte. Der Sohn Gottes hatte dann keinen menschlichen Vater, sondern Gott selbst war sein Vater. Die Evangelisten greifen beide Vorstellungen in verschiedenen Geschichten auf. Markus übernimmt in seiner Taufgeschichte (Mk. 1, 9–11) die jüdische Vorstellung: Jesus wird bei der Taufe von Gott zum Sohn erklärt. Matthäus und Lukas übernehmen in ihren Geburtsgeschichten die griechische Vorstellung von der Jungfrauengeburt. Ausgedrückt wird in beiden Fällen dasselbe: Jesus hat eine besonders enge Beziehung zu Gott. Gott ist der Vater Jesu.

- **Rabbi:** Rabbi bedeutet „mein Meister". Zur Zeit von Jesus wurden angesehene Lehrer so bezeichnet, später besonders Schriftgelehrte. Die Bezeichnung drückt Ehrerbietung und Anerkennung für den Lehrer und Meister aus.

- **Menschensohn:** Über die Bedeutung dieses Titels sind sich die Wissenschaftler nicht einig. Im Hebräischen ist Menschensohn oft nur Ausdruck für „Mensch". Der Begriff wurde aber auch für eine Gestalt verwendet, die beim Gericht Gottes am Ende der Welt eine Rolle spielt. Er konnte beim Gericht Gottes als Fürsprecher oder als Ankläger der Menschen auftreten. Als Richter bereitete er das Urteil vor oder sprach selbst das Urteil. Im Neuen Testament gebraucht nur Jesus diesen Begriff. Er nennt sich nie selbst so, sondern spricht immer in der dritten Person vom Menschensohn. Ob er damit sich selbst meint, ist nicht klar. Auf jeden Fall verstanden die Evangelisten ihn als Menschensohn: Jesus nimmt jetzt schon das Urteil vorweg, das am Ende der Welt der Menschensohn fällen wird; der kommende Menschensohn wird beim Gericht danach urteilen, wie sich die Menschen jetzt zu Jesus verhalten.

- **Prophet:** Propheten nannte man in Israel Menschen, die im Auftrag Gottes die Wahrheit verkündeten. Sie scheuten sich nicht, unbequeme Wahrheiten auszusprechen, die der Auffassung politischer oder religiöser Institutionen widersprachen. Ihr Mut zur Wahrheit brachte sie oft in Lebensgefahr. Viele wurden verfolgt, manche getötet. In Israel traten sie besonders zur Zeit der Könige auf. Aber auch später hat es große Propheten gegeben. In ihrer Verkündigung betonten sie die Verheißung eines Messias bzw. eines messianischen Zeitalters. Zur Zeit Jesu wurde z. B. Johannes der Täufer als Prophet bezeichnet.

- **Herr** (gr. *Kyrios*): Früher wurden nur höhergestellte Personen so bezeichnet, in Israel etwa der König als Herr des Landes, aber auch Gott als oberster Herr des Landes und als Herr der ganzen Erde; im griechisch-heidnischen Raum wurde auch der Kaiser so genannt. Zur Zeit des Neuen Testaments wurde der Titel manchmal als bloße Höflichkeitsformel gebraucht. Im Neuen Testament wird der irdische Jesus selten als „Herr" bezeichnet, meistens ist mit „Kyrios" der Auferstandene und von Gott Erhöhte gemeint. Das deutsche Wort „Kirche" ist von „Kyrios" abgeleitet und bedeutet „zum Herrn gehörig".

- **Messias/Christus:** Das Wort Messias kommt aus dem Hebräischen und bezeichnet den Gesalbten Gottes, den König oder den Hohen Priester. Als die Kritik am Königtum in Israel wuchs, wurde der Begriff immer stärker auf einen kommenden König angewandt, der, aus dem Hause Davids stammend, ein neues Königtum errichten und Israel endgültig Heil bringen würde. Von diesem kommenden Messias gab es viele unterschiedliche Vorstellungen: Entweder trug er die Züge eines großen Heerführers oder die eines gewaltlosen Friedensbringers, der selbst für die Menschen leiden musste. Im Neuen Testament kommt der Begriff „Messias" nur zweimal vor, dagegen ist die griechische Übersetzung „Christos" (lat. *Christus*) sehr häufig. „Jesus Christus" war zunächst eine Bekenntnisformel, wurde aber schon im Neuen Testament zum Eigennamen. Jesus ist erst nach der Erfahrung seiner Auferstehung so bezeichnet worden.

Christliche Themen 215

- **Schritt 3:** Zum Abschluss werden Jesusbilder präsentiert (in die Mitte legen oder aufhängen) bzw. die Schüler suchen selbst Bilder. Jeder sucht sich zwei verschiedene Motive aus, ordnet ihnen jeweils einen Titel zu (oder gibt einen eigenen Namen an) und begründet die Zuordnung. Die Titel können auch verschiedenen Geschichten über Jesus aus dem Neuen Testament zugeordnet werden (z. B. Wundergeschichten zum Titel „Heiland"). *(AL)*

15.8 Christ – Und was macht man da so?

Intentionen/Kompetenzen	über das Christsein in unserer Gesellschaft nachdenken; sich mit christlichem Verhalten beschäftigen
Klassenstufe	ab Klasse 8
Material	Karikatur (siehe unten)
Zeitaufwand	1 Stunde
Tipp/Hinweise	Man kann die Karikatur auch auf andere Religionen beziehen, z. B. „Buddhist – und was macht man da so?"

Webcode: FR233366-045

Die Karikatur weist in überzeichnender Weise auf die Situation des Christentums in unserer Gesellschaft hin. Christ zu sein ist nicht mehr selbstverständlich und wird oft nicht ernst genommen. Da manche es nicht mehr kennen, interessieren sie sich vielleicht wieder dafür („Interessant …"), allerdings nur oberflächlich („… und was macht man da so?"). Auch das Erstaunen darüber, dass jemand sich dazu bekennt, wird in der

Zeichnung zum Ausdruck gebracht („Christ?! ... Ach!"). Der Gesichtsausdruck der angesprochenen Person verrät eventuell auch die Peinlichkeit, öffentlich etwas zum eigenen Glauben zu sagen. Über diese Themen kann man mit Schülern sprechen. Die Karikatur kann darüber hinaus ein Anlass sein, sich ausführlich mit der Bedeutung des Christseins zu beschäftigen.

- **Schritt 1:** Die Karikatur wird präsentiert (Folie/Kopien). Die Schüler äußern sich zunächst spontan. Ein Gespräch über die Aussage der Karikatur schließt sich an: Wo spielt die Szene? Welche gesellschaftliche Situation ist dargestellt? Worauf macht die Zeichnung aufmerksam? Was wird kritisiert? Spiegelt die dargestellte Situation die Wirklichkeit? Inwiefern?

- **Schritt 2:** In Partnerarbeit beschäftigen sich die Schüler mit den Personen, die auf der Karikatur dargestellt sind: Welche Einstellungen verrät jeweils der Gesichtsausdruck? Ordnet jeder Person ein passendes Wort zu (z. B. Interesse, Belächeln, Gleichgültigkeit, Erstaunen, Verlegenheit, Ablehnung). – Was könnte die angesprochene Person antworten? Was könnten die anderen denken oder sagen? Die Aussagen werden in Sprechblasen geschrieben (auf die Kopie oder auf Folien in Form von Sprechblasen, die später dem Plenum gezeigt werden). Alternativ kann auch ein Gespräch zwischen den dargestellten Personen entwickelt werden.

- **Schritt 3:** Als weiterführende Aufgabe verfassen die Schüler einen Zeitungsartikel oder Brief. Die Aufgabenstellung lautet: Stellt euch vor, die angesprochene Person nimmt die Frage, was man als Christ „so macht", ernst und beschäftigt sich ausführlich damit. Sie schreibt alles auf (mit Begründungen), um für sich selbst Klarheit darüber zu bekommen, was es bedeutet, Christ zu sein, aber auch, um es anderen zu erklären. *(AL)*

16 Grundzüge des Islam kennenlernen

16.1 Die fünf Säulen des Islam – Lernwerkstatt

Intentionen/Kompetenzen	die fünf Hauptgebote des Islam kennenlernen; selbstständige Arbeit an verschiedenen Stationen; die Ergebnisse in einer Mappe zusammenfassen
Klassenstufe	ab Klasse 6
Material	ist bei den jeweiligen Stationen angegeben
Zeitaufwand	2–3 Stunden
Tipp/Hinweise	Man kann die verschiedenen Stationen auch nacheinander gemeinsam im Unterricht behandeln. → 12.2, 16.2

Die Glaubenspraxis der Muslime wird geprägt durch die fünf sogenannten „Säulen des Islam", die fünf Grundpflichten eines jeden gläubigen Muslim. In einer Werkstatt mit fünf Stationen können Schüler diese Grundpfeiler kennenlernen.

Vorarbeit
Der Lehrer bereitet die fünf Stationen vor. Die Schüler gestalten die Stationen weiter aus. Jeder Schüler erhält ein Blatt Papier, auf das er den Umriss seiner Hand zeichnet. Immer, wenn er eine Station abgearbeitet hat, schreibt er den Namen der jeweiligen Säule auf einen der fünf Finger. Das Blatt kann später als Deckblatt für die entstandene Arbeitsmappe dienen. Man kann die Namen zusätzlich direkt auf die Hand schreiben lassen. Damit nicht alle gleichzeitig mit der ersten Station beginnen, wird die Klasse am Anfang in fünf Gruppen aufgeteilt; später müssen die Schüler selbst sehen, wo Platz zum Arbeiten ist.

1. Säule: Shahada – das Glaubensbekenntnis
Ausgelegtes Material: Plakat mit dem islamischen Glaubensbekenntnis auf Arabisch (siehe Seite 218 oben), darunter die deutsche Bedeutung („Es gibt keinen Gott außer Gott. Mohammed ist sein Prophet."), Fremdwörterbuch oder Rechtschreibwörterbuch, Lexikon, DIN-A4-Blätter, Buntstifte.

2. Säule: Salat – das rituelle Gebet
Ausgelegtes Material: kleiner Teppich, Kompass, Weltkarte (oder Atlas/Globus), Informationstext (siehe Seite 218 unten), DIN-A4-Blätter, Stifte.

Aufgaben

- Versucht, die arabische Schrift abzuzeichnen. Schreibt darunter die deutsche Übersetzung des islamischen Glaubensbekenntnisses.
- Schlagt im Wörterbuch die Begriffe „Monotheismus" sowie „Polytheismus" nach und überlegt, welcher Begriff zum Islam passt. Schreibt diesen Begriff auf euer Blatt unter das Glaubensbekenntnis.
- Benutzt das Lexikon, um eine kurze Erklärung zum Wort „Prophet" zu ergänzen. Wenn ihr noch Zeit und Lust habt, könnt ihr das Arbeitsblatt farbig gestalten.

Gebet

Ein Muslim erzählt: Das Gebet gehört zu unseren wichtigsten Pflichten, man nennt es auch „den Schlüssel zum Paradies". Fünfmal am Tag sollen wir beten: vor Sonnenaufgang, am Mittag, am Nachmittag, kurz nach dem Sonnenuntergang und vor dem Schlafengehen. Vor dem Beten waschen wir dreimal Arme, Hände, Gesicht, Haare, Beine und Füße. Menschen, die unrein sind, können nicht zu Allah beten. In den meisten Häusern gibt es für das Waschen vor dem Beten einen speziellen Wasserhahn aus verzinktem Kupfer, der „hanafiya" heißt. Wir beten barfuß auf einem Gebetsteppich und nehmen bestimmte Gebetshaltungen ein. Am Anfang stehen wir auf dem Gebetsteppich und sind in Richtung Mekka gewandt. Dann legen wir die Hände ans Gesicht und wenden uns so von der Umwelt ab, um ganz nah bei Gott zu sein. Mit einer Verbeugung zeigen wir unsere Demut vor Gott. Dankbarkeit drücken wir aus, wenn wir auf der Erde knien, die uns ernährt. Wir berühren mit der Stirn den Boden und zeigen damit symbolisch: Wir geben uns Allah hin. Am Ende des Gebets blicken wir zur Seite mit einem Friedensgruß an den Schutzengel. In jeder Haltung beten wir dreimal auf Arabisch: „Allah ist der Größte." Am Ende beten wir das Glaubensbekenntnis: „Es gibt keinen Gott außer Allah, und Mohammed ist sein Prophet."

Aufgaben

Lest den Text genau durch und versucht dann, zu jeder Gebetshaltung einen Titel (z. B. „Das Sitzen") zu finden. Probiert die einzelnen Haltungen aus, malt sie auf, betitelt sie und schreibt in wenigen Worten dazu, was die jeweilige Haltung bedeutet. Benutzt den Kompass und die Weltkarte, um herauszufinden, in welche Richtung ihr zu Beginn des Gebets blicken müsst.

3. Säule: Saum – das Fasten im Monat Ramadan
Ausgelegtes Material: Informationstext, Papier, Stifte.

Ramadan
Der neunte Monat des islamischen Kalenders heißt Ramadan. In diesem Monat sollen Muslime von Sonnenaufgang bis Sonnenuntergang nichts über die Lippen bringen, das heißt vor allem: nicht essen, nicht trinken und nicht rauchen. Nachts wird das Fasten unterbrochen. Im Ramadan erinnert man sich an die Offenbarung des Korans, die nach muslimischer Vorstellung in diesem Monat begann. Weil die Offenbarungen nachts geschahen, werden zum Ramadan oft Grußkarten mit Mond und Sternen verschickt, Lichterketten aufgehängt oder Laternen gebastelt. Viele Muslime halten sich während des Ramadan stärker an die religiösen Pflichten und besuchen häufiger die Moschee als sonst. Sie hoffen, dass ihnen als Belohnung für das Fasten und die Einhaltung der Gebote ihre Sünden erlassen werden. Nicht alle Muslime müssen fasten. Vom Fasten befreit sind zum Beispiel Schwangere und Kranke. Am Ende des Ramadan findet das größte Fest des Islam statt, das unter verschiedenen Namen bekannt ist, u. a. „Opferfest", „Zuckerfest", „Bayramfest". Das Fest dauert drei Tage. Kinder erhalten Süßigkeiten und Geschenke.

Aufgabe
Gestaltet eine Grußkarte zum Ramadan. Überlegt, was man zum Ramadan wünschen könnte.

Webcode: FR233366-046

4. Säule: Zakat – die Pflichtabgabe
Ausgelegtes Material: Informationstext, Schere, Klebestift, DIN-A4-Blätter, Buntstifte.

Pflichtabgabe
Jeder Muslim, der es sich leisten kann, ist verpflichtet, einen Teil seines Besitzes an Bedürftige abzugeben. Im Koran heißt es: „Wahre Frömmigkeit besteht nicht darin, dass ihr eure Gesichter beim Gebet nach Osten oder Westen wendet. Fromm sind vielmehr die, welche an Gott, den Jüngsten Tag, die Engel, das Buch und die Propheten glauben und ihr Geld aus Liebe zu ihm den Verwandten, den Waisen, den Armen, dem Reisenden und den Bettlern zukommen lassen und es für den Loskauf von Gefangenen und Sklaven ausgeben. Fromm sind auch die, welche das Gebet verrichten und die soziale Pflichtabgabe entrichten und angesichts von Not, Leid und Unglück standhaft sind. Dies sind die wahrhaft Frommen und Gottesfürchtigen."
(Sure 2, 177)

Aufgaben
- Schneidet den Text aus und klebt ihn in die Mitte des DIN-A4-Blattes. Lest ihn durch und kennzeichnet mit Buntstiften, wofür Geld gegeben werden soll.
- Stellt euch vor, ihr müsstet einen Teil eures Taschengelds abgeben. Wie viel wärt ihr bereit, herzugeben – und wofür? Schreibt eure Gedanken dazu um den Text herum.

Webcode: FR233366-046

5. Säule: Hatsch – die Pilgerreise nach Mekka
Ausgelegtes Material: Informationstext, DIN-A4-Blätter, Stifte, Atlas

Ablauf der Pilgerfahrt
Die große Pilgerfahrt nach Mekka findet im zwölften Monat des islamischen Kalenders statt. Sie beginnt an einem Ort etwa zwanzig Kilometer vor Mekka. Hier bereiten sich die Pilger vor: Sie reinigen sich und legen ein weißes Pilgergewand an. Jetzt befinden sie sich in einem „Weihezustand" (arab. „Ihram"). Während dieses Weihezustands gelten besondere Regeln: Die Pilger dürfen sich beispielsweise nicht die Fingernägel oder die Haare schneiden, keinen Geschlechtsverkehr haben und keine Gewalt anwenden. Sie betreten nun das heilige Gebiet, in dem die Rituale der Pilgerfahrt durchgeführt werden. Zunächst wandern sie nach Mekka und umschreiten siebenmal die Kaaba. Dabei versuchen sie, die Kaaba zu berühren oder zu küssen. Anschließend durchqueren sie siebenmal das Tal zwischen den Hügeln Safa und Marwa. Dies erinnert an Abrahams zweite Frau Hagar, die mit ihrem Sohn Ismael auf der Suche nach Wasser und einer vorbeiziehenden Karawane zwischen diesen beiden Hügeln hin und her geirrt sein soll (Abraham hatte Hagar mit Ismael in die Wüste geschickt, nachdem sie sich mit seiner ersten Frau Sarah gestritten hatte).
Am achten Tag versammeln sich die Pilger in Mina, beten und übernachten dort. Am neunten Tag wandern sie nach Arafat. Dort verweilen sie von mittags bis zum Sonnenuntergang und verrichten das zentrale Gebet der Pilgerfahrt, das sogenannte „Wuquf". Hier wird an die Abschiedspredigt erinnert, die Mohammed auf seiner letzten Pilgerfahrt an diesem Ort gehalten hat. Nach Sonnenuntergang wandern die Pilger weiter nach Muzdalifa, wo sie bis zum Sonnenuntergang des nächsten Tages bleiben. Sie sammeln hier kleine Steine auf und wandern dann in der Nacht zurück nach Mina. Dort werfen sie an drei aufeinanderfolgenden Tagen die aufgesammelten Steine gegen drei Steinsäulen – eine symbolische Steinigung des Satans (nach islamischer Vorstellung hat der Satan dreimal erfolglos versucht, Abraham vom Gehorsam gegenüber Gott abzubringen). In Mina bringen die Pilger außerdem ein Tieropfer

dar. Muslime in aller Welt feiern gleichzeitig mit den Pilgern das Opferfest (arab. „Id al-Adha", türk. „Qurban Bairam"), das an die Geschichte vom Opfer Abrahams erinnert, die sowohl in der Bibel als auch im Koran erwähnt wird (Sure 37, Vers 107; Genesis 22, 1–19). Nach dem Opfer wird der Weihezustand der Pilger aufgehoben. Sie legen ihre Pilgergewänder ab und schneiden sich Haare und Nägel. Zum Abschluss wandern die Pilger noch einmal nach Mekka und wiederholen die siebenmalige Umrundung der Kaaba („Tawaf") und das siebenmalige Durchqueren des Tals zwischen den beiden Hügeln Safa und Marwa. Schließlich umrunden sie die Kaaba ein letztes Mal. Damit ist die Hadsch beendet. Alle Teilnehmer dürfen von nun an den Ehrentitel „Hadschi" im Namen tragen.

Aufgaben
Stellt euch vor, ihr seid ein Reiseveranstalter, der Pilgerreisen nach Mekka anbietet. Ihr verfasst ein Informationsschreiben, das ihr vor der Reise an die Reiseteilnehmer verschickt. Findet dazu mithilfe des Atlasses und des Textes wichtige Details heraus: Wie lange dauert die Reise? Welche klimatischen Bedingungen erwarten die Teilnehmer? Was müssen sie mitbringen? Wie ist das Gelände beschaffen? Was gibt es sonst zu bedenken?

Webcode: FR233366-046

Zum Abschluss zeichnet der Lehrer den Umriss seiner Hand in die Mitte eines Plakates oder auf die Tafel (eventuell vergrößert). Die Schüler legen ihre Arbeitsmappe beiseite. Fünf Schüler kommen nach vorn und schreiben zunächst nacheinander die fünf arabischen Begriffe in die Finger. Danach kommen die nächsten fünf Schüler nach vorn und schreiben nacheinander die deutschen Bedeutungen dazu (mit Pfeilen auf den jeweiligen Begriff verweisen). Anschließend können die Schüler die entstandene Zeichnung mit wichtigen Einzelheiten, die sie behalten haben, ergänzen.

Fragen zum Nachdenken
- Warum werden die Hauptgebote „Fünf Säulen des Islam" genannt?
- Warum werden sie manchmal durch eine geöffnete Hand symbolisiert?
Die Schüler können ihre Überlegungen dazu in ihre Arbeitsmappe schreiben.

Ergänzende Möglichkeiten zur Vertiefung
- **Zur 1. Säule:** In der muslimischen Tradition hat Gott 99 Namen. Ein häufiges Aussprechen dieser Namen soll einen gläubigen Muslim dem Paradies näher bringen. Viele benutzen hierfür eine Perlenkette mit entsprechend vielen Perlen – ähnlich dem katholischen Rosenkranz. Der 100. Name Gottes ist nach muslimischer Vorstellung unaussprechlich und ein Geheimnis. – Für Schüler bietet die Beschäftigung mit den 99 Namen Gottes eine interessante Herangehensweise an islamische Gottes-

vorstellungen. Man kann ihnen eine Liste mit den deutschen Übersetzungen geben (im Internet zu finden). Zunächst suchen sie die Namen heraus, die am wenigsten zu ihrer Vorstellung von Gott passen; zu einem Namen schreiben sie eine Begründung. Anschließend befassen sie sich mit den Namen, die sie am meisten ansprechen, und gestalten ein Bild dazu (besonders schöne Schrift, passender Rahmen). Dabei sollten sie beachten, dass nach islamischer Vorstellung Gott nicht abgebildet werden darf. Frage zum Nachdenken: Warum soll der 100. Name Gottes nach islamischer Vorstellung ein Geheimnis bleiben? – Eine Beschäftigung mit Mohammeds Leben ist eine gute Ergänzung zur ersten Säule, weil er hier ausdrücklich genannt wird (z. B. sein Leben vor und nach der Offenbarung betrachten oder Piktogramme zu den einzelnen Stationen zeichnen). → 3.1, 4.4

- **Zur 2. Säule:** Welche Rolle spielt das Wasser in den anderen Religionen? Vgl. zum rituellen Waschen: http://de.wikibooks.org/wiki/Islam:_Die_Gebetswaschung.

- **Zur 3. Säule:** Thema „Kirchensteuer" (Diskussion: freiwillig oder nicht?): Wofür wird das Geld ausgegeben?

- **Zur 4. Säule:** Fasten in den anderen Religionen und in der Gesellschaft (z. B. „sieben Wochen ohne …"); Ausgangsfrage: Hat bei euch in der Familie schon mal jemand gefastet?

- **Zur 5. Säule:** Ein Würfelspiel entwerfen. → 16.2 *(GJ)*

16.2 Pilgerfahrt nach Mekka – ein Würfelspiel entwerfen

Intentionen/Kompetenzen	die Stationen der Pilgerfahrt nach Mekka spielerisch entdecken
Klassenstufe	ab Klasse 6
Material	große, als Spielbrett geeignete Pappkartons, Farbstifte, Würfel, Spielfiguren, Informationstext zum Ablauf der Pilgerfahrt aus Kapitel 16.1
Zeitaufwand	4 Stunden
Tipp/Hinweise	Die Methode ist auch für die Beschäftigung mit Biografien (z. B. von Mohammed, Buddha) oder mit anderen Pilgerfahrten (z. B. Jakobsweg) geeignet.

Als kreative Herangehensweise an das Thema „Hadsch" (Pilgerfahrt nach Mekka, eine der fünf Säulen des Islam) ist die Erstellung eines Würfelspiels besonders geeignet. Diese Methode nimmt etwas mehr Zeit in Anspruch. Der Einsatz lohnt sich jedoch, da die Schüler sich auf diese Weise intensiv mit den einzelnen Stationen der Pilgerreise beschäftigen und eine genaue Vorstellung von ihrem Ablauf bekommen.

- **Schritt 1:** Der Lehrer informiert über die Kaaba, das Zentralheiligtum in Mekka.

- **Schritt 2:** Alle Schüler beschäftigen sich mit dem Ablauf der Pilgerfahrt. Sie listen die Orte auf und schreiben zu jeder Station in Stichworten, was dort passiert und an welche Personen/Ereignisse erinnert wird. Die Auflistung wird anschließend für die Gruppenarbeit gebraucht.

Die Kaaba in Mekka
Mekka ist der Geburtsort Mohammeds. In Mekka befindet sich das zentrale Heiligtum des Islam: die Kaaba. Bereits vor der Entstehung des Islam war hier ein Wallfahrtsort, an dem verschiedene Götter verehrt wurden. Nach muslimischer Vorstellung hat Abraham die Kaaba errichtet und die alten Götzenbilder entfernt. Abraham wird im Koran als „Vorbild für die Menschen" und als „Anhänger des reinen Glaubens" – des Glaubens an einen einzigen Gott (Monotheismus) – bezeichnet. Während der Pilgerfahrt wird daher nicht nur an Mohammed, sondern vor allem auch an Abraham erinnert. Mindestens einmal im Leben soll jeder gesunde Muslim an der Pilgerfahrt nach Mekka (Hadsch) teilnehmen, wenn es seine finanzielle Lage erlaubt. Die Pilgerfahrt ist eine der sogenannten „fünf Säulen des Islam".

Webcode: FR233366-047

- **Schritt 3:** Die Klasse wird in Gruppen eingeteilt. Jede Gruppe gestaltet ein Spiel. Die Aufgabenstellung lautet: Gestaltet ein Würfelspiel zur Pilgerfahrt nach Mekka. Lest dazu den Text über die Pilgerfahrt noch einmal genau und vergleicht eure Listen mit den einzelnen Stationen. Entwerft ein Spielbrett, auf das ihr die verschiedenen Stationen zeichnet. Das Spielbrett kann zum Beispiel eine Landkarte darstellen; die einzelnen Stationen können durch Symbole oder Piktogramme gekennzeichnet werden. Überlegt euch passende Spielregeln. – Das fertige Spiel wird zunächst in der eigenen Gruppe erprobt; dann werden die Spiele ausgetauscht und in der jeweils anderen Gruppe ausprobiert. *(GJ)*

16.3 Fatwas – Stellungnahmen zu aktuellen Fragen

Intentionen/Kompetenzen	islamische Rechtsprechung und die aktuelle Anwendung kennenlernen; mithilfe von Koranstellen selbst eine Fatwa erstellen
Klassenstufe	ab Klasse 8
Material	Zeitungsartikel und Koranstellen (siehe unten)
Zeitaufwand	1–2 Stunden
Tipp/Hinweise	Die Grundzüge des Islam sollten den Schülern bekannt sein. → 16.1

Wenn ein Muslim vor einem aktuellen Problem steht und wissen möchte, welche Verhaltensweise in dieser Situation angemessen ist, kann er einen islamischen Rechtsgelehrten um Hilfe bitten. Dieser erstellt eine Fatwa, also ein Gutachten, aus dem der Fragende ablesen kann, welches Verhalten das islamische Recht (Scharia) für seinen Fall vorsieht. Der Rechtsgelehrte nimmt für die Erstellung seines Gutachtens vor allem zwei Quellen zu Hilfe: den Koran und die Hadithe. Hadithe sind eine wichtige Ergänzung zum Koran. Sie beschreiben, wie Mohammed gelebt hat, wie er in bestimmten Situationen reagierte und welche Antworten er auf die Fragen seiner Anhänger gab. Wenn ein Muslim heute vor einem unlösbaren Problem steht und auch im Koran keine Antwort findet, kann er in den Hadithen nachlesen, wie Mohammed in einer ähnlichen Situation gehandelt hat oder was der Prophet für solche Fälle seinen Anhängern riet.

Islamische Gelehrte gegen Selbstmordattentate
Anhand des folgenden Beispiels können Schüler erkennen, wie islamische Gelehrte auf aktuelle Probleme reagieren.

Im Juli 2005 verübten vier muslimische Selbstmordattentäter in London Anschläge auf U-Bahnen und einen Bus, bei denen über 50 Menschen starben. Folgende Artikel waren kurz darauf in der Zeitung zu lesen:

Ayatollah gegen Terror
Ayatollah Ghaemmaghami, Imam des Islamischen Zentrums Hamburg, hat gestern ein Religionsedikt (Fatwa) ausgesprochen:
„Hiermit gebe ich klar und unmissverständlich bekannt, dass nach islamischem Recht (Scharia) jede Form des Terrorismus und die Tötung von unschuldigen Menschen geächtet werden. Diese Taten sind ohne Zweifel verbrecherische Untaten. Diese Täter, unabhängig von deren Volkszugehörigkeit und Nationalität, stehen vor Gott als Sünder. Werden diese Terrorakte als Selbstmordaktionen ausgeführt, kann nicht von Märtyrertum gesprochen werden. Vielmehr erwartet die Täter die härteste Strafe Gottes, und sie werden in die Hölle verbannt werden."

Rheinische Post, 28.7.2005

US-Islamlehrer: Terrorakte gegen Zivilisten verboten
WASHINGTON (kna) Islamlehrer in den USA haben in einem offiziellen Dokument Terrorismus gegen Zivilisten als einen Widerspruch zum Islam bezeichnet. Wer im Namen des Islam terroristische Anschläge verübe, sei „ein Krimineller, kein Märtyrer", heißt es in einem islamischen Richtspruch (Fatwa) des Fiqh-Rates von Nordamerika, einem Gremium von 18 muslimischen Universitätslehrern. Im Islam gebe es keinerlei Rechtfertigung für Extremismus oder Terrorismus. Alle Terrorakte gegen Zivilisten seien von der Religion „verboten".

Rheinische Post, 29.7.2005

Grundzüge des Islam 225

Aufgaben

- Erläutere die Begriffe „Fatwa" und „Scharia".
- Warum haben die Gelehrten zum Terroranschlag Stellung genommen?
- Was wollen sie mit ihrer Stellungnahme bewirken?
- Warum schreibt eine deutsche Zeitung darüber?

Webcode: FR233366-048

Müssen Kranke fasten und pilgern? – Selbst eine Fatwa erstellen

Anhand von zwei Koranstellen können Schüler versuchen, selbst eine Fatwa zu formulieren. *(GJ)*

Ausgangssituation

Der in Deutschland lebende Muslim Metin bittet einen Rechtsgelehrten um Rat. Er hat folgendes Problem: Eine der fünf Säulen des Islam ist die Hadsch, die große Pilgerreise nach Mekka. Jeder Muslim sollte einmal in seinem Leben daran teilnehmen. In diesem Jahr wollte Metin endlich dieser Pflicht nachkommen. Nun ist er jedoch krank geworden; sein Arzt hat ihm davon abgeraten, nach Mekka zu reisen. Außerdem hat der Arzt zu ihm gesagt, dass er aus medizinischer Sicht dieses Jahr im Ramadan lieber nicht fasten sollte. Jetzt befürchtet Metin, dass er gleich zwei wichtige religiöse Gebote verletzt, wenn er den Anordnungen seines Arztes Folge leistet.

Aufgabe

Was könnte der Rechtsgelehrte Metin empfehlen? Lies die folgenden Korantexte und versuche, eine entsprechende Fatwa (Rechtsgutachten) zu formulieren.

Sure 2, Vers 184–186

O Gläubige, auch eine Fastenzeit ist euch wie euren Vorfahren vorgeschrieben, damit ihr gottesfürchtig seid. Eine bestimmte Anzahl von Tagen sollt ihr fasten. Wer aber krank oder auf Reisen ist, der faste ebenso viele andere Tage dafür. Doch wer es schwer vermag, der soll zur Ablösung einen Armen speisen. Noch besser ist es für ihn, freiwillig Gutes zu tun. Es ist aber gut, wenn ihr das Fasten einhaltet. Könntet ihr das doch einsehen! Der Monat Ramadan, in dem der Koran offenbart wurde – als Leitung für die Menschen und deutliche Lehre des Guten –, werde von denen, die zu Hause weilen, gefastet; wer aber krank oder auf Reisen ist, der faste gleich lang zu einer anderen Zeit – denn Allah macht es euch leicht und nicht schwer! Ihr müsst nur immer die bestimmte Anzahl der Fasttage einhalten. Verherrlicht Allah dafür, dass er euch auf den rechten Weg führte! Seid dankbar dafür!

Sure 2, Vers 197
Vollzieht die große Pilgerfahrt und die kleine Fahrt zu Allahs Haus (…). Wer aber krank ist oder ein Kopfübel hat, der löse sich durch Fasten, Almosen oder sonst ein Opferwerk aus. (…) Fürchtet Allah und wisst, dass er gewaltig zu strafen vermag.

Webcode: FR233366-048

16.4 Streit um die Nachfolge Mohammeds

Intentionen/Kompetenzen	den Ursprung der verschiedenen Gruppierungen im Islam sowie entsprechende Namen und Begriffe kennenlernen; sich mit der ersten Spaltung der muslimischen Gemeinschaft auseinandersetzen; Argumente und Positionen formulieren
Klassenstufe	ab Klasse 9
Material	Informationstext (siehe unten)
Zeitaufwand	1 Stunde
Tipp/Hinweise	Zur Klärung der Begriffe (siehe unten bei Schritt 1) können die Schüler vorab im Internet recherchieren.

In Berichten über kriegerische Auseinandersetzungen in islamischen Ländern ist immer wieder die Rede von den beiden Hauptrichtungen des Islam: Sunniten und Schiiten. Diese beiden Strömungen sind aus einem Streit um die rechtmäßige Nachfolge Mohammeds als geistigem und weltlichem Führer aller Muslime im 7. Jahrhundert hervorgegangen. Eine dritte damals entstandene Richtung, die Haridjiten, spielt heute keine große Rolle mehr. Ältere Schüler können sich mit den verschiedenen Positionen in der Nachfolgefrage ansatzweise auseinandersetzen, indem sie die Hauptargumente aus dem Informationstext (siehe unten) heraussuchen und die Positionen darstellen.

- **Schritt 1:** Die Schüler lesen den Text und erläutern zunächst verbreitete Namen und Begriffe in Kurzform, z. B. für ein Lexikon: Mohammed, Ali, Kalif, Imam, Schiiten, Sunniten. Anschließend können sie auch die weniger bekannten Begriffe heraussuchen und erklären.

- **Schritt 2:** Die Klasse wird in drei Gruppen aufgeteilt (Schiiten, Sunniten und Haridjiten). Die Schüler überlegen sich Argumente für ihre eigene Gruppe und Argumente, die gegen die anderen Gruppen sprechen, und notieren sie.

- **Schritt 3:** Jeder Schüler verfasst einen Vorstellungstext für eine Podiumsdiskussion: Zu einer Talkshow wird jeweils ein Vertreter der Sunniten, Schiiten und Haridjiten eingeladen. Die drei werden gebeten, sich und ihre Position am Anfang vorzustellen.

Schreibt den Text, den der Vertreter eurer Gruppe vortragen könnte, auf. Drei Schüler können anschließend ein Streitgespräch vorführen; eventuell können sich auch alle Schüler daran beteiligen. *(GJ)*

Streit um die Nachfolge Mohammeds
Als Mohammed noch lebte, war er der unbestrittene geistige und weltliche Anführer der noch recht kleinen und überschaubaren muslimischen Gemeinschaft. Nach seinem Tod war nicht geklärt, wer sein Nachfolger (Kalif, von arab. *chalafa* = nachfolgen) werden sollte. Die ersten vier Kalifen waren Personen, die Mohammed noch persönlich gekannt hatten, und gehörten zu den allerersten Menschen, die zum Islam übergetreten waren.
Der vierte Kalif, Ali, war mit Mohammeds Tochter verheiratet. Während seiner Regierungszeit (Kalifat) kam es aufgrund der ungeklärten Nachfolgefrage zu einer Spaltung der islamischen Gemeinschaft. Es entstanden drei Gruppen: die Anhänger Alis (arab. *Shiat Ali* = Partei Alis – die Schiiten), die Anhänger seines Gegners Muawiya (die späteren Sunniten) und die Haridjiten (von arab. *Haradja* = heraustreten – diese Gruppe spaltete sich von den Anhängern Alis ab).
Die Schiiten hielten Ali für den einzig rechtmäßigen Anführer aller Muslime. Sie glaubten, dass er von Mohammed dazu bestimmt worden war, seine Nachfolge anzutreten. Nach schiitischer Auffassung konnten nach Alis Tod nur dessen Söhne (also die Enkel Mohammeds) und deren Nachfahren Führer der muslimischen Gemeinschaft werden; bei den Schiiten heißen diese Nachfolger Mohammeds nicht Kalifen, sondern Imame.
Aus der Sicht der späteren Sunniten musste der rechtmäßige Anführer aller Muslime vor allem drei Bedingungen erfüllen: Er musste dem Stamm der Quraisch, also dem Stamm Mohammeds, angehören, er sollte sich als politischer Führer eignen und sich in den religiösen Quellen auskennen.
Die Haridjiten vertraten die Ansicht, jeder gute Muslim könne Nachfolger Mohammeds werden – unabhängig von seiner familiären Abstammung.

Webcode: FR233366-049

17 Hinduismus und Buddhismus

17.1 Divali – das Lichterfest zu Ehren der Göttin Lakshmi

Intentionen/Kompetenzen	ein populäres hinduistisches Fest kennenlernen; sich mit Glücksvorstellungen befassen und auf eigene Vorstellungen beziehen; Symbolik, Bräuche und Dekorationen beim Divalifest durch Malen verdeutlichen und mit heimischen Lichterfesten vergleichen
Klassenstufe	ab Klasse 6
Material	Informationstext (siehe unten), Zeichenblätter, Farbstifte oder Wasserfarben
Zeitaufwand	1–2 Stunden
Tipp/Hinweise	zur Göttin Lakshmi → 12.9

Divali, das Lichterfest

Im Oktober/November wird in ganz Indien Divali, das Lichterfest, gefeiert. Divali ist eine Kurzform von Dipavali, was so viel wie „eine Reihe von Lampen" bedeutet. Das Fest dauert vier bis fünf Tage und ist besonders für Händler, Bankiers und Kaufleute das wichtigste Fest des Jahres, da es zu Ehren von Lakshmi gefeiert wird, der hinduistischen Göttin des Glücks und des Wohlstands. Aber natürlich feiern es auch alle anderen, denn wer möchte diese Göttin nicht zu sich einladen?

Am Abend vor Beginn des dritten Tages, an dem das Fest seinen Höhepunkt erreicht, werden die Häuser und Straßen mit Öllampen erleuchtet, damit Lakshmi, die manchmal auch einfach nur *Shri* (= Glück) genannt wird, den Weg zu den Menschen auch wirklich findet. Am nächsten Morgen werden von den Frauen mit verschiedenen Farbpulvern besonders schöne *rangoli*, kunstvolle Muster, vor die Haustüren gestreut. Sie sollen die Göttin bewegen, in dieses Haus einzutreten. Vorsichtshalber werden aber auch alle anderen Türen und Fenster offen gehalten. Man kann schließlich nie wissen, wann und wo sie Einlass wünscht. Drinnen und draußen wird außerdem alles liebevoll mit Blumengirlanden geschmückt.

Als Verkörperung von Glück und Reichtum ist Lakshmi überall zu finden: in Goldschmuck und Geld, in Gesundheit, Vieh oder Kindersegen, in Nahrung und guten Bilanzen des Geschäftsjahres. Deshalb wird dieser Tag mit ausgiebigem, festlichem Essen und vielen Dank- und Bittgebeten an die Göttin gefeiert.

Nicht nur für den materiellen Reichtum, sondern ebenso für den Reichtum der Herzen ist Lakshmi zuständig. Der Lotos, auf dem sie steht oder den sie in den Händen hält, ist auch ein Symbol für ein offenes Herz und für den spirituellen Fortschritt des Gläubigen auf seinem Weg zur Erleuchtung. Deshalb wird an Divali auch der Sieg des Lichts über das Dunkle und der Tugenden über die Laster gefeiert, den jeder mit Lakshmis Hilfe erringen kann. Wie in den Häusern, so soll an Divali in den Herzen der Menschen das Licht wieder neu angezündet werden, damit sich die Göttin gern darin niederlässt.

Lakshmi wird oft mit vier Armen dargestellt. Sie trägt in zwei Händen Lotosblüten, die anderen beiden Hände zeigen die Trost spendende und gebende Handstellung (aus der Goldstücke rinnen). Am bekanntesten ist sie als Gajalakshmi, die auf einer Lotosblüte steht oder sitzt, von zwei Elefanten flankiert, die Wasser über sie gießen. Diese Darstellung ist in Indien oft als Glückszeichen an Wohnhäusern zu finden.

Webcode: FR233366-050

- **Schritt 1:** Der Informationstext wird gelesen. Welche Arten von Glück bringt die Göttin Lakshmi nach hinduistischer Vorstellung? Die Schüler suchen alle entsprechenden Begriffe, die im Text genannt werden, heraus. – Welche Arten von Glück passen am besten zu eurer Vorstellung von Glück? Welche am wenigsten? Jeder Schüler schreibt die Begriffe in einer eigenen Reihenfolge auf. Anschließend wird über die unterschiedlichen Akzentsetzungen gesprochen.

- **Schritt 2:** Die Schüler suchen alle Symbole, die etwas mit dem Divalifest und der Göttin Lakshmi zu tun haben, heraus und schreiben die Bedeutung daneben. In Anlehnung an den Informationstext malen die Schüler ein Bild von einer zum Divalifest geschmückten Hausfassade oder ein Bild der Göttin Lakshmi mit den entsprechenden Attributen. Ein paar schöne Bilder werden ausgewählt und aufgehängt.

- **Schritt 3:** Welche Bedeutung hat das Licht beim Divalifest? Die Schüler vergleichen das Divalifest mit anderen Lichterfesten: Welche Lichterfeste kennst du? Suche dir eines aus. Finde heraus, welche Bedeutung das Licht hierbei hat, und beschreibe Gemeinsamkeiten und Unterschiede zur Bedeutung des Lichts beim Divalifest.

- **Schritt 4:** Als Abschluss können Bilder mit heimischen Hausfassaden und Eingangstüren (z. B. in der Advents- oder Weihnachtszeit) gemalt und zu den Bildern vom Divalifest gehängt werden. Unterschiede und Gemeinsamkeiten werden dadurch veranschaulicht. *(GJ)*

17.2 Hinduistische Puja in einer Wohnung in Deutschland

Intentionen/Kompetenzen	sich mit hinduistischer Symbolik und Religionsausübung befassen; hinduistische Symbole und Rituale mit christlichen vergleichen
Klassenstufe	ab Klasse 7
Material	Kopiervorlage (siehe unten), Zeichenblätter, Stifte
Zeitaufwand	1 Stunde
Tipp/Hinweise	Diese Unterrichtseinheit kann auch im Rahmen einer Reihe zum Thema „Altäre" eingesetzt werden. Es bietet sich zum Beispiel an, einen Vergleich zu christlichen Altären anzustellen. Man kann die Schüler den Altar von Katharinas Gast auch nachbauen oder eigene kleine Reisealtäre entwerfen lassen.

Viele Hindus, die außerhalb Indiens leben, versuchen, ihre religiösen Traditionen und Rituale beizubehalten. Allein in Deutschland leben fast 100 000 Hindus; das ist im Vergleich mit England oder den USA nur eine sehr kleine Gruppe, aber es gibt in Europa nicht so viele Hindutempel, zu denen die Gläubigen gehen könnten. Daher begnügen sich die meisten mit der auch in Indien durchaus üblichen Form des Hausaltars, um die regelmäßigen religiösen Zeremonien durchzuführen. So ein Hausaltar lässt sich meist mit wenigen aus der Heimat mitgebrachten Dingen überall einrichten. Der Symbolreichtum hinduistischer Lebensweisen lässt sich für Schüler anhand des folgenden Textes gut erschließen.

Katharina erzählt
Mein Vater arbeitet in einer Computerfirma. Da haben sie jetzt auch einen von diesen indischen Computerspezialisten eingestellt, und weil der so schnell noch keine Wohnung finden konnte, wohnt er zurzeit erst mal bei uns im Gästezimmer. Er heißt Ravi und ist Hindu. Besonders am Montagmorgen merkt man das so richtig, da macht er nämlich seine Puja. Er hat sich alles, was er dazu braucht, von zuhause mitgebracht, sich ein Regalbrett leergeräumt und darauf seinen kleinen Altar aufgebaut. Dass er nicht in einen richtigen Tempel gehen kann, findet er zwar schade, ist aber nicht so schlimm. Er hat gesagt: „Gott ist überall zuhause." Ravi ist Shivait (sprich: Schiva-it). So heißen die Anhänger von Shiva, einem der drei großen Götter im Hinduismus. Es gibt Brahma, den Erschaffer, Vishnu, den Erhalter, und eben Shiva, den Zerstörer und Erneuerer. Die drei arbeiten sozusagen zusammen und halten das Weltgeschehen in einem riesigen Kreislauf in Gang.
Montags frühstückt Ravi nicht, sondern blockiert erst mal für eine Weile das Bad, um sich zu rasieren und ausgiebig zu duschen. Dann kommt er – nur in ein Handtuch gewickelt – aus dem Badezimmer und pflückt auf dem Balkon ein paar Blüten ab, die er auf seinen Altar legt. Die Blumen sind für Shiva. Dann bestreicht Ravi seine Stirn mit Asche, drei Streifen von links nach rechts. Das ist das Zeichen für die Anhänger von Shiva. Es heißt, dass man sich jetzt ganz bewusst auf Gott konzentrieren will. Dann fängt das eigentliche Ritual mit dem Läuten des Glöckchens an. Shiva wird damit zu dieser kleinen Feier erst einmal eingeladen. Danach zündet Ravi, vor seinem Altar stehend, die kleine Öllampe an, daran wiederum zwei Räucherstäbchen, die er vor dem Altar im Kreis schwenkt. Der gute Duft soll den Gott erfreuen. Er steckt die Stäbchen in einen Halter und betet. Das heißt, ich weiß nicht, ob er wirklich betet, aber es sieht so aus, weil er vor seiner Brust die Hände flach zusammenlegt, die Augen schließt und eine Weile ganz still steht. Anschließend nimmt er diesen Metallhalter, eine Art kleine, flache Schale mit Griff, tut ein wenig Kampfer hinein und zündet ihn an. Kampfer riecht ganz intensiv und verbrennt hinterher vollständig, ohne Asche zu hinterlassen. Mit der brennenden Flamme geht Ravi zuerst vor unsere Wohnungstür, um für uns alle, die wir hier wohnen, Segen zu erbit-

ten, dann auf den Balkon, um der Sonne seine Ehre zu erweisen. Anschließend kommt er zu jedem von uns, und man kann sich „von dem Licht nehmen". Man geht mit den Handflächen nah an die Flamme heran und führt sie dann zu den Augen. Das Licht soll uns schützen und unser inneres Licht wieder entzünden, sagt Ravi. Ravi taucht dann seinen Finger in die Dose mit dem roten Kumkumpulver und macht sich und uns damit einen roten Punkt auf die Stirn, genau zwischen die Augenbrauen, denn da ist eine Art verborgenes, inneres Auge, das Gott erkennen kann. Mit dem Kumkum schmückt man es, um Shiva zu zeigen, dass man dieses dritte Auge ehrt und von Schmutz rein hält.
Danach stellt Ravi alles zurück auf sein Regal und bläst dreimal in so eine besondere Muschel. Das klingt schon beeindruckend. Es ist eine Ehrung und ein Dank an Shiva, dass er die Familie beschützt und allen Gesundheit geschenkt hat. Jedenfalls bedeutet es das für Ravi, aber er sagt auch, dass das bei jedem Hindu ein bisschen anders ist. Zum Schluss rezitiert er noch ein altes indisches Gebet.

Webcode: FR233366-051

- **Schritt 1:** Die Erzählung wird gelesen. Die Schüler suchen alle Symbole und symbolischen Handlungen heraus, kennzeichnen sie oder listen sie auf. In Einzel- oder Gruppenarbeit beschäftigen sie sich dann mit einzelnen Symbolen intensiver. Dazu wählt jede Gruppe/jeder Schüler ein Symbol aus und malt es in die Mitte eines Blatts Papier (vorher abstimmen, wer welches Symbol nimmt). Die Schüler lassen das Bild auf sich wirken und schreiben ihre Gedanken dazu um das Symbol herum.

- **Schritt 2:** Die Bilder mit den verschiedenen Symbolen werden aufgehängt oder ausgelegt und von allen betrachtet. Gespräch zu folgenden Überlegungen: Kommen diese oder ähnliche Symbole auch in unserem Leben vor? Kennen wir ähnliche Symbole aus unserer eigenen oder aus anderen Religionen?

- **Schritt 3:** Anschließend werden diese Überlegungen in einer Tabelle gegenübergestellt. Man kann die Gegenüberstellung auch auf den Vergleich mit einem christlichen Gottesdienst beschränken: Lege in deinem Heft eine zweispaltige Tabelle an und schreibe in die erste Spalte Symbole und symbolische Handlungen der hinduistischen Puja. Überlege nun, welche Symbole und symbolischen Handlungen im christlichen Gottesdienst vorkommen, schreibe sie in die zweite Spalte und betrachte die beiden Spalten der Tabelle im Vergleich. Was ist ähnlich, was ist verschieden?

- **Schritt 4:** Als Weiterführung bietet sich die Beschäftigung mit einem deutschen Hindutempel (z. B. in Hamm) an. Welche Elemente des „Hausaltars" findet man dort? Was ist sonst noch wichtig für einen Tempel? *(GJ)*

232 Hinduismus – Buddhismus

17.3 Buddhafiguren und Handhaltungen

Intentionen/Kompetenzen	Abbildungen Buddhas im Alltag entdecken; Typisches aus der buddhistischen Lehre anhand der Körper- und Handhaltung Buddhas nachempfinden; über die Bedeutung nachdenken
Klassenstufe	ab Klasse 7
Material	kleine Buddhafigur oder Foto zeigen (siehe unten)
Zeitaufwand	1–2 Stunden
Tipp/Hinweise	Bilder von verschiedenen Buddhafiguren findet man im Internet, z. B. unter www.buddhismus.dogmai.de. → 17.4, 17.5

Webcode: FR233366-052

Mit Buddhafiguren wird man inzwischen ständig konfrontiert. Man findet sie in verschiedenen Größen und Ausführungen in Schaufenstern, in Gartencentern, in Parks, in vielen Wohnungen und in Werbeprospekten. Diese Darstellungen bieten gute Möglichkeiten, sich mit Schülern wesentlichen Grundsätzen der Lehre Buddhas zu nähern. Am eindrucksvollsten ist es, eine Buddhafigur mit in den Unterricht zu bringen.

- **Schritt 1:** Die mitgebrachte Figur wird auf das Lehrerpult gestellt (Alternative: Foto zeigen). Die Schüler äußern sich dazu: Was fällt auf? Beschreibt Einzelheiten. Wer kennt ähnliche Figuren? Wo habt ihr sie schon einmal gesehen? Wer will versuchen, die Haltung des Buddha nachzumachen? Ein Schüler kommt nach vorn und versucht, die Haltung des Buddha nachzuahmen (möglichst auf einen Tisch setzen, damit alle es sehen). Was hast du empfunden? Der Schüler erzählt von seiner Erfahrung (z. B. Schwierigkeit, den Sitz einzunehmen). Der Lehrer informiert über den Lotossitz als typische Haltung der Meditation im Buddhismus. Ein Gespräch über die Bedeutung von Meditation (Erfahrung der Schüler) schließt sich an.

- **Schritt 2:** Alle Schüler versuchen, die Handhaltung Buddhas nachzuahmen: Buddha hält beide Hände in Brusthöhe. Zeigefinger und Daumen jeder Hand formen einen Kreis; die Fingerspitzen der linken Hand berühren die rechte Handfläche. Diese Handhaltung heißt „Das Rad der Lehre in Bewegung setzen" *(Dharmacakra mudra)*. Buddha dreht das Rad der Lehre, womit an seine erste Predigt im Hirschpark von Isipatana erinnert wird. – Ein Gespräch über die Bedeutung dieser Handhaltung (Rad der Lehre, Buddhas erste Predigt) schließt sich an. Weitere Handhaltungen werden vorgestellt (siehe Kopiervorlage). Alle Schüler versuchen zunächst, sie nachzumachen, und überlegen dann, was sie bedeuten könnten.

1. „Ermutigungsgeste":	2. „Geste der Lehre und Diskussion":	3. „Erdberührungsgeste":	4. „Mußegeste":	5. „Meditationsgeste":
Die geöffnete, nach oben weisende Hand ermutigt den Betrachter, dem Buddha näherzutreten.	Daumen und Zeigefinger formen das „Rad der Lehre".	Der sitzende Buddha berührt die Erde, um sie als Zeugin für die Wahrheit seiner Worte anzurufen.	Die linke Hand liegt mit der Innenfläche nach oben.	Die Hände liegen offen übereinander; die rechte Hand ist immer oben.

Aufgaben

- Es gibt stehende, liegende und sitzende Buddhafiguren. Die Handhaltungen bei den verschiedenen Buddhafiguren heißen „Mudras" und sind eine Art „Geheimsprache". Versucht, die einzelnen Mudras nachzumachen. Was empfindet ihr? Was könnten die verschiedenen Handhaltungen bedeuten?
- Jede Handhaltung hat einen bestimmten Namen. Lest die deutsche Übersetzung der Mudras und überlegt, was mit den Namen gemeint sein könnte. Die Erklärung dazu gibt euch einen Hinweis. Schreibt eure eigenen Gedanken dazu.

- **Schritt 3:** Anschließend wird noch über andere Merkmale der vorgestellten Buddhafigur gesprochen, z. B. über die Frisur (der Dutt ist eine Erhöhung des Kopfes und symbolisiert die Erleuchtung) und die lang gezogenen Ohrläppchen (sollen darauf hinweisen, dass er als Prinz besonders schwere Ohrringe trug).
- **Schritt 4:** Als Weiterarbeit suchen die Schüler Bilder von Buddhafiguren in der Werbung oder im Internet. Der Lehrer sollte auch welche mitbringen, falls nicht genug verschiedene von den Schülern mitgebracht werden. In der nächsten Stunde sucht sich jeder eine der mitgebrachten Buddhafiguren aus und erklärt sie (Körperhaltung, Handhaltung, Gesichtsausdruck usw.). Im Anschluss kann man sich (nochmals) mit dem Leben und der Lehre Buddhas beschäftigen → 17.5 und die verschiedenen Figuren sowie ihre Merkmale darauf beziehen. *(AL)*

17.4 Buddhismus – Annäherung mit Bildern

Intentionen/Kompetenzen	Einstieg ins Thema „Buddhismus" (Vorwissen einbeziehen, Neues erfahren); erstes Kennenlernen typischer Merkmale des Buddhismus
Klassenstufe	ab Klasse 8
Material	verschiedene Abbildungen zum Buddhismus (siehe unten unter Schritt 1; die Bilder sind im Internet zu finden) → 6.6, 17.3
Zeitaufwand	1 Stunde
Tipp/Hinweise	Es wäre gut, einige der Gegenstände nicht nur auf einem Foto zu zeigen, sondern sie in den Unterricht mitzubringen (z. B. kleine Buddhafigur, Sanduhr).

Spuren des Buddhismus sind in vielen Bereichen zu finden. Es ist davon auszugehen, dass die Schüler bereits bestimmte Bilder und Vorstellungen mit dem Buddhismus verbinden. Als Einstieg ins Thema „Buddhismus" empfiehlt es sich daher, zunächst diese Vorstellungen zu sammeln und genauer zu betrachten.

- **Schritt 1:** Die Schüler sitzen in einem Kreis. Der Lehrer legt verschiedene Abbildungen in die Mitte: Rad – Bettler – etwas, das Leere ausdrücken kann, z. B. blauer Himmel – Dalai-Lama – Buddhastatue – buddhistischer Tempel – Baum – Sanduhr – ein asiatischer Kampfsportler – Werbeanzeige einer Yogaschule usw. Die Abbildungen sind zum Teil sehr konkret auf den Buddhismus bezogen, zum Teil aber auch abstrakt. Jeder Schüler nimmt sich aus der Mitte eine Abbildung, die seiner Meinung nach etwas über den Buddhismus aussagen könnte.
- **Schritt 2:** In der Runde stellen die Schüler nacheinander die Abbildungen vor und erläutern ihre Gedanken dazu. Durch die Vielfalt der Bilder bieten sich unterschiedliche Möglichkeiten, je nach Wissensstand der Schüler. So könnte das Rad beispielsweise für das „Rad der Lehre" stehen, den Kreislauf der Wiedergeburt symbolisieren usw. Der Himmel könnte aus Sicht der Schüler das Nirvana darstellen oder aber die Tatsache, dass ein Schüler gar keine Vorstellung vom Buddhismus hat. Einige Schüler werden sicher die konkreteren Bilder bevorzugen. Anhand der Bilder kön-

nen sich die Schüler über ihre verschiedenen Vorstellungen austauschen. Gleichzeitig erhält der Lehrer Informationen über den Wissensstand der Gruppe. Während des Gesprächs können Stichworte gesammelt und notiert werden.

- **Schritt 3:** Als Hausaufgabe sollte jeder Schüler drei Begriffe, die ihn besonders interessieren, im Lexikon nachschlagen und eine kurze Erläuterung dazu schreiben. *(GJ)*

17.5 Die vier Ausfahrten Buddhas und sein Leben danach

Intentionen/Kompetenzen	Annäherung an Buddhas Leben und Lehre; über die eigene Beziehung zu Grundfragen des Lebens nachdenken
Klassenstufe	ab Klasse 8
Material	vier Bilder (Alter, Kranker, Leichenzug, Bettelmönch); Text über Buddhas Leben (siehe unten)
Zeitaufwand	2 Stunden
Tipp/Hinweise	Wenn keine Bilder zur Verfügung stehen, kann man die entsprechenden Situationen auch beschreiben (dann die Arbeitsaufgabe etwas ändern).

Eine Legende über das Leben von Siddharta Gautama, dem Buddha, berichtet davon, wie er nach vier verschiedenen Begegnungen sein Leben in Reichtum aufgibt und zum Asketen wird. Folgendes Vorgehen eignet sich als Zugang zu dieser Geschichte.

- **Schritt 1:** Der Lehrer präsentiert vier Bilder (Dias, Folien, Fotos, Zeichnungen): je ein Bild von einem Alten, einem Kranken, einem Leichenzug und einem Bettelmönch. Alle Schüler betrachten die Bilder intensiv. Danach wählt jeder ein Bild aus und beschreibt es auf der Grundlage folgender Fragen: Was stellt das Bild dar? Welche Gefühle erzeugt das Bild in dir? Was fühlen die abgebildeten Menschen? Wenn du diese Menschen treffen würdest, sähe dein Leben danach anders aus? Wenn ja, inwiefern? Die Fragen sollten schriftlich beantwortet werden.

- **Schritt 2:** Die Schüler lesen die Zusammenfassung von Buddhas Leben und bearbeiten danach die unter dem Text stehenden Fragen.

Das Leben von Siddharta Gautama
Siddhartha Gautama war als nordindischer Fürstensohn im Luxus aufgewachsen. Bei seiner Geburt (um 560 v. Chr.) hatte ein Weiser prophezeit, dass er ein bedeutender weltlicher Herrscher, oder – falls ihm irgendwelches Leid begegnen würde – ein geistiger Führer werden würde. Sein Vater tat alles, um Letzteres zu verhindern, aber bei seinen Ausfahrten in die Stadt sah Siddharta eines Tages einen Alten, einen Kranken und einen Toten. Das war das erste Mal, dass er solches Leid sah. Er war sehr erschüttert. Aber er hatte auch einen Bettelmönch gesehen. Dessen friedvolle Ausstrahlung hatte ihn tief beeindruckt.

In Indien glaubte man zu dieser Zeit fest an die Wiedergeburt und daran, dass jeder Mensch entsprechend seinem Karma, seiner guten und schlechten Taten, in seinem nächsten Leben in einer besseren oder schlechteren Lebenssituation wiedergeboren werde.
Siddhartha fühlte nach diesen Erfahrungen, dass er diesen Wiedergeburtenkreislauf durchbrechen wollte, um damit Alter, Krankheit und Tod zu überwinden. Er verließ sein reiches Elternhaus und schloss sich, nur mit einem einfachen Tuch bekleidet, einigen Wanderasketen an. Sechs Jahre lang übte er viele Meditationspraktiken bei verschiedenen Lehrern. Er war sehr diszipliniert, denn seine Suche nach der Wahrheit, deren Erkennen ihn vom Wiedergeburtenkreislauf befreien würde, war ihm sehr ernst. Er begann, streng zu fasten, bis er täglich nur noch ein Reiskorn und schließlich gar nichts mehr zu sich nahm und bis auf die Knochen abgemagert war. Als er erkannte, dass er auf dem Weg einer so strengen Askese nur sterben und folglich erneut wiedergeboren werden müsse, begann er, wieder zu essen. Andere Asketen, die ihn wegen seiner eisernen Disziplin bewundert und ihn begleitet hatten, waren enttäuscht und verließen ihn, denn sie dachten, dass Siddhartha die Suche aufgegeben hätte. Aber er hatte nur erkannt, dass beide Extreme – das Leben im Luxus sowie totale Askese – ihn nicht zum Ziel führen würden. Er mied jetzt beides, weil er selbst erfahren hatte, dass dieser „mittlere Pfad", wie er es nannte, für seinen Körper sowie für seine innere Klarheit und Ausgeglichenheit am besten war.
Eines Tages ließ er sich auf seiner Wanderung unter einem Bodhi-Baum nieder. Er hatte beschlossen, zu meditieren und erst wieder aufzustehen, wenn er sein Ziel, die Erlösung vom Kreislauf des Sterbens und Wiedergeborenwerdens, erreicht hatte. Nach mehreren Tagen tiefer Versenkung offenbarte es sich ihm wie ein Erkenntnis-Blitzstrahl. Er hatte alles Wesentliche plötzlich verstanden: Das Leben, weil es seinem Wesen nach vergänglich ist, kann kein dauerhaftes Glück bringen. Trotzdem werden die Menschen immer wiedergeboren, denn ihre Wünsche nach Geld, Macht, Besitz, Wissen, angenehmen Gefühlen usw. binden sie an die Welt. Sie machen es nötig, dass man erneut geboren werden muss, damit sie erfüllt werden können. Dieses Wünschen wird als „Durst" bezeichnet; das Auslöschen dieses Durstes ist der Weg aus dem Kreislauf von Werden und Vergehen. Denn wer keine Wünsche mehr hat, dem muss auch keine Gelegenheit mehr gegeben werden, sich diese zu erfüllen. Derjenige hat dann das Ziel, einen wunschlosen Zustand, der auch als Erleuchtung oder Erlösung (das Nirvana) bezeichnet wird, erreicht. Das alles hatte Siddharta in seiner Meditation erkannt. Jetzt war er zu einem Buddha (das Wort ist ein Ehrentitel und bedeutet „der Erwachte") geworden und wusste, dass er nicht mehr wiedergeboren werden müsse. Aus Mitleid den Menschen gegenüber, die dieses Wissen noch nicht erlangt hatten, zog er nun mehr als 40 Jahre umher und lehrte dieses Wissen. Seine Lehre wird auch „Dhamma" genannt und entspricht dem altindischen Begriff für „Weltengesetz". Durch seine erste Predigt setzte Buddha das „Rad der Lehre" in Bewegung. Das heißt, er brachte die Lehre, die dem Weltgesetz entspricht und dieses zu verstehen hilft, unter die Menschen. Dieses Rad, so heißt es, also die Verbreitung der Lehre, wird sich nicht aufhalten lassen, bis alle Wesen erlöst sind.

Aufgaben
- Wie reagiert Buddha auf die vier Begegnungen?
- Inwiefern unterscheiden sich Buddhas Gedanken und Reaktionen von den Gefühlen und Überlegungen, die du beim Betrachten der Bilder hattest?
- Kannst du Buddhas Reaktion nachvollziehen? Inwiefern?
- Hast du schon einmal eine Begegnung mit einem Menschen erlebt, die dein Leben verändert hat?

Webcode: FR233366-053

- **Schritt 3:** Anschließend beschäftigen sich die Schüler mit den einzelnen Stationen. Dazu suchen sie zunächst die Stationen aus dem Text, schreiben sie in Kurzform auf und zeichnen ein passendes Piktogramm dazu. Als Ratespiel malt jeweils ein Schüler ein Piktogramm an die Tafel; die anderen raten. Danach werden die Bilder sortiert und mit Zahlen versehen (auf die richtige Reihenfolge achten). Jetzt können die Stationen nacheinander besprochen werden. Abschließende Fragen: Welche Handlung Buddhas findest du besonders gut oder beeindruckend – und warum? Kennst du etwas Ähnliches aus deinem Leben, deiner Familie oder deinem Freundeskreis? *(GJ)*

17.6 Jainismus – Gewaltlosigkeit gegen alle Lebewesen

Intentionen/Kompetenzen	eine Richtung des Hinduismus kennenlernen; sich mit dem Thema „Gewaltlosigkeit" befassen
Klassenstufe	ab Klasse 8
Material	Kopiervorlage mit Text und Foto (siehe unten)
Zeitaufwand	1 Stunde
Tipp/Hinweise	Der Unterrichtsvorschlag ist auch als Hinführung für die Beschäftigung mit der Biografie Gandhis geeignet. → 11.5

- **Schritt 1:** Zunächst wird folgende Aussage an die Tafel geschrieben: „Gewaltlosigkeit gegen alle Lebewesen". Der Arbeitsauftrag dazu lautet: Dies ist einer der Grundsätze des Jainismus, einer indischen Religion. Welche Auswirkungen kann diese Forderung auf das Leben eines Jaina haben, der sich konsequent an die Grundsätze seiner Religion hält? – Anschließend betrachten die Schüler das Foto: Überlegt, was die Ausrüstung des Mönchs mit dem Gesetz der Gewaltlosigkeit zu tun haben könnte.

- **Schritt 2:** Nachdem die Schüler den Informationstext gelesen haben, schreiben sie einen Brief an den Jaina-Mönch, in dem sie folgende Fragen behandeln: Warum ich gern so leben würde wie du./Warum ich nicht so lebe wie du./Warum ich nicht so leben möchte wie du. *(GJ)*

Jainismus

Der Jainismus ist eine Religion, die im sechsten vorchristlichen Jahrhundert in Indien entstand. Sie hat heute ungefähr drei Millionen Anhänger, fast ausschließlich in Indien. Trotz der relativ kleinen Zahl der Anhänger übt die Lehre des Jainismus großen Einfluss auf andere indische Gruppierungen aus. Einer der bekanntesten, vom Jainismus beeinflussten Menschen war Mahatma Gandhi. Er war zwar selbst kein Jaina, lebte aber eine der Hauptlehren des Jainismus: „ahimsa" – Gewaltlosigkeit gegen alle Lebewesen. Die Jainas glauben, dass die Welt voll ist von Seelen, die in verschiedenen Seinsformen wiedergeboren werden. Die Seinsformen werden je nach Anzahl der „Sinne" in fünf Stufen aufgeteilt. Die unterste Stufe bilden die vier Elemente Erde, Wasser, Feuer und Luft sowie die Pflanzen, die nur einen Sinn haben: den Tastsinn. Es folgen auf der zweiten Stufe Würmer und Schalentiere, die fühlen und schmecken können, auf der dritten Ameisen, Käfer und Motten usw. Auf der fünften Ebene befinden sich alle Seinsformen, die mit fünf Sinnen ausgestattet sind: höhere Tiere, Menschen sowie himmlische und höllische Wesen. Eine Erlösung aus dem ewigen Kreis der Wiedergeburten kann nur der Mensch erreichen. Die Seinsform, in der man wiedergeboren wird, wird bestimmt durch die Taten, die man im vorherigen Leben begangen hat. Gute Taten führen zu einer höheren Existenzform, schlechte zu einer niedrigeren. Die schlimmste Tat, die ein Jaina begehen kann, ist das Verletzen oder Töten eines anderen Lebewesens, egal, ob es sich dabei um eine Ameise oder eine Kuh handelt.

Das Leben eines Jaina

Zur Ausstattung eines jainistischen Mönches gehört ein Mundschutz, der das Einatmen und zufällige Verschlucken von kleinen Lebewesen verhindern soll. Aus dem gleichen Grund filtert der Jaina sein Trinkwasser mit einem Tuch. Um keine Kleinstlebewesen zu zertreten, fegt der Jaina den Weg vor sich, bevor er ihn betritt. Aufgrund des strengen Gebots der Gewaltlosigkeit sind Jainas strenge Vegetarier. Sie sind zudem in der Wahl ihrer Berufe stark eingeschränkt. Ausgeschlossen sind Berufe in der Landwirtschaft (beim Pflügen des Feldes werden zahlreiche Kleintiere, Pflanzen und die Erde selbst verletzt), aber auch Handwerksberufe (so fügt ein Schreiner dem Holz Leid zu, ein Schmied dem Metall). Es bleiben vor allem kaufmännische Berufe übrig.

Webcode: FR233366-054

Register

A
Abraham 58, 172
Advent 52, 157, 229
Allerheiligen 76, 202

B
Begegnungen 15, 87
Bergpredigt 139
Bilder 16, 21, 28, 45, 53, 58, 59, 60, 62, 66, 71, 76, 79, 89, 104, 106, 181, 191, 205, 211, 212, 229, 231, 232, 234
Biografien 29, 35, 37, 38, 39, 41, 42, 131, 147, 205, 222, 235
Buddhismus 68, 176, 179, 232, 234, 235

C
Cartoons 19
Chanukka 183, 185
Clustering 56
Collagen 25, 28, 55, 110, 135, 157, 212
Comics 30, 54, 198, 206
Computer 26, 113, 119, 122, 126, 131, 132, 134, 206, 226, 234

D
Denkmal 41, 131, 206

E
Engagement 130, 141
Engel 151, 165
Ethikrat 120, 121
Exkursionen 14, 79, 87, 153, 194

F
Fernsehen 114, 116, 130
Feste 155, 156, 184, 185, 189, 192

G
Gebote 107
Geburt 80, 81, 123
Gedankenstern 17, 73, 76
Gedichte 56, 62, 153, 181
Gewaltlosigkeit 139, 141, 237

H
Halloween 76, 157
Hinduismus 139, 176, 177, 228, 229, 237

I
Integration 132
Interview 42, 75, 87, 101, 147, 208
Islam 155, 174, 176, 217, 222, 223, 226

J
Jahreszeiten 71, 151, 156
Judentum 155, 174, 176, 183, 184, 185, 189, 192, 193, 194
Jugend 99

K
Kalender 31, 39, 151, 183, 203
Karikaturen 19, 107, 129, 215
Kinder- und Jugendbücher 22, 147

L
Leistungsbewertung 45, 47
Leserbrief 25, 50, 137

M
Mandala 62, 64, 66, 67
Meditation 13, 17, 25, 41, 57, 62, 67, 73, 79, 96, 105, 135, 153, 199, 233
Menschenwürde 108, 114, 123, 126
Mindmap 49
Mitgefühl 129

N
Namen 91, 202, 212

O
Ökumene 208
Ostern 55, 81, 199

P
Papst 164
Perspektivwechsel 129
Pessach 183, 189
Piktogramme 29, 40, 109, 175, 181, 205, 223, 237
Placemat-Verfahren 49
Plakate 29, 37, 41, 82, 83, 96, 114, 120, 157, 162, 184, 203, 217
Popsong 27, 152
produktorientiertes Lernen 28, 33
Purim 183, 192

R

Rätsel 32, 40, 41, 59
Rechtsfragen 116, 119, 121, 123, 126
Rollenkarten 118
Rollenspiele 12, 18, 19, 21, 24, 27, 75, 108, 116, 120, 128, 130, 182, 206, 226

S

Schöpfung 129, 135
Selbstporträt 89, 95
Spiele 32, 41, 55, 58, 67, 98, 113, 204, 208, 222
spielerisches Lernen 12
Spielfilme 24, 37, 90, 134, 139, 141, 147, 172
Stationenlernen 217
Stille 72
Sukkot 183, 184
Symbole 11, 43, 44, 52, 53, 56, 57, 59, 60, 62, 66, 71, 76, 79, 82, 84, 95, 99, 110, 129, 146, 150, 157, 163, 165, 175, 184, 194, 205, 206, 208, 210, 211, 223, 228, 229, 234

T

Texterschließung 20
Textproduktion 30, 72, 75, 79, 82, 83, 87, 96, 98, 105, 108, 120, 122, 125, 128, 129, 132, 153, 161, 164, 181, 184, 196, 198, 206, 216, 226, 235, 237
Tiere 129, 135
Tod 51, 76, 79, 81, 87, 126, 153, 211
Toleranz 132
Trauer 51, 81, 87, 153

V

Verhalten 105
Vorbilder 35, 175

W

Weihnachten 52, 55, 151, 157, 229
Wendepunkte 43
Werbung 165
Werte 105, 109, 110, 134
Wortkarten 56

Z

Zeitleisten 29, 41, 198, 205
Zeitung 25, 31, 81, 110, 130, 132, 153, 175, 206, 216
Zukunft 99